Hans-Georg Pompe (Hrsg.)

Boom-Branchen 50plus

Wie Unternehmen
den Best-Ager-Markt
für sich nutzen können

Bibliografische Information der Deutschen Nationalbibliothek
Die Deutsche Nationalbibliothek verzeichnet diese Publikation in der
Deutschen Nationalbibliografie; detaillierte bibliografische Daten sind im Internet über
<http://dnb.d-nb.de> abrufbar.

1. Auflage 2012

Alle Rechte vorbehalten
© Gabler Verlag | Springer Fachmedien Wiesbaden GmbH 2012

Lektorat: Manuela Eckstein

Gabler Verlag ist eine Marke von Springer Fachmedien.
Springer Fachmedien ist Teil der Fachverlagsgruppe Springer Science+Business Media.
www.gabler.de

Das Werk einschließlich aller seiner Teile ist urheberrechtlich geschützt. Jede Verwertung außerhalb der engen Grenzen des Urheberrechtsgesetzes ist ohne Zustimmung des Verlags unzulässig und strafbar. Das gilt insbesondere für Vervielfältigungen, Übersetzungen, Mikroverfilmungen und die Einspeicherung und Verarbeitung in elektronischen Systemen.

Die Wiedergabe von Gebrauchsnamen, Handelsnamen, Warenbezeichnungen usw. in diesem Werk berechtigt auch ohne besondere Kennzeichnung nicht zu der Annahme, dass solche Namen im Sinne der Warenzeichen- und Markenschutz-Gesetzgebung als frei zu betrachten wären und daher von jedermann benutzt werden dürften.

Umschlaggestaltung: KünkelLopka Medienentwicklung, Heidelberg
Druck und buchbinderische Verarbeitung: AZ Druck und Datentechnik, Berlin
Gedruckt auf säurefreiem und chlorfrei gebleichtem Papier
Printed in Germany

ISBN 978-3-8349-3065-1

Inhaltsverzeichnis

Geleitwort von Werner L. Mang 11

Vorwort des Herausgebers 13

Teil 1: Der Boom-Markt 50plus 17

1 Begriffsdefinitionen 18

Boom-Branchen und Boom-Nischen 18

Babyboomer und Best Ager 19

Boom versus Trend 20

Zielgruppen: Ab 50 spielt künftig die Musik 21

Die Bevölkerung wird älter, bunter, weniger 25

2 Ist das 21. Jahrhundert ein Zeitalter der Babyboomer-Generation? 30

Umfrage bei Entscheidern: Welche Branchen werden vom Best-Ager-Markt profitieren und welche nicht? 35

Potenzielle Boom-Branchen und Gewinner im demografischen Wandel 53

Der Aberglaube von Zahlen: Wie Klischees und Mythen ein Eigenleben führen 63
Madeleine Leitner, Karriere-Management Leitner München

Selbstbild und Fremdbild 50plus: Schönheit kommt von innen 66
Adele Landauer, Manage Acting Berlin

Leidenschaften 50plus – Erfahrungen mit Kunden 50plus 69
Yvonne Trübger, Pianohaus Trübger Hamburg

3 Kommunikation und Werbung für Best Ager 71

Best Ager als Zielgruppe der Werbung 78
Experten-Interview mit Frank Dopheide, Deutsche Markenarbeit Düsseldorf

50plus-Models in der Werbung 83
Experten-Interview mit Nicola Siegel, Siegel Models Berlin

Wie und wo erreicht Werbung die Best Ager? 86
Julia Gundelach, w&v-Media Group München

Warum die Über-50-Jährigen die Generation der Zukunft sind –
eine Zielgruppenbeschreibung 89
Clarissa Moughrabi, Bauer Media Group Hamburg

50plus im Internetrausch? Warum Ältere immer noch zögerlich ins Internet gehen 95
Markus Kruse, Software4G St. Leon-Rot

4 Verkaufen an Best Ager 98

Wandel im Handel – ein Plädoyer zum Umdenken 100
Martina Berg, Image 50plus München

Beraten Sie noch oder verkaufen Sie schon? 105
Marcus Kutrzeba, AV-Seminare Köln/Wien

Teil 2: Ausgewählte 50plus-Boom-Branchen 109

5 Finanzdienstleistungen 110

Wie Deutschlands älteste Privatbank mit dem Kundenpotenzial 50plus umgeht 115
Experten-Interview mit Helge von der Geest, Berenberg Bank Hamburg

Was wirklich zählt, ist das Beziehungsverhalten 119
Experten-Interview mit Bernhard Firnkes, Sparkasse Kraichgau Bruchsal

6 Immobilien und Wohnen 122

Marktmacht 50plus in der Immobilienwirtschaft 125
Lars Binckebanck, Nordakademie Elmshorn

Das beste Öko-Marketingkonzept mit dem Zielgruppenfokus 50plus – eine prämierte
Erfolgsgeschichte 130
Josef L. Kastenberger, JK Wohnbau AG München

Inhaltsverzeichnis 7

Wie man Wohnen als Lifestyle-Produkt bei der Zielgruppe 50plus vermarktet 134
Experten-Interview mit Hans-Joachim Reinhard, Reinhard-Bau Zuzenhausen (Baumeister Haus)

Best Ager in der Immobilienbranche – Opfer oder Kunde? 138
Boris Neumann, Hust ImmobilienService Karlsruhe

7 Gesundheit und Pflege 141

Vernetzte Vielfalt – Neue Heime braucht das Land: Pflegeeinrichtungen
der fünften Generation 151
Stefan Arend, KWA – Kuratorium Wohnen im Alter München

Wovon träumen Babyboomer im Alter? 155
Detlef Friedrich, contec GmbH Bochum/Berlin

Wie man Apothekenkunden 50plus richtig anspricht 159
Experten-Interview mit Margot Haberer, A-plus Service GmbH

DocMorris – ein neues Angebot für eine „alte" Zielgruppe 163
Jörg Elfmann, Grey Worldwide Düsseldorf

Voltaren Joy of Movement-Kampagne 166
Alexander Boppel, Novartis OTC Deutschland, in Kooperation mit Saatchi & Saatchi Germany

8 Fitness und Freizeit 170

Ganzheitliches Vitalitätstraining für Menschen 50plus 176
Erwin Drexelius, tri-dent Berlin

Freizeitwünsche der Aufbruchsgeneration 50plus 180
Monika Wehn, Freizeitclub Karlsruhe

9 Kosmetik und Beauty 185

Die Entstehung eines Kosmetikprodukts für die Zielgruppe 50plus 192
Inge-Maren Risop, Juvena of Switzerland (La Prairie Group/Beiersdorf)

Selbstbewusst, erfolgreich, unabhängig – aber unzufrieden mit dem Äußeren? 199
Karla Mazzon, LSC-Cosmetic Bad Homburg/Frankfurt

Die zeitlose Schönheit der Best Ager im Fokus 203
Resmie Gashi, Hairdesign G2 Hanau/Neuberg

Spezialisierung eines Fünf-Sterne-Friseurs auf die Best-Ager-Generation 206
Marian Kociolek, Haarscharf Deluxe Stuttgart

10 Tourismus und Hotellerie **210**

Was TUI für seine vielgereisten Gäste über 50 tut 215
Experten-Interview mit Stefanie Schulze zur Wiesch, TUI – Deutschland Hannover

Vom Milieudenken und der klassischen Marktforschung zum Marktverstehen durch
Lebensstil-Typologisierung 219
Fabian Engels, Lindner Park-Hotel Hagenbeck Hamburg

Themenhotels als wertschaffende Strategie im Bereich Humankapital 223
Fabian Engels, Lindner Park-Hotel Hagenbeck Hamburg

Zukunftsvisionen für die Hotellerie im demografischen Wandel 226
Klaus Kobjoll, Tagungshotel Schindlerhof Nürnberg

11 Mode und Lifestyle **232**

Gabor – Schuhe für Frauen mitten im Leben 236
Alexander Escher, Serviceplan München in Kooperation mit Gabor

Best-Ager-Positionierung des Mode- und Lifestyle-Unternehmens März 241
Tatjana Madzarevic, März München

12 Innovative Dienstleistungen **246**

Kundenbegeisterung im Handwerk leicht gemacht 250
Werner Deck, malerdeck Karlsruhe

Jetzt oder nie: Auslands-Abenteuer auf Zeit für die Generation 50plus 254
Michaela Hansen, Granny Aupair Hamburg

Personalberatung 50plus – Potenziale der Best Ager für den Arbeitsmarkt 257
Jeannine Hertel, Mercuri Urval Germany Wiesbaden

„Ageing in Place" – Healthstyle als neuer Lifestyle 261
Peter Wippermann, Trendbüro Hamburg

13	**Fazit**	**268**

Danke 270

Quellenverzeichnis 271

Die Autoren 273

Der Herausgeber 277

Geleitwort

von Werner L. Mang

Rund 60 Prozent der 50plus-Generation würden sich unters Messer des Schönheitschirurgen legen bzw. haben sich schon einmal mit dem Gedanken beschäftigt, etwas an sich korrigieren zu lassen. Eine Million Frauen und Männer pro Jahr tun es tatsächlich. Es handelt sich um einen Milliardenmarkt.

Frauen über 50 möchten sich nach außen kommunizieren, kleiden sich modisch und wollen attraktiv aussehen. Untermauert wird dieses neue und junge Bewusstsein des „Gray-Market" auch durch neue Untersuchungen. So hat die Gesellschaft für Konsumforschung (GFK) an einer Studie mit über 1.800 Personen im Alter von 50 bis 59 Jahren festgestellt, dass immer mehr Golden Girls und Silver Boys eine hedonistische Lebensweise favorisieren. Nach dem Motto: „Ich mache mir lieber ein schönes Leben, anstatt immer nur zu sparen." So wird von der Generation 50plus heute Geld bewusst auch für Luxusgüter ausgegeben – und dazu zählen auch Schönheitsoperationen.

Die Beauty-Marktlücke der „Silver-Shopper" haben auch Kosmetikunternehmen erkannt. So hatten die Marketingexperten von Beiersdorf in den 90er Jahren noch Bedenken, mit einer Seniorenlinie die Marke „Nivea" zu verbessern. Heute hat die Anti-Ageing-Pflegeserie „Nivea Vital" einen großen Marktanteil erobert. Tendenz steigend.

So bemerkt auch Harald Schmidt, Zitat: „720 Milliarden an Vermögen befinden sich hierzulande in Händen der über 50-Jährigen! Die Industrie zerbricht sich immer noch den Kopf, wie sie das 26. Deo an 20-Jährige verscherbelt, die mindestens genau so bauchfrei sind wie mittellos. Ja, hat denn Dr. Schirrmacher vergebens „gebestsellert"? Das neue Jahr gehört den Alten!" Bei einer Sendung „Verstehen Sie Spaß?" von Frank Elstner habe ich den FAZ-Herausgeber Herrn Dr. Frank Schirrmacher persönlich kennen und schätzen gelernt.

Mit 50 geht das Leben los, denn ab 50 hat man wirklich, wenn man bewusst und gesund lebt, die höchste Vitalität, Kreativität und Schaffenskraft. Das sehe ich auch an meiner Person. Die Gruppe der 50-Jährigen hat die größte Kaufkraft, ist mobil wie nie zuvor und wird jetzt schon von Medien- und Werbefachleuten geschätzt und umgarnt. In der Diskussion kam man zu dem Schluss, dass Schönheitschirurgie Mainstream und nichts Unanständiges ist und dass zu einem vitalen Inneren auch ein gepflegtes Äußeres gehört.

Umso wichtiger ist es, dass die Schönheitschirurgie dem Alter des Patienten entsprechend durchgeführt wird. Das Erfolgsrezept der Mang Medical One Klinikgruppe ist, dass wir die Menschen nicht verändern wollen, sondern die Ästhetische Chirurgie soll dazu beitragen, einen festen und seriösen Platz in unserer Gesellschaft einzunehmen und zeigen, wie wir alle in Schönheit altern können.

Irgendwann in Zukunft werden wohl besessene Genforscher das Altersgen analysieren. Dann möchte ich aber nicht mehr leben, denn wenn wir nicht mehr altern und unsterblich bleiben, dann muss man sich rechtzeitig ein Space-Shuttle zulegen, um in den Weltraum zu flüchten. Dann wird es auch keine Schönheitschirurgen mehr geben.

Prof. Dr. med. Dr. habil. Werner L. Mang

Prof. Dr. med. Werner L. Mang ist Deutschlands bekanntester Schönheitschirurg und Vorstandsvorsitzender der Mang Medical One Klinikgruppe, der größten Klinikgruppe für Ästhetische Chirurgie in Deutschland. Unter der Leitung von Prof. Mang arbeiten 25 plastische Chirurgen an den Standorten Berlin, Hamburg, Dortmund, Düsseldorf, Frankfurt, Köln, Stuttgart, München und Lindau.

Kontakt:

Bodenseeklinik Lindau/Bodensee
Mang Medical One GmbH
Plastische, ästhetische und rekonstruktive Chirurgie
info@bodenseeklinik.de
www.bodenseeklinik.de

Vorwort des Herausgebers

In welchen Märkten und mit welchen Trends Sie morgen Ihr Geld verdienen werden – davon handelt dieses Buch. Wenn die Wirtschaft boomt, ist es nicht schwer, Erfolg zu haben. Es genügt, sich auf Erfahrung zu stützen, zielstrebig und fleißig zu sein. In Zeiten allgemeiner Unsicherheit, politischer Krisen und fundamentaler wirtschaftlicher Veränderungen reicht das nicht mehr. Denn Schönwetter-Strategien setzen Stabilität voraus. Und gerade die fehlt in Umbruchzeiten, wie es der demografische Wandel nun einmal ist. Wenn sich gewohnte Strukturen auflösen, wird Platz geschaffen für das Neue: Es öffnen sich ungeahnte Horizonte und unerwartete Perspektiven. Doch nur wenige erkennen diese Chancen. Die meisten sehen nur, was nicht mehr geht — nicht das, was stattdessen funktionieren könnte. Und das ist eine einzigartige Gelegenheit für Sie, um sich heute den Vorsprung für morgen zu sichern.

Dieses Buch soll Zukunftsvisionen zum „Megatrend Alter" und die Chancen einer alternden Gesellschaft aufzeigen, zum Nachdenken anregen, teilweise provozieren und zum Handeln stimulieren. Die Experteninterviews und Beiträge in diesem Buch – geschrieben von externen Co-Autoren, ihres Zeichens Unternehmerpersönlichkeiten, Macher, Visionäre, Vordenker, Innovatoren in ihrer jeweiligen Branche – sind bewusst aus Branchen gewählt, die im kommenden Jahrzehnt ganz besonders vom demografischen Wandel profitieren können, wenn sie die älter werdenden Kunden richtig ansprechen.

Alle Beiträge haben eine gemeinsame Schnittmenge – es geht um Menschen im besten Alter, um die lukrative Zielgruppe 50plus, um gelebtes Marketing, das sich am Zeitgeist und den Lebenswelten ihrer Zielgruppen orientiert. Alle Beiträge machen Lust, den Best-Ager-Markt anzupacken, ihn für sich zu nutzen, ohne gleich in die Seniorenmarketing-Ecke gestellt zu werden und ohne die jüngeren Zielgruppen dabei zu vernachlässigen.

Jede Branche wird in einer Einführung kurz skizziert und begründet, warum es eine Boom-Branche ist und werden könnte – ergänzt mit Fakten, Prognosen, Trends. Sie als Leser oder Leserin werden sich wiederfinden – ob als Kunde oder Anbieter von Produkten und Dienstleistungen. Sie werden hoffentlich Antworten auf Ihre Fragen finden.

Ich freue mich sehr darüber, dass der renommierte „Papst für maßgeschneiderte Schönheit", Herr Prof. Dr. Werner L. Mang, für das Geleitwort gewonnen werden konnte. Wer sonst wüsste besser um die Bedürfnisse der Zielgruppe Best Ager als jemand, der in einer Parade-Boom-Branche 50plus vielen Menschen und nicht nur der schönheitssüchtigen Schickimicki-Society dazu verhilft, schöner, jünger, erotischer auszusehen und zu wirken.

Wer sollte „Boom-Branchen 50plus" unbedingt lesen?

- Menschen aller Generationen, denn jeder ist auch Kunde oder hat selbst Kunden und ist mit dem demografischen Wandel und der älter werdenden Gesellschaft unmittelbar täglich konfrontiert
- Dienstleister und Produkthersteller
- Management, Geschäftsführer, Entscheidungsträger
- UnternehmerInnen, Geschäftsinhaber von kleinen und mittelständischen Unternehmen (KMU)
- Projektverantwortliche aus Marketing, PR, Vertrieb, Kommunikation, Werbung, Human Resources, Beratung
- Abteilungsleiter aller Bereiche, Qualitätssicherung, Forschung und Entwicklung, Business Development
- Investoren, Mitglieder von Aufsichtsgremien
- Verkäufer, Berater, Einkäufer, Weiterbildungs-Verantwortliche, Personalberater
- Nachwuchs-Führungskräfte, Trainees, Studenten
- Zukunftsforscher, Dozenten und Lehrende an Universitäten, FHS, Berufsakademien
- Politiker, Medienverantwortliche, Existenzgründer
- Verbände, Organisationen, Franchise-Unternehmen
- Alle Verantwortlichen, Mitarbeiter und Partner der im Buch beschriebenen Boom-Branchen 50plus wie beispielsweise Architekten, Produktentwickler, Designer, Bäderhersteller, Handwerker, Städteplaner, Modemacher und Bekleidungsindustrie, Reiseveranstalter, Gesundheitstourismus, Hotellerie und Gastronomie, Finanzdienstleistungs-, Bau- und Immobilienbranche, Autobauer, Tanzschulen, Lebensmittel-, Lifestyle-, Schönheits-, Fitness-, Möbel-, Luxusgüter- und Pharmaindustrie, die Gesundheits-, Pflege- und Seniorenbranche, die Freizeitbranche, Medizintechnik und Biotechnologie, die Werbe- und Kommunikationsbranche, der Handel, Veranstalter von Shows, Theater, Musikevents oder Kinos, Sportverbände, Stiftungen, Städte, Kommunen, der öffentliche Personennahverkehr, die Bahn, die Post, die politischen Parteien und nicht zuletzt die Medien – die größte Macht in unserem Staat –, die sich aufgrund des demografischen Wandels auf anspruchsvollere Zielgruppen mit veränderten Bedürfnissen einstellen müssen und werden.
- Aber auch Angehörige aller Branchen, die vom demografischen Wandel eher nicht so selbstverständlich und leicht profitieren werden. Branchen und Unternehmen die sich verändern, neu ausrichten, gar neu erfinden müssen wie zum Beispiel die Spielzeug- und Baby-Industrie, die Gaming-Branche, die Kinobranche, Billigprodukte-Anbieter, Kaufhäuser ohne besonderes Sortiment, Schulen, Krankenkassen, die schnelllebige Modebranche mit „kurzlebiger Trendbekleidung" und viele mehr.

Ich wünsche Ihnen viel Vergnügen auf der Lesereise durch die Boom-Branchen der nächsten Jahrzehnte. In einer Welt, die sich immer schneller zu drehen scheint, die aber wieder den Weg zum Ursprung, zu den Wurzeln, zu den bewährten Tugenden und Werten finden wird – ohne sich der technologischen Entwicklung zu entziehen.

Bruchsal, im September 2011 *Hans-Georg Pompe*

Teil 1: Der Boom-Markt 50plus

1 Begriffsdefinitionen

Wenn wir nachfolgend über sogenannte Boom-Branchen 50plus sprechen, müssen wir zunächst den Versuch einer Definition verschiedener Begriffe unternehmen. Das englische Wort „(to) boom" bedeutet „Wirtschaftsblüte", aber auch „dröhnen", „wummern" und bezeichnet eine längere, häufig nachhaltige Konjunkturphase.

Boom-Branchen und Boom-Nischen

Boom-Branchen: Sie kennzeichnet, dass sie nicht zuletzt aufgrund der demografischen Entwicklung in Zukunft ein enormes Wachstumspotenzial haben werden. Es werden im Kontext des Themas dieses Buches Märkte und Branchen sein, die das Bedürfnis nach Gesundheit, Wohlgefühl und Verjüngung aufgreifen, also alle Branchen beispielsweise rund um die Trends Healthstyle, Lifestyle, Selfness. Wenn wir nachfolgend von „Boom-Branchen 50plus" sprechen, setze ich voraus, dass die Unternehmen ihre Hausaufgaben erledigt haben. Diese sind:

- nützliche, hochwertige Produkte (ästhetisches Ageless Design, hohe Funktionalität, einfache Handhabung, Mehrwert für den Nutzer, passend zum Lebensstil, Lebensfreude stiftend und unverwechselbar)
- begeisternde zeitgerechte Dienstleistungen und Details, die Spaß machen
- Emotionalisierung und clevere Inszenierung/Verführung rund um die Produktwelt
- Mitarbeiter, die einen Spitzenklasse-Service liefern können – zu jeder Zeit (virtuell und real)
- stimmige, vertrauensvolle Kundenbeziehung, Antizipation künftiger Kundensehnsüchte und -bedürfnisse
- spürbare und wohltuende Unterscheidung von der Konkurrenz – aus Kundensicht
- Auslösen eines Sogs – wie ein Magnet, der seine Kunden (50plus) immer wieder anzieht
- Vordenken, Mitdenken, Andersdenken, Handeln, Umsetzen und Begeistern
- und das alles jeden Tag neu!

Nur aufgrund einer älter werdenden Gesellschaft und mit einem Schielen nach dem Geldbeutel der lukrativen Best Ager wird es zu keinem Boom und zu keiner Wertschöpfung kommen. Hier ist filigranes intelligentes Marketing-Handwerk gefordert. Mut zum Umdenken. Mut, sich ständig neu zu erfinden. Automatismen wird es keine geben. Und Mitschwimmen mit der großen Masse und mit dem „Mainstream" wird auch nicht von Erfolg gekrönt werden.

Boom-Nischen: Die Definition von „Nische" im bildlichen Sinne lautet: „ein kleiner geschützter Bereich, in dem man sich unbehelligt von Konkurrenz aufhalten, entfalten kann" (*Wiktionary*", 2011). Eine Marketing-Nische ist eine Gruppe von Konsumenten mit besonderen Bedürfnissen. Sie ist kleiner als ein Segment und wird typischerweise nur von wenigen Unternehmen bedient. Nischen-Marketing bedeutet, sich auf eine eng abgegrenzte Zielgruppe – den Nischenmarkt – zu konzentrieren und hier zum Spezialanbieter, wenn nicht gar zum Klein-Monopolisten zu werden. Eine Nischenstrategie ist eine Form der Marketingstrategie, bei der das Produkt bewusst in eine Marktnische hineinplatziert wird. Der Vorteil ist hierbei, dass man es mit keinem oder nur wenigen Konkurrenzprodukten aufnehmen muss. „Die Tendenz geht in Richtung ´Mikromärkte´, maßgeschneiderte Zielgruppenlösungen, lokale Bedarfsbefriedigung und Nischenprodukte" (*Jauschowetz 1989, S. 125*). In manchen Branchen wird es zukünftig immer mehr Nischen geben, wo man als Unternehmen aufgrund der alternden Gesellschaft immer mehr punkten und zum Spezialanbieter avancieren kann.

Babyboomer und Best Ager

Unter **Best Ager** (auch Generation Gold, Generation 50plus, Silver Ager, Golden Ager, Third Ager, Mid Ager, Master Consumer, Mature Consumer, Senior Citizens, „Over 50s") versteht man Personen mit gehobenem Lebensalter (meist über 50 Jahre). Bei dem Begriff „Best Ager" handelt es sich um einen deutschen Scheinanglizismus, der vermutlich vom Ausdruck „im besten Alter" abgeleitet ist. Im Englischen spricht man in der Regel von „Over 50s". Bei dem Versuch, diese Zielgruppe zu benennen, ist sich die Fachliteratur noch uneins. Eine einheitliche Definition fehlt bislang. Der Begriff „Best Ager" scheint sich durchzusetzen. Marketingverantwortliche und Betreiber von Portalen erkennen in Deutschland erst langsam, dass nicht alle über 50-Jährigen die gleichen Bedürfnisse haben. Eine Erkenntnis, die in den USA und England seit langem vorhanden ist. In Forschung und Marketing wird inzwischen häufig eine Differenzierung in Youngster, Mid Ager, Best Ager und Seniors vorgenommen.

Der Begriff Best Ager lässt bereits darauf schließen, dass eine genaue Altersangabe für die Bestimmung der Zielgruppe nicht einfach und nicht immer richtig ist. Wann sich ein Mensch in seinen besten Jahren befindet, hängt zum großen Teil von seinem subjektiven Empfinden und seinem individuellen Verhalten in einer Lebensphase ab. Die bloße Zugehörigkeit zu einer bestimmten Altersgruppe macht aus einem Menschen also noch keinen Best Ager. Es sind stattdessen vielmehr die spezifischen Ansprüche und Charakteristika. Hierbei spielt das Alter natürlich eine wichtige Rolle. Entscheidender aber ist das persönliche Empfinden. Dieser Umstand wird jedoch häufig noch vernachlässigt. Und das nicht nur, weil es schwierig ist, das gefühlte Alter von Menschen einzuschätzen, sondern auch, weil häufig das Bewusstsein fehlt, dass die identische Zahl an Lebensjahren nicht auch identische Bedürfnisse und Vorstellungen bedeutet.

Als **Babyboomer** bezeichnet man Menschen, die zu den Zeiten steigender Geburtenraten nach dem Zweiten Weltkrieg (dem Babyboom) in den vom Krieg betroffenen Staaten geboren wurden. Die Gesamtheit dieser Kohorte wird manchmal als Boom-Generation bezeichnet. Der Babyboom trat sowohl in den Gewinner- als auch in den Verliererstaaten des Zweiten Weltkriegs auf, jedoch zu verschiedenen Zeiten. In den USA dauerte der Babyboom von Mitte der 1940er bis Mitte der 60er Jahre; in Deutschland (West) begann er dagegen erst Mitte der 50er und dauerte bis Mitte der 60er Jahre. Das bedeutet: Die unmittelbaren Nachkriegsjahrgänge (1946 bis 1950) waren in den USA bereits geburtenstark, in Deutschland aber noch geburtenschwach. Der Babyboom war die einzige Phase seit Ende des 19. Jahrhunderts, in der die Fertilitätsrate wieder stieg. Der Babyboom endete mit dem Pillenknick.

Die Wirtschaft hat noch zu wenig realisiert, dass Babyboomer und ältere Menschen heutzutage anders leben und andere Bedürfnisse haben als früher, sie orientiert sich oft noch an einem überholten Altersbild. Die Alten von heute fühlen sich deshalb häufig durch Werbung und Marketing nicht richtig angesprochen. Weshalb merkt man erst jetzt, dass man Babyboomern weder mit Klingeltönen des Jugendmarketings noch mit den klassischen Seniorenangeboten gerecht werden kann? Noch immer haben zahlreiche Marketingverantwortliche Angst, ihr Produkt deutlicher in die Nähe älterer Zielgruppen zu rücken. Warum eigentlich – haben sie Angst, jüngere Zielgruppen zu verlieren? Wir befinden uns im besten Fall erst am Vorabend einer florierenden Babyboomer-Industrie. Die Babyboomer wollten vor vierzig Jahren nicht wie früher erwachsen werden, und vierzig Jahre später haben die wenigsten dieser Generation Lust, wie früher alt zu werden. Sie fühlen sich immer jünger, dynamischer, agiler. Als unruhigste und idealistischste Generation des 20. Jahrhunderts dürften Babyboomer in den ersten Jahrzehnten des 21. Jahrhunderts noch für manche Überraschung gut sein. Diese Pioniergeneration könnte das Gesicht der späteren Jahre für sich und kommende Generationen mehr verändern als je eine Altersgruppe vorher. Eine solche Leistung wäre sicher kultverdächtig. Babyboomer suchen jenseits des Kaufs heute vor allem Sinn, Aufgaben, Orientierung und Wertschätzung.

Boom versus Trend

- **Boom:** langfristig, nachhaltig, explodierend, mehr als nur eine Tendenz oder Richtung
- **Trend:** eher mittelfristige Erscheinung, Richtung, Tendenz – es sei denn, es ist ein Megatrend oder ein Key-Trend, der mit tiefgreifenden Veränderungen einhergeht und für Veränderungen sorgt – in der Gesellschaft oder in der Wirtschaft. Der Begriff „Trend" dient der Beschreibung von Veränderungen und Strömungen in allen Bereichen der Gesellschaft. Die Beschreibung und die Randbedingungen erlauben eine Aussage über die zukünftige Entwicklung. Ein Trend ist eine neue Auffassung in Gesellschaft, Wirtschaft oder Technologie, die eine neue Bewegung bzw. Marschrichtung auslöst. Eine grundlegende Änderung (Umkehrung) eines Trends wird als „Trendwende" bezeichnet. Ein Trend bezeichnet allgemein den zeitlich messbaren Verlauf einer Entwicklung in eine bestimmte, quantitativ zu- oder abnehmende und/oder qualitative Richtung.

Begriffsdefinitionen

- **Mega-Trend:** Trend in großem Maßstab, lang anhaltend mit tiefgreifenden Veränderungen (Beispiel: alternde Gesellschaft). Für besonders tiefgreifende und nachhaltige Trends, die gesellschaftliche und technologische Veränderungen betreffen, hat der Zukunftsforscher *John Naisbitt* den Begriff Mega-Trend geprägt.
- **Meta-Trend:** Bündelung von Trends/Mega-Trends (Beispiel: demografische Veränderung).
- **Key-Trend:** Ein besonders wichtig eingestufter Trend (Beispiel: Marketingfokus verschiebt sich Richtung reifere Gesellschaft). Und über einen solchen wichtigen Key-Trend, der die Wirtschaft und Gesellschaft stark verändern aber auch weiter nach vorne bringen kann, reden wir in diesem Buch.

Zielgruppen: Ab 50 spielt künftig die Musik

„Orientieren Sie Ihr Marketing an dieser Einsicht. Nicht die Jugendlichen, sondern die Babyboomer sind die ewige Zielgruppe. Weil diese in den nächsten Jahren aus der Altersgruppe 14 bis 49 Jahre herauswächst, sollten alle Marketingkonzepte rechtzeitig angepasst werden. Denn die am stärksten besetzten Altersklassen befinden sich bald jenseits der 49 Jahre. Deshalb wird die neue Standard-Zielgruppe im Marketing bald das nach oben erweiterte Altersspektrum von 20 bis 59 Jahren umfassen. Tipp: Unternehmen, die diese Umstellung als Erste vollziehen, werden mit Pioniergewinnen belohnt. Jenseits der 49 Jahre befindet sich eine werbeaffine, flexible und kaufkräftige Zielgruppe. Tauschen Sie die 14- bis 19-Jährigen gegen die 50- bis 59-Jährigen – die Kopfzahlen der Jungen werden geringer, während die 50plus-Altersklasse noch wächst." (*Trendletter, 10-2010*)

Auf ein weiteres Phänomen will ich in diesem Zusammenhang hinweisen – obwohl es augenscheinlich zunächst nichts mit einer älter werdenden Gesellschaft zu tun hat – aber vielleicht doch, wenn wir es wagen, genauer hinzusehen und die Schnittmengen zwischen Best Ager – Wasser – Gesundheit zu erkennen?

Unabhängig vom demografischen Wandel wird es laut „Trendletter des Trendbüros Hamburg, Prof. Peter Wippermann & Co." zwei große und entscheidende Boom-Märkte in der kommenden Dekade geben, die Auswirkungen auf unser Leben, auf die Politik und auf die Wirtschaft haben werden:

- **Wasser ist der kommende Wachstumsmarkt schlechthin.**

    Das prognostiziert Deutsche Bank Research in einer Studie. Künftig fließen pro Jahr 400 bis 500 Milliarden (!) Euro weltweit in die Wasserwirtschaft. Bevölkerungswachstum, Klimawandel und der Aufstieg der Schwellenländer heizen das Wachstum an. Das Marktpotenzial ist groß: In Deutschland gibt es 10.000 Kläranlagen – in China waren es bei letzter Zählung nur 1.000. Vom Boom rund um die Ressource Wasser profitieren **Hersteller von Bewässerungs- und Klärtechnik** sowie Experten für Meerwasser-Entsalzungsanlagen und Filter-/Desinfektionstechnik. **Prognose:** Gerade in der technischen Ausrüstung (Pumpen, Kompressoren, Armaturen) sind deutsche Firmen führend; über Kooperationen mit der Bauwirtschaft lässt sich viel Neugeschäft in der Wasserwirtschaft erschließen. Interessanteste Zielmärkte: die Golfstaaten, Singapur, Dänemark, Indien und Israel.

- **Gesundheit ist ein Boom-Markt.**

Das Durchschnittsgewicht der Menschen in den Industriestaaten steigt zwar kaum noch, doch die **Folgen der globalen Adipositas-Welle** werden erst in den kommenden Jahren sichtbar. Krankheiten wie Gicht, Diabetes oder Schlaf-Apnoe breiten sich rasant aus – vor allem in Schwellenländern. Das wird den Herstellern von Medikamenten und Medizinprodukten gute Geschäfte bescheren. Beispiele: Die Hersteller von Atemgeräten für **Apnoepatienten** rechnen bis 2015 mit einer Verdoppelung der Umsätze; Patienten leiden an gefährlichen Atemaussetzern während des Nachtschlafs. Die Krankheit wird unter anderem durch Fettablagerungen im Halsbereich hervorgerufen. Forscher erwarten, dass es in den kommenden Jahren mehr **Gichtkranke** geben wird als jemals zuvor in der Geschichte der Menschheit. Neue Medikamente wie Krystexxa befinden sich in den USA im Zulassungsprozess. Die Zahl der **Diabetiker** wird sich in den kommenden 25 Jahren verdoppeln. Davon profitieren nicht nur Pharmafirmen und Hersteller von Blutzuckermessgeräten, sondern auch neuartige Dienstleister. Beispiel: Der Telefonkonzern Vodafone betreibt ein rund um die Uhr erreichbares Service-Center, in dem Internisten und Kardiologen Diabetiker sowie andere chronisch Kranke telefonisch beraten (*Vodafone Care*)." (*Trendletter, 10-2010*)

Wo sind nun die Schnittmengen zwischen Best Ager, Wasser und Gesundheit? Man weiß, dass Menschen über 50 immer häufiger Gewichtsprobleme bekommen – zum einen aufgrund der Hormonumstellung, zum anderen wegen mangelnder Bewegung, falscher Ernährung, falscher Lebensweise usw. Auch Apnoe (Atemnot) und Gicht stehen unter anderem damit im Zusammenhang. Insbesondere Diabetes ist eine dramatisch zunehmende Zivilisationskrankheit, die in Deutschland und Europa still und unerkannt zu einem gesundheitlichen Problem allererster Güte avanciert und sich epidemieartig ausbreitet.

Diabetes wird zur größten Epidemie in Europa

„Was AIDS am Ende des 20. Jahrhunderts war, wird Diabetes in den nächsten Jahren dieses Jahrhunderts sein", warnte der australische Diabetologe *Prof. Dr. Paul Zimmet*. Dass diese drastische Aussage insbesondere im Hinblick auf Europa nicht übertrieben ist, beweisen die nackten Zahlen: Knapp 50 Millionen Menschen in Europa haben bereits Diabetes, viele weitere Millionen werden in den nächsten Jahren hinzukommen.

Schon jetzt werden in europäischen Ländern allein für die Behandlung von Diabetes etwa 50 Milliarden Euro ausgegeben. „Wenn wir nicht aufpassen, wird Diabetes zum Totengräber unseres Gesundheitssystems", so *Prof. Dr. Dieter Grüneklee*, Vorsitzender der Diabetes-Stiftung. Kein Wunder, denn wer an Diabetes leidet, muss sich in vielen Fällen nicht nur täglich Insulin spritzen, sondern auch mit schweren Folgeerkrankungen – bis hin zu Schlaganfall oder Herzinfarkt – rechnen.

Deutschland nimmt im Reigen der europäischen Länder eine unrühmliche Spitzenposition ein: 10,2 Prozent der erwachsenen Bevölkerung (20 bis 79 Jahre) leiden unter Diabetes – mehr als in jedem anderen Land Mitteleuropas. Und Experten gehen von weiter steigenden Zahlen aus.

Die Internationale Diabetes Föderation (IDF) erwartet, dass die Zahl der Diabetiker in Europa in den kommenden zwanzig Jahren um mehr als 20 Prozent steigen wird. Reinhart Hoffmann, Sprecher der Deutschen Diabetes-Stiftung, befürchtet jedoch eine weitaus dramatischere Entwicklung: „Eine aktuelle Studie zeigt, dass die Zahl der Zuckerkranken in Deutschland jedes Jahr um 300.000 ansteigt. Wenn die Entwicklung so weiter geht, haben wir 2025 doppelt so viele Diabetiker wie heute."

Hauptursache für diese besorgniserregende Entwicklung ist die Gewichtszunahme der Europäer. Heute sind zwölf Prozent der Österreicher und über 20 Prozent der Deutschen fettsüchtig. Europaweit schwanken die Werte zwischen neun Prozent (Niederlande) und 23 Prozent (Tschechien). „Damit befinden sich die Europäer auf dem besten Weg mit den Amerikanern gleichzuziehen, bei denen jeder Dritte krankhaft übergewichtig ist", prognostiziert Prof. Dr. Grüneklee.

Abbildung 1.1: Die Zahl der Diabetiker steigt dramatisch

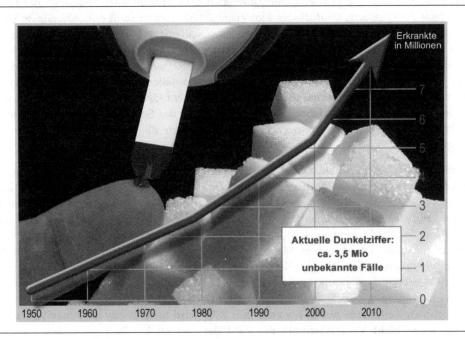

Quelle: Deutsche Diabetes-Stiftung, 2011, © www.diabetesstiftung.de

Längst sind die Zeiten vorbei, in denen der Bierbauch erst mit dem vierzigsten Geburtstag zu wachsen begann. Die wenigsten Diabetiker finden sich übrigens auf Island. Gerade mal zwei von hundert erwachsenen Isländern sind zuckerkrank. Grund dafür? Wahrscheinlich die hohen Lebensmittelpreise. Wer weniger isst und sich mehr bewegt, bekommt auch weniger leicht Diabetes! So einfach ist das.

Laut Angaben der Deutschen Diabetes-Stiftung (DDS) sind aktuell über 7 Millionen Menschen in **Diabetes-Behandlung**, weitere ca. 3,5 Millionen wissen nichts von ihrer Erkrankung. Jeden Tag kommen etwa 1.000 Betroffene dazu – das sind rund 360.000 Patienten mehr pro Jahr. Die Steigerung ist auf falsche Ernährung und ungesunde Lebensweise zurückzuführen. Aktuelle Studien zeigen, dass die Gesundheitskosten für Menschen mit Diabetes fünf Mal so hoch liegen wie für Menschen ohne Diabetes. Diabetes schränkt vielfach auch die berufliche Belastbarkeit ein. Zahlreiche Folgeerkrankungen treten mit erhöhtem Risiko auf. Gleichzeitig besteht bei Diabetes mellitus wie bei kaum einer anderen chronischen Erkrankung die Möglichkeit, durch eine gute Einstellung des Blutzuckers und eine gesunde Lebensweise die Folgen der Erkrankung zu mildern, ein normales Leben zu führen und die Kosten nahezu auf diejenigen eines Durchschnittspatienten zurückzuführen.

Bluthochdruck und Diabetes mellitus sind die wichtigsten Risikofaktoren für den **Schlaganfall** *(Schauder et al. 2006)*. Der Schlaganfall ist in Deutschland nach verschiedenen Herzerkrankungen und Lungen-/Bronchialtumoren mit 15 Prozent aller Todesfälle die fünfthäufigste Todesursache *(Statistisches Bundesamt 2006)*. Zudem stellt er die häufigste Ursache für erworbene Behinderungen im Erwachsenenalter dar. Den als repräsentativ geltenden Berechnungen des Erlanger Schlaganfallregisters zufolge, kommt es pro Jahr in Deutschland zu 150.000 Neuerkrankungen und ca. 50.000 Rezidivschlaganfällen, sodass pro Jahr eine Gesamtzahl von etwa 200.000 Schlaganfällen zu versorgen ist. Durch die überlebenden Patienten (bei ca. 20 Prozent bis 30 Prozent führt der akute Schlaganfall zum Tode) kommt es in Deutschland zu einer Prävalenz der Schlaganfallkranken mit ihren Spätfolgen in der Größenordnung von 500.000 Patienten, die zu jedem Zeitpunkt zu versorgen sind.

Gefäßerkrankungen und Herzkreislauferkrankungen werden zunehmend als Risikofaktoren für die **Demenz** vom Alzheimer-Typ erkannt *(Kudo et al. 2000, Breteler 2000)*. Dieser macht ca. 60 Prozent aller Demenzerkrankungen aus. Die Häufigkeit von Demenzen nimmt mit steigendem Lebensalter zu: 60-Jährige ca. 1 Prozent, 70-Jährige ca. 5 Prozent, 80-Jährige ca. 20 Prozent und 90-Jährige ca. 30 Prozent. Zurzeit leben in Deutschland schätzungsweise 1,4 Millionen Menschen, die an Demenzen leiden. Das Institut für Gesundheitssystem Forschung in Kiel rechnet für die durch Demenz verursachten Behandlungs- und Pflegekosten mit Gesamtkosten bis 35 Milliarden Euro pro Jahr. Bedingt durch die Veränderung der Bevölkerungsstruktur werden die Zahlen in den nächsten Jahren und Jahrzehnten weiter zunehmen. **Bis zum Jahr 2050 wird mindestens mit einer Verdoppelung, wenn nicht Verdreifachung der Zahl der Demenzkranken gerechnet.** *(Deutsche Diabetes-Stiftung (DDS))*

Die Bevölkerung wird älter, bunter, weniger

Die deutsche Bevölkerung schrumpft bis zum Jahr 2060 – so eine Ende 2009 veröffentlichte Studie des Statistischen Bundesamtes – von gegenwärtig rund 82 Millionen auf 64,7 Millionen Menschen. Das bedeutet einen Rückgang der Bevölkerungszahl um rund 27 Prozent. Zudem schieben sich die geburtenstarken Jahrgänge wie ein Berg durch die Alterspyramide. Gegenwärtig kommen 28 Personen im Rentenalter auf 100 Bürger im erwerbsfähigen Alter. Im Jahr 2050 stünden 100 Beschäftigten jedoch schon 53 Rentner gegenüber. Gleichzeitig sinkt bis 2050 die Anzahl der Kinder und Jugendlichen von jetzt 22 auf 14 Prozent. Setzt sich die Bevölkerungsentwicklung wie bisher fort, dann werden nach den Berechnungen der UN im Jahr 2050 fast 50 Prozent der deutschen Bevölkerung der Generation 55plus angehören. Dieser nicht mehr abzuwendende Trend – immer mehr ältere Menschen bei einer rückläufigen Gesamtbevölkerung – stellt die Politik vor große Finanzierungsprobleme.

Abbildung 1.2: Einteilung anhand der Bevölkerungsvorausberechnung für 2010

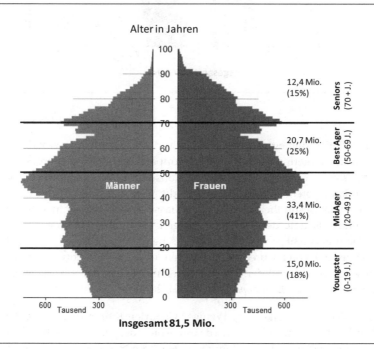

Quelle: Statistisches Bundesamt, 2011

Abbildung 1.3: Einteilung anhand der Bevölkerungsvorausberechnung für 2060

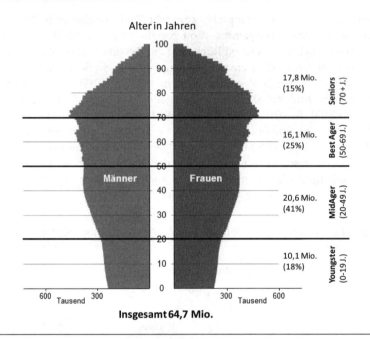

Quelle: Statistisches Bundesamt, 2011

Die angesprochenen demografischen Veränderungen lassen einen Wandel im Marketing beobachten. Das Marketing rückt diese Zielgruppe in den Fokus der strategischen Überlegungen. Die Best Ager gelten als kaufkräftig, konsumfreudig, qualitätsbewusst und bergen wichtiges Verkaufspotenzial. Mit Interessen, die weit über die entsprechenden Klischeevorstellungen wie Gesundheitsartikel oder klassische Literatur hinausgehen, treten die Best Ager in das Blickfeld der Verkaufsstrategen. Ihr Kaufverhalten wird inzwischen von vielen Studien untersucht mit teilweise überraschenden Ergebnissen. Um die Best Ager als Zielgruppe wirkungsvoll ansprechen zu können, ist es deshalb notwendig, sich eingehend mit den Besonderheiten und den spezifischen Ansprüchen der sehr heterogenen Gruppe zu beschäftigen ..." *(Freie Enzyklopädie Wikipedia, 2011)*

So verändert sich die Bevölkerung: Weniger Geburten führen dazu, dass die Anzahl der potenziellen Mütter immer kleiner wird. Der Anteil der alten Menschen an der Bevölkerung wächst. Die geburtenstarken Jahrgänge wachsen in hohe Altersgruppen hinein, und die Lebenserwartung steigt. Der Anteil junger Menschen unter 18 Jahren nimmt stark ab. Viele Städte, besonders in Ostdeutschland, sind von einer drastischen Abwanderung betroffen. Der Anteil von Menschen mit Migrationshintergrund nimmt zu. *(Bertelsmann Stiftung, 2011)*

Der **ZDF Doku-Fiction-Film** *„2030 – Aufstand der Jungen"* beschreibt die möglichen Folgen des demografischen Wandels aus Sicht der jungen Generation, die um 2030 die Leistungsträger der Gesellschaft stellt. Er wirft gleichermaßen einen beängstigenden Blick in eine fiktive Zukunft. *(ZDF-Mediathek, 10.2.2011)*

- **Single-Haushalte im Trend. Wer lebt allein? Die Generation 60plus!**

Trautes Heim, Glück allein, aber nicht mehr in der Großfamilie: Der Trend geht auch in Zukunft zum Single-Haushalt, sagen Forscher. Schon seit den 50er Jahren werden die Privathaushalte immer kleiner. Besonders die Zahl der Einpersonen-Haushalte wächst stetig, nicht zuletzt wegen des steigenden Lebensalters und der hohen Scheidungsquote. Auch die Zahl der Heiratswilligen geht zurück. Aber Lebenskonzepte im Doppelpack bleiben beliebt: Viele Alleinerziehende leben schon heute in einem Zwei-Personen-Haushalt mit ihrem Kind. Die Haushalte mit drei und mehr Mitgliedern dagegen sinken weiter.

- **Zu alt, um zu arbeiten?**

Die Bundesbürger werden immer älter, die Geburtenrate stagniert. Neun Millionen Hochbetagte über 80 Jahre soll es 2060 geben – und damit fast genauso viele alte Menschen wie Unter-20-Jährige. Das hat starke Auswirkungen auf die Erwerbsbevölkerung: In Zukunft zählt Deutschland bis zu 34 Prozent weniger Menschen im Arbeitsalter als 2009. Rund 50 Millionen Menschen zwischen 20 und 64 Jahren gehören heute zu den Erwerbstätigen. Mit dem Bevölkerungsschwund schrumpft naturgemäß auch diese Zahl – um ganze 17 Millionen Menschen, prophezeien Experten für die Zukunft.

- **Die Lebenserwartung wird immer höher – Männer holen auf.**

Die Lebenserwartung ist bereits in der Vergangenheit stark gestiegen, und auch in Zukunft setzt sich dieser Trend fort. Es gilt: Die Männer legen bei der Lebenserwartung stark zu. Ganz schlüssig sind sich Experten noch nicht und gehen von zwei Möglichkeiten aus: Eine niedrige Schätzung, die „Basisannahme", besagt, dass 2060 geborene Mädchen mit durchschnittlich 89,2 Lebensjahren acht Jahre älter werden als heute. Auch die Männer holen demnach in punkto Lebenserwartung auf. Sie werden durchschnittlich 85 Jahre alt – ein Plus von sieben Jahren. Die zweite Zukunftsprognose geht von höheren Werten aus: Jungen werden danach elf Jahre älter als heute – und damit durchschnittlich 87,7 Jahre alt. Die Frauen legen um neun Lebensjahre zu und kommen so auf 91,2 Jahre.

> **Es knackt im Generationenvertrag**
>
> *Ein beunruhigender Blick in die Zukunft von Prof. Reimer Gronemeyer*
>
> „Überall maßen sich die Menschen von heute Rechte über die Menschen von morgen an. Denn das Leben der Menschen von morgen ist durch den exzessiven Lebensstil der Gegenwärtigen bedroht. Noch nie ist es einer Generation von Menschen gelungen, die Risiken ihres Lebensstils in die kommenden Generationen zu verschieben. Es werden aktuell so viele Ressourcen verbraucht, dass die Verwüstungen unübersehbar sind. Wie

das Erbe der kommenden Generationen aussieht, ist schon jetzt erkennbar: eine ruinierte Umwelt, irreversible Klimaschäden, wachsende Ungleichheiten zwischen Nord und Süd und auch zunehmende Apartheid zwischen arm und reich in den Industriegesellschaften selbst.

Gegensätze und Extreme

Man kann sagen: Wenn wir nicht rechtzeitig handeln, werden die zukünftigen Generationen überhaupt keine Möglichkeit mehr haben zu handeln. Sie werden zu Geiseln unkontrollierbar gewordener Entwicklungen. Der Blick in die Zukunft ist beunruhigend, die Ressourcen ungleich verteilt: Wie werden wir die nächsten Jahre mit der Tatsache leben, dass eine Milliarde Menschen auf diesem Planeten hungert, während bei uns die zunehmende Dickleibigkeit der Bevölkerung eine der wichtigsten Ernährungsproblematiken ist?

Weg in die Zwei-Klassen-Medizin

Es gibt noch weitere erschreckende Tendenzen, deren Beginn man hier, direkt vor unserer Haustür, registrieren kann: Die Höhe des Einkommens, der Bildungsgrad und die berufliche Stellung bestimmen schon jetzt, wie lange jemand lebt. Das obere Einkommensfünftel lebt im Schnitt sechs Jahre länger als das untere. Eine Zwei-Klassen-Medizin entsteht. Wer schlecht versichert ist, hat bereits heute am biomedizinischen und technologischen Fortschritt in der Medizin weniger Anteil als die gut Versicherten. Die Altersrationierung im Gesundheitswesen steht am Anfang und macht schnelle Fortschritte: In den kommenden Generationen wird die Kluft zwischen billiger Grundversorgung und exzessiver Wellness-Medizin wachsen."

ZDF-Frage: Was wäre Ihre Lösung für das Gesundheitsdilemma auch im Zusammenhang mit dem demografischen Wandel?

Reimer Gronemeyer: „Ich denke, in der Medizin wird auch viel Unsinniges, Überflüssiges und Teures entwickelt, bei dem obendrein nicht sicher ist, dass es hilft. Wenn das verschwinden würde, sähe alles schon viel besser aus."

ZDF-Frage: Wie sieht die Zukunft unseres Rentensystems aus?

Reimer Gronemeyer: „Es ist schon jetzt deutlich, dass die Renten in Zukunft niedrig sein werden und dass die privaten Lebensversicherungszahlungen aus dürftiger Verzinsung stammen. Das macht noch einmal deutlich, dass wir darüber nachdenken müssen, wie man mit weniger Geld besser leben kann und das geht wohl nur mit einem Aufbruch in mehr Gemeinschaft."(ZDF – Prof. Reimer Gronemeyer, 2011)

Es geht aber auch anders: Vilcabamba - die beeindruckende Stadt der Hundertjährigen in Ecuador

Die RTL-Sendung „Extra" berichtete am 2.5.2011 von Vilcabamba, der Stadt der Hundertjährigen in Ecuador, einem Jungbrunnen, um alt zu werden. Bis zu 140 Jahre alt werden viele der Menschen dort. Die Gründe dafür liegen wohl im genetischen Fußabdruck der Langlebigkeit und im Arbeiten bis ins hohe Alter. Ein Renteneintrittsalter von 65 Jahren wie bei uns gibt es dort nicht. Es gibt 99-jährige Hebammen, die noch arbeiten. Viele Frauen bleiben gebärfreudig bis ins Alter von 50 oder 60. Männer zeugen Kinder bis ins hohe Alter. Gestorben wird anders und selbstverständlicher als bei uns: Beim Sterbeprozess ist immer jemand in der Nähe. Man schläft einfach ein – ohne Schmerzen. Verstorbene werden drei Tage nach dem Tod begleitet.

Die Zeit hat in Vilcabamba einen anderen Stellenwert. Es gibt dort keinen Stress, oder er wird einfach anders und natürlicher als bei uns verarbeitet – im Einklang mit der Natur, mit sich selbst, in der Gemeinschaft, die einen trägt. Man ist mehr draußen, hat mehr Ruhe. Man fühlt sich körperlich einfach besser und wird in Vilcabamba häufig von allein wieder gesund. Nachweislich werden Atembeschwerden, Gehprobleme, Gelenkschmerzen etc. nach einer gewissen Zeit besser oder heilen vollständig aus. Hunde werden doppelt so alt wie in unseren Breitengraden – bis zu 25 Jahre.

2 Ist das 21. Jahrhundert ein Zeitalter der Babyboomer-Generation?

Alle Fakten und Zukunftsprognosen deuten darauf hin, dass die Best Ager zu den wichtigsten Nutznießern des demografischen Wandels zählen:

- Ungefähr 40 Prozent der deutschen und europäischen Bevölkerung sind heute schon über 50 Jahre alt.
- 2035 wird Deutschland die älteste Bevölkerung der Welt haben.
- 60 Prozent aller Geldausgaben werden von Menschen im Alter über 50 getätigt.

Abbildung 2.1: Kunden 50plus besitzen eine hohe Kaufkraft

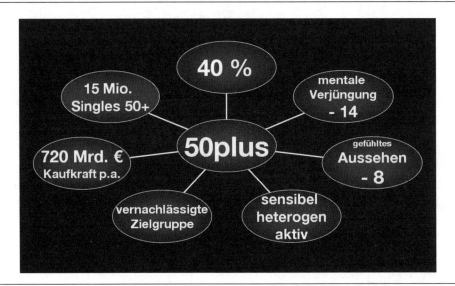

Quelle: Hans-Georg Pompe, www.pompe-marketing.com, 2011

Kunden 50plus haben eine Kaufkraft von 720 Milliarden Euro pro Jahr in Deutschland. Auch Singles 50plus stellen mit über 15 Millionen Menschen in Deutschland eine sehr lohnenswerte Mikro-Zielgruppe dar. Und Menschen 50plus fühlen sich 14 Jahre jünger als sie wirklich sind – dies hat für das Marketing Konsequenzen.

Alle Wirtschaftsbereiche werden sich auf den demografischen Wandel einstellen müssen. Und vor allem darauf, dass sich bisherige klassische Zielgruppen, Zielmärkte, Produktfelder, Vertriebsschienen dramatisch verändern werden. Die einzelnen Altersgruppen weisen unterschiedliche Zuwachsraten auf. So wird die Gruppe der 13- bis 20-Jährigen bis zum Jahr 2020 nicht wachsen, sondern sogar um 25 Prozent zurückgehen. Eine Entwicklung, die die Hersteller von Mopeds, Fußballschuhen, Jeanskleidung und Musik-CDs dazu veranlassen könnte, auch andere Zielgruppen anzusprechen. Sogar die Hersteller von Baby- und Kinderprodukten haben verstanden, dass sie neue Käuferschichten ansprechen können, wenn sie ihr Produktportfolio erweitern oder intelligent und mutig verändern.

Die Altersgruppe der 20- bis 30-Jährigen wird im gleichen Zeitraum um neun Prozent abnehmen. Davon sind vor allem die Möbelhersteller, Reiseveranstalter, Lebensversicherer sowie die Produzenten von Tennis- und Skiausrüstungen betroffen, deren Erzeugnisse hauptsächlich auf diese Altersgruppe zugeschnitten sind. Die Anzahl der heute 30- bis 40-Jährigen wird drastisch abnehmen – bis zu 28 Prozent im Jahr 2020. Diese Generation ist im Allgemeinen fest im Berufsleben etabliert und bildet im Moment noch einen großen Markt für Eigenheime, Autos und Kleidung.

Die **Gruppe der 40- bis 60-Jährigen** wird bis 2020 um mindestens sechs Prozent zunehmen. Sie bildet einen wichtigen Zielmarkt unter anderem für die Gastronomie, die Reiseveranstalter, Hersteller teurer Kleidung sowie Unternehmen, die in anderen Bereichen der Freizeitindustrie tätig sind.

Die **Altersgruppe 60plus** hat eine Zuwachsrate von 20 Prozent. Damit steigt der Bedarf nach Altersruhesitzen und -heimen, Wohnmobilen, ruhigeren Formen der Freizeitgestaltung, wie zum Beispiel Golf und Angeln, portionierten Fertigmahlzeiten sowie medizinischen Artikeln (zum Beispiel Medikamente, Brillen, Gehstöcke, Hörgeräte) und Dienstleistungen (zum Beispiel Genesungseinrichtungen nach Klinikaufenthalt etc).

Wer sich nicht schon jetzt von den rapide schrumpfenden Gruppen der 14- bis 30-Jährigen verabschiedet und frühzeitig auf die wachsenden Gruppen der 40-, 50- und 60plus-Zielgruppen konzentriert, wird es schwer haben, mittelfristig noch zu existieren. Für Branchen und Unternehmen, die sich vorwiegend im internationalen Markt bewegen, werden die Auswirkungen sicherlich weniger dramatisch sein als für Unternehmen, die sich auf deutschem oder europäischem Terrain bewegen und dort ihre Geschäfte machen wollen. Und das insbesondere vor dem Hintergrund rückläufiger jüngerer Käuferschichten sowie vielfach stagnierender, gesättigter Märkte.

Diese neuen Zielgruppen eröffnen Wachstumsmöglichkeiten, die in den angestammten Segmenten nur noch schwer erreicht werden können. Im Sinne des „First-Mover-Advantage" oder der Innovatorenrolle kann es sich für Unternehmen lohnen, in ein neues Segment so früh wie möglich einzudringen.

Die Dienstleistungs- und Produktinteressen insbesondere der sogenannten „Master Consumer" im Alter von 50 bis 60 Jahren liegen im Vergleich zur Gesamtbevölkerung in folgenden Segmenten signifikant höher:

- **Finanzen**, zum Beispiel bei Anlageprodukten der Banken und Versicherungen zur Absicherung der Lebensqualität, Vermögensoptimierung und Altersvorsorge
- **Freizeit**, zum Beispiel bei Reisen, Bekleidung, Musik, Theater, Golf
- **Medien**, zum Beispiel bei Fernsehen, Rundfunk, neuen Medien und Printmedien
- **Lifestyle**, zum Beispiel bei Kulinarik, Wohnen, Möbel, Tischkultur, Schmuck
- **Gesundheit und Wohlbefinden**, zum Beispiel bei Ernährungsfragen, Wellness-Produkten, Anti-Ageing, Naturkosmetik, Fitnessangeboten

Im Segment **Gesundheit und Wohlbefinden** bewegen sich Menschen 50plus in spannenden inneren und äußeren Herausforderungen der Zivilisation, die sich die Gesundheitswirtschaft, aber auch die Lifestyle-Anbieter nachhaltiger zunutze machen könnten. Unter dem Mediendiktat von einem „Traum der ewigen Jugend" subsumieren sich zahlreiche Anforderungen, die sich jeder Mensch natürlich mehr oder weniger selbst als Maxime auferlegt: Man möchte attraktiv sein, eine tolle Figur haben und machen.

Das Selbstwertgefühl in Zusammenhang mit einem Idealgewicht, die körperliche Agilität und Beweglichkeit sind mit zunehmendem Alter zentrale Themen. Man sucht nach einem Gleichgewicht zwischen Körper und Seele, nach einem gesunden Lebensstil, nach einer harmonischen Work-Life-Balance und nach Anti-Stress-Lösungen. Prävention für eine lange Leistungsfähigkeit ist heutzutage ein Muss, nicht nur für Menschen 50plus, um drohenden Zivilisationskrankheiten wie Diabetes, Herz-/Kreislauferkrankungen und Verschleißerscheinungen des Bewegungsapparates vorzubeugen oder sie so lange wie möglich hinauszuzögern.

Viele Unternehmen erkennen die **Ageing Society** als neuen Megatrend, als die Herausforderung dieses Jahrhunderts. „Aber kein Automobilhersteller spricht explizit die Zielgruppen 50plus an. Sie haben wohl Angst, ihr vermeintlich jugendliches, sportliches Image der Marke zu verlieren. Sie haben Sorge, mit dem Segment 50plus oder gar 60plus assoziiert zu werden", sagt der Münchner Seniorenforscher *Prof. Erich Pöppel*.

Der gesamte Mittelstand, der wichtigste Jobmotor der Zukunft, wird den demografischen Wandel massiv zu spüren bekommen – positiv wie negativ. Positiv in Form steigender Nachfrage, negativ in Form von Fachkräftemangel und nicht zu besetzender Ausbildungsstellen. Schon 2015 fehlen in Deutschland etwa drei Millionen Arbeitskräfte – nicht nur hochqualifizierte. Man wird sich wieder den Mitarbeitern im besten Alter (40plus, 50plus, 60plus) und deren reichhaltigen Erfahrungsschatz zunutze machen (müssen), um den Kundenmarkt über den Mitarbeitermarkt zu erschließen. Es wird ein Kampf um die besten Köpfe geben. Das Personalmanagement sollte sich frühzeitig darauf einstellen und Einstellungskriterien schon jetzt in Richtung erfahrene Mitarbeiter verändern.

> „Im amerikanischen Boston gibt es ein Familienunternehmen, das ausschließlich ehemalige Lehrerinnen, Ingenieure, Designer oder Kellnerinnen beschäftigt. Das Durchschnittsalter liegt dort bei 71 Jahren. Dank der Verlässlichkeit der Mitarbeiter stieg der Umsatz in den letzten Jahren um 20 Prozent. Es ist nicht nötig, Angst davor zu haben,

dass die Belegschaften auch bei uns älter werden – wenn dieser Prozess gut gemanagt wird.

Spätestens ab 2020, wenn die geburtenstarken Jahrgänge in den Ruhestand gehen, wird dieser Alterssprung enorm. *Diversity Management* wird deshalb immer wichtiger. Wie können Unternehmen ältere Mitarbeiter länger im Beschäftigungsprozess halten? Wie können Junge und Ältere möglichst effektiv zusammenarbeiten? Wie schafft man maßgeschneiderte flexiblere Arbeitszeiten? Diese demografischen Fragen werden immer wichtiger ..." *(Süddeutsche Zeitung, 8.1.2011, „Die Zukunft der Arbeit", Thesen von Klaus F. Zimmermann, Professor für wirtschaftliche Staatswissenschaften an der Uni Bonn, Präsident des Deutschen Instituts für Wirtschaftsforschung – DIW)*

Mit zunehmendem Alter spielen drei Themen und Sehnsüchte eine herausragende Rolle: **Wohlstand, Gesundheit, Glück.** Um sich auf dem Markt durchzusetzen, müssen Unternehmen und Organisationen ihre Marketingstrategie auf diese Bedürfnisse ausrichten.

Abbildung 2.2 gibt Hinweise darauf, was sich die Zielgruppe 50plus ganz besonders wünscht, was ihr wirklich wichtig ist – neben einem überzeugenden Produkt und guten Dienstleistungen drumherum, einer begeisternden Kommunikation und einem vernünftigen Preis. Hier kann man bei der Generation 50plus richtig punkten – und eine Vorreiterrolle innerhalb der Branche einnehmen.

Abbildung 2.2: Worauf Kunden 50plus gesteigerten Wert legen

1. Gesundheit + Wohlbefinden
2. **Genusswelt + Lebensqualität**
3. Wertschätzung + Tiefe + Stil
4. **Identifikation mit Lebensgefühl**
5. Charmante Aufmerksamkeit
6. **Entspannung vs. Erlebnisse**
7. Komfort + Bequemlichkeit
8. **Sicherheit + Verlässlichkeit**
9. Geborgenheit vs. Geselligkeit
10. **Kontakt zu Gleichgesinnten**

Eigene Wurzeln beachten
→ Biografische Kontinuität

Quelle: Hans-Georg Pompe, 2011

Es wird Unternehmen innerhalb der nachfolgenden Branchenübersicht geben, die den demografischen Wandel ganz offensichtlich zu ihrem Vorteil nutzen können. Für dienstleistungsorientierte Unternehmen insbesondere aus diesen Branchen werden sich aufgrund des „Megatrends Alter" überaus lukrative Wachstumschancen ergeben. Warum das so sein könnte oder so kommen wird, soll nachfolgend ausführlich skizziert werden. Zunächst möchte ich Ihnen jedoch die aufschlussreichen Antworten einer Befragung von Entscheidern vorstellen, die eigens für dieses Buch durchgeführt wurde.

Umfrage bei Entscheidern: Welche Branchen werden vom Best-Ager-Markt profitieren und welche nicht?

Frage 1:

Was sind für Sie **echte „Boom-Branchen 50plus" mit hohem Zukunftspotenzial** – also Branchen und Unternehmen, die vom demografischen Wandel und den veränderten Wünschen der heutigen Best Ager in den nächsten zehn bis 20 Jahren nachhaltig profitieren werden? Warum? Kennen Sie spezielle Unternehmen, die darin schon Spitzenklasse oder „Hidden Champions" sind?

Prof. Dr. Horst W. Opaschowski Zukunftswissenschaftler aus Hamburg und Autor von „Deutschland 2030. Wie wir in Zukunft leben."	Folgende Bereiche zählen meines Erachtens zu den sogenannten „Boom-Branchen 50plus", die von der alternden Gesellschaft bis zum Jahr 2030 profitieren werden: ■ **Gesundheit und Ernährung** (Körperpflege/Kosmetik, Wellness/Anti-Ageing, Gymnastik/Sport, gesunde Ernährung, Naturprodukte, Gesundheitsvorsorge, Gesundheitsdienste/-beratung etc.) ■ **Haus und Garten** (Heimwerken/Do-it-yourself, Garten-/Tierpflege, barrierefreie Techniken/Einrichtungen, Alarmanlagen, Generationenhäuser, Bau-/Hausgemeinschaften, Baugenossenschaften etc.) ■ **Mobilität und Reise** (Kurz-, Wochenend-, Busreisen, Event, Kultur-, Studienreisen, Kreuzfahrttourismus, Auto-, Fahrradindustrie etc.) ■ **Vorsorge und Sicherheit** (stabile Geld- und Wertanlagen, Versicherungen, Banken/Sparkassen, Finanzdienstleistungen, Lebens-, Pflegeversicherungen etc.) ■ **Bürgerbeteiligung und Freiwilligendienste** (Mieter-, Bürgerinitiativen, Selbsthilfegruppen, Vereins-, Verbandsarbeit, soziales Engagement/Freiwilligenarbeit, Nachbarschaftshilfe/Helferbörsen etc.)
Prof. Peter Wippermann Geschäftsführer, Trendbüro Hamburg	Zu den Boom-Branchen 50plus gehören alle Märkte, die das Bedürfnis nach **Gesundheit, Wohlgefühl und Verjüngung** aufgreifen, also alle Branchen rund um den **Trend Healthstyle**.
Fabian Engels Direktor, Lindner Park-Hotel Hagenbeck Hamburg	■ **Automobile:** Kunden 50plus legen besonderen Wert auf erhöhten Komfort, was in der Automobilbranche nicht schwer zu finden ist. Auch die persönliche Freiheit und Unabhängigkeit sowie die Mobilität, die von der Generation 50plus gewünscht wird, wird mit einem neuen Auto realisiert. Da Best Ager über eine hohe Kaufkraft verfügen, leisten sie sich mit fortgeschrittenem Alter gerne auch ein etwas teureres Auto. Außerdem kommt das Bedürfnis der Sicherheit und Anerkennung zum Tragen. Anerkannt ist der, der ein angesehenes Auto fährt, und Sicherheit wird oft mit einem neuen

Auto mit viel Komfort und technischen Neuheiten verbunden. Auch die Generation 50plus möchte bei neuesten Technologien mitreden können *(www.zukunftstrends-fuer-entscheider.de/best-ager-silberne-revolution-ein-megatrend)*.

- **Mode und Beauty**: Das Aussehen spielt mit steigendem Alter eine immer wichtigere Rolle. Best Ager fühlen sich im Durchschnitt zehn bis 15 Jahre jünger, als sie tatsächlich sind, und das leben sie auch. Sie wollen schließlich auch so aussehen, wie sie sich fühlen, attraktiv wirken und begehrt werden. Auf dem Markt gibt es bereits unzählige Produkte für Best Ager: Antifalten-Cremes, Bodylotion gegen Cullulite usw. Dieser Trend wird auch in Zukunft nicht abbrechen, sondern stetig ansteigen. Beispiel: Beiersdorf, Produkte wie Eucerin und Anti-Ageing-Produkte *(www.eucerin.com/de/produkte/anti-age-pflege)*.

- **Finanzdienstleistung**: Sicherheit steht im Alter ganz oben auf der Liste. Dazu gehört auch die finanzielle Sicherheit, die Best Agern bei vertrauenswürdigen Banken mit authentischen und ehrlichen Beratern finden. Auch diese Branche ist eine Boom-Branche. Auf dem Vormarsch sind hier diejenigen Unternehmen, die den Best Ager offen und ehrlich beraten und Transparenz in den Informationen gewähren.

- **Tourismus und Reisen**: Best Ager reisen gerne. Für 90 Prozent der 50- bis 60-Jährigen steht das Reisen sogar an erster Stelle. Der Grund hierfür ist die erhöhte Zeit, die Best Agern ab 50 Jahren zur Verfügung steht. Gerne gönnen sie sich, nach getaner Arbeit und wenn die Kinder aus dem Haus sind, etwas Gutes und entfliehen dem Alltag. Das Kaufmotiv lautet hier vor allem „Genießen und sich etwas gönnen". Auch hier kommt die erhöhte Kaufkraft der Generation 50plus zum Tragen. Denn wer Geld hat, kann dies auch für Reisen ausgeben. Der Trend geht hin zu Kultur-, Bildungs- und Wellness-Urlaub. Die Tourismusbranche tut bereits viel für die begehrte Zielgruppe: zum Beispiel Reisen mit Reiseleitung und Führungen, Busreisen mit viel Komfort und Sicherheit, ärztliche Begleitung. Beispiel: *TUI Club Elan (www.clubelan.de)*.

Michaela Hansen
Geschäftsführerin
Granny Aupair,
Hamburg

- Eigentlich müssten fast alle Branchen von dem demografischen Wandel profitieren – aber nur, wenn sie sich auch auf die Best Ager einlassen und sie mit den richtigen Angeboten abholen.
- Profitieren werden auf jeden Fall – weiterhin – die **Kreuzfahrt- und Reisebranche**. Aber auch die **Lebensmittelindustrie** und die **Bio-Branche** (Best Ager wollen gesund essen!), **Sport- und Fitnesseinrichtungen**, die **Spa- und Kosmetikbranche** (Anti-Ageing in allen Lebenslagen lässt sich teuer und gut verkaufen).

Ist das 21. Jahrhundert ein Zeitalter der Babyboomer-Generation?

	■ Wenn sie clever reagiert, sich auch größenmäßig auf die Kunden einstellt und nicht nur „size zero" auf die Bügel hängt, wird auch die **Bekleidungsindustrie** profitieren (ob Maß- oder Designerlabels). Denn die moderne Granny will nicht wie Oma aussehen!
	■ **Schicke Schuhe** für Senioren würden gekauft, wenn es sie denn gäbe.
	■ Aber auch **Einrichtungshäuser** könnten punkten – auch ältere Menschen richten sich gern hin und wieder neu und durchaus mit **Designermöbeln** ein.
	■ **Veranstalter von Shows, Theater, Musik oder Kinos** (kaum ein Mensch über 45 geht gern in die nach Nachos stinkenden und heruntergekommenen Multiplex-Kinos) müssen verstärkt auf die Best Ager eingehen – ebenso die **Medien**.
	■ Alle **Elektronik-Hersteller** könnten punkten, wenn sie mit „größeren" Knöpfen, lesbaren Zahlen etc. arbeiten würden!
	■ Zu den „Hidden Champions" gehören **Kosmetikhersteller** wie *Dove*, nette **Programmkinos,,** die **neue Zeitschrift für Menschen in der zweiten Lebenshälfte GoLiving** *(www.goliving.de)*.
Madeleine Leitner Geschäftsführerin Karriere-Management Leitner, München	■ Profitieren werden Firmen, die sich auf **gesunde Ernährung** spezialisieren und alle, die mit dem Thema Gesundheit zu tun haben.
	■ Branchen, die **neue Wohnformen** unterstützen, zum Beispiel Wohngemeinschaften – wobei Hotels oder Kurheime dafür umgebaut werden könnten.
	■ Firmen und Organisationen, die sich mit **Sinnfragen** beschäftigen.
Dr. Stefan Arend Vorstand, KWA – Kuratorium Wohnen im Alter, München	■ Eine Branche, die in hohem Maße von den Folgen des demografischen Wandels profitiert, ist natürlich die **Pflege- und Gesundheitsbranche**. Im Gegensatz zur Industrie hat sie die globale Wirtschafts- und Finanzkrise nahezu unbeschadet überstanden und konnte sogar einen stetigen Anstieg der offenen Stellen verzeichnen.
	■ Auch das **Handwerk** rechnet in diesem Jahr mit zahlreichen neuen Stellen – **altersgerechter Wohnungs(um)bau** schafft Arbeitsplätze und der **Markt für Seniorenimmobilien** boomt.
	■ Eine neue Studie der IHK Frankfurt am Main zum Gesundheitsstandort Frankfurt hat kürzlich gezeigt, dass insbesondere die **Pharmaindustrie** und der **Pharmahandel** aufgrund der fortschreitenden Alterung der Gesellschaft in den nächsten Jahren wachsen werden. Ältere über 60 Jahren geben (mehr oder minder freiwillig) drei Mal so viel Geld für Arzneimittel aus wie Personen unter 60 Jahren.
	■ Außerdem werden **technologieorientierte Branchen,** darunter die **Medizintechnik** und die **Biotechnologie**, sowie die **Entwickler von altersgerechten Assistenzsystemen (AAL)** vom demografischen Wandel profitieren.

Frank Dopheide Geschäftsführender Gesellschafter, Deutsche Markenarbeit GmbH Düsseldorf	■ Die **Bankbranche** könnte profitieren, doch sie hat noch keinerlei kluge Angebote für diese finanzkräftige Zielgruppe. ■ Die **Foodbranche** wird zu den Boom-Branchen gehören, doch die Ansprüche werden deutlich höher werden – an Produkte, POS, Service, Markenbindung – Vorbild Nespresso. ■ Die **Gesundheitsbranche** bleibt ein Zukunftsmarkt, weniger im Sinne von Krankheitsbehandlung, sondern durch die Vermischung von Leben, Gesundheit und Alltag. ■ Die **Baubranche:** Es gibt ein Zurück in die Stadt und ins Leben. Wohnen in Zukunft wird lebendiger, flexibler und multioptionaler aussehen. ■ **NGOs** werden für Menschen 50plus an Bedeutung gewinnen, und zwar in der Rolle als Vertrauensanker und als aktive Teilnehmer.
Tatjana Madzarevic Leitung Marketing, März GmbH & Co. KG, München	■ Unternehmen aus **Gesundheit, Tourismus** und **Online-Bereich** werden meiner Einschätzung nach zukünftige „Boom-Branchen 50plus". Wie bereits bekannt, steigt das **Bewusstsein für die Gesundheit** (hiermit ist auch Bewegung und Fitness, gesunde Ernährung etc. gemeint) mit zunehmenden Alter. ■ Die Zielgruppe 50plus ist bereit, für das **eigene Wohlbefinden** mehr Geld auszugeben. ■ Dieser Boom ist zum Beispiel im Bereich **Bio-Lebensmittel** ganz gut sichtbar. In den Fitnesscentern werden für die aktiven Menschen 50plus extra Kurse angeboten *(www.richtigfit-ab50.de)*. ■ Auch im Bereich **Kosmetik** haben die Anti-Ageing-Produkte eine stetig wachsende Bedeutung erlangt. Die Marke Dove hat hierzu eine revolutionäre Kampagne gemacht, indem keine jungen Models, sondern „normale" Frauen in der Werbung gezeigt wurden. ■ Der **Reisemarkt:** Die 50plus-Generation reist heutzutage viel mehr und anders als früher (zum Beispiel mehr **Fernreisen**). Sowohl vom monetären als auch vom **Freizeitfaktor** ist 50plus eine durchaus interessante Zielgruppe für die **Tourismusbranche** geworden. Einige Unternehmen haben ihr Angebot speziell auf diese Zielgruppe ausgerichtet und sind damit sehr erfolgreich (zum Beispiel Erholungs- und Wellness-, Aktiv- und Erlebnisreisen für 50plus). ■ Im **Online-Bereich** tummeln sich diverse **Reise-Spezialisten,** um diese stetig wachsende Nachfrage zu befriedigen. *(www.reiselinks.de/best-ager-reisen.html).* ■ Der **Online-Bereich** (branchenübergreifend) wird zukünftig von der Zielgruppe 50plus noch viel mehr profitieren. Diese Zielgruppe bewegt sich bereits heute sehr stark im Online-Markt und wird sich in 20 Jahren hier zu Hause fühlen und **noch größere Online-Kompetenz zeigen** *(www.50plus-ans-netz.de).*

Ist das 21. Jahrhundert ein Zeitalter der Babyboomer-Generation?

	■ Die **moderne Technik**, wie zum Beispiel das iPad von Apple, ermöglicht auch den weniger technikaffinen Menschen 50plus einen schnellen und einfachen Zugang ins Internet.
	■ Die Bereiche **Socialmedia und Web 2.0** widmen sich bereits heute gezielt der 50plus-Generation und bieten Portale und Communitys, Blogs etc., die gezielt deren Interessen ansprechen (zum Beispiel *www.forum-fuer-senioren.de; www.planetsenior.de; www.silbernetzwerk.de und viele andere).*
Marian Kociolek Geschäftsführer, Fünf-Sterne-Friseur Haarscharf Deluxe, Stuttgart	■ Für mich sind alle Branchen, die mit Schönheit zu tun haben, wie zum Beispiel die **Kosmetikindustrie, Schönheitsfarmen, Plastische Chirurgie sowie Beauty- und Wellness-Tempel,** klare Profiteure des demografischen Wandels.
	■ Die wachsende Menge an zahlungskräftigen Menschen im Alter 50plus und ihr neues Selbstbewusstsein geben eben diesen Branchen klar definierte Wünsche vor. „**Ich will mit Spaß und Lust jünger alt werden"** ist das Gebot an die Schönheitsbranche.
	■ Ein Unternehmen, das dies bereits in perfekter Weise umsetzt, ist La Biosthetique Paris. Mit hochwertigsten Produkten wie zum Beispiel der hochwirksamen Anti-Ageing-Serie Dermosthetique ist es La Biosthetique gelungen, das Altern auf angenehme Weise zu verlangsamen *(www.labiosthetique.de).*
Helge von der Geest Stellvertretender Direktor, Berenberg Bank Hamburg	■ **Mobilität:** e-bikes, Reisebranche (Stichwort: bequemer Urlaub)
	■ **Bauen und Wohnen/Haustechnik** (altengerechtes bzw. barrierefreies Wohnen, einfach programmierbare technische Hausgeräte)
	■ **Medizinische Dienste**
	■ **Pflege**
	■ **Medizinische Sonderleistungen**
	■ **Essen auf Rädern**
Stefan Tilk Geschäftsführer, Fitness First Germany, Frankfurt	■ **Touristik:** Best Ager haben Geld und zunehmend Zeit, sich der Welt zu öffnen; Bildungs- und Erlebnisreisen werden boomen.
	■ **Wellness:** Best Ager tun etwas für ihr Aussehen und Wohlbefinden, da sie stärker als andere (jüngere) spüren, wie wichtig Regeneration und Erholung für sie ist.
	■ **Fitness:** Best Ager wissen, wie wichtig der Dreiklang aus Training, Ernährung und Erholung ist und machen das Training zu einem festen Bestandteil ihrer Alltagsroutine.
	■ **Food:** Best Ager ernähren sich bewusster und hochwertiger. Sie sind bereit, hierfür deutlich mehr auszugeben.

	■ **Fahrradmarkt:** Best Ager fahren in ihrer Freizeit viel Rad, nicht nur unter Fitness-, sondern auch unter Community-Aspekten: Sie wollen mit Gleichgesinnten etwas erleben. ■ **Unterhaltungselektronik:** Die Vernetzung der zahlreichen Medien (Computer, Laptop, Kamera, Fotoapparat, DVD, TV, iPhones, iPad etc.) sowie die immer stärkere „intuitive" Nutzerfeundlichkeit bei einigen Herstellern macht es für Best Ager immer stärker möglich, auch „im Alter" am Informationszeitalter dranzubleiben. ■ **Weiterbildungsorganisationen:** Best Ager wollen lernen, sind wissbegierig und suchen nach Weiterbildungsoptionen.
Erwin Drexelius Geschäftsführer, tri-dent Berlin	■ **Medizin, Gesundheitsvorsorge, Rehabilitation** ■ **Urlaub und Reisen – Sport – Kosmetik – Mode – Partnerbörsen** ■ Alle Branchen, die sich um Service, Wohlgefühl, Lebensqualität und die speziellen Wünsche dieser Zielgruppe 50plus bemühen.
Boris Neumann, Geschäftsführender Gesellschafter Hust Immobilien Service, Karlsruhe	■ Die Branchen, die sich mit der Erhaltung bzw. dem „Jungbleiben" von **Körper, Geist und Seele** beschäftigen, werden boomen. ■ Wichtig bei allen Bereichen: **anspruchsvoll und hoch professionell muss das Angebot sein – zu vernünftigen Preisen** – egal ob hoch oder tief – teuer ist relativ! ■ Personal Fitnesstrainer, die sich auf Best Ager konzentrieren. Für Männer speziell werden Liftings und **medizinisch-kosmetische Behandlungen** boomen. ■ **Beschäftigung mit neuen Medien:** Social Media für Best Ager; Facebook etc. wird sich auf die Generation einstellen. ■ **Wellness und Day-Spa-Angebote, persönliche psychologische Betreuung,** aber kein Hokuspokus.
Heinz-Walter Kohlmeier Unternehmer und Unternehmensberater, Waibstadt	■ Die Gruppe der finanziell unabhängigen 50plus-Menschen wird – das erleben wir im eigenen Bekanntenkreis – sich auf **Reisen** begeben, und das für durchaus **längere Zeiträume** wie zwei oder drei Monate. ■ Speziell in der kalten Jahreszeit werden diese Personen dem kalten und nassen Klima unserer Breitengrade den Rücken kehren. Für diese Gruppe werden **Hausmeisterdienste** und **hauswirtschaftliche Dienstleistungen** eminent wichtig werden. Beispielsweise muss in dieser Zeit gelegentlich nach dem Rechten gesehen werden. ■ Darüber hinaus kann diese Zeit der Abwesenheit genutzt werden für **Renovierungen,** anstehende **Reparaturen bzw. Umbauarbeiten,** sodass der Bewohner seine Abwesenheit stressfrei genießen kann.

Ist das 21. Jahrhundert ein Zeitalter der Babyboomer-Generation?

	■ In späteren Jahren dann, wenn **Gesundheit und Mobilität** eingeschränkt sind, werden **Botengänge** wie zum Beispiel Einkäufe, Wäschereiservice, Putzdienste, Essen auf Rädern, Gartenhilfe und Begleitservice für Konzert, Theater etc. eine weitere Rolle spielen.
	■ Ebenfalls boomen werden **Anbieter von begleiteten Reisen**: Hier erwartet der Kunde eine **Rundumversorgung und -betreuung** in deutscher Sprache ohne die typischen und uns allen bekannten Stressfaktoren an Flughäfen, Bahnhöfen, Hotels und Restaurants.
Brigitte Pfeiffer Geschäftsführerin, Marketing Weiterbildungsinstitut, Düsseldorf	■ Profitieren werden aus meiner Sicht alle Branchen, die die Attraktivität dieser Zielgruppe erkennen und nutzen. Die sogenannten „Best Ager" sind zahlungskräftig und zahlungsbereit, sie wollen sich etwas gönnen.
	■ Branchen, die im **Freizeit- und Kulturbereich** tätig sind – ebenso wie **Reiseveranstalter** – finden hier ein attraktives Potenzial ebenso wie **Heimwerkermärkte, Zeitschriften**, aber auch **Versicherungen**.
	■ **Reiseangebote mit ärztlicher Begleitung** (zum Beispiel Veranstalter „Berge & Meer").
	■ Profitieren werden aber auch Branchen, die mit **Gesundheit und Pflege** im engeren und weiteren Sinne zu tun haben. Das betrifft **Senioren-Wohnanlagen, Altenpflegeeinrichtungen** ebenso wie **ambulante Pflegedienstleister**.
	■ Profitieren wird die **Pharma-Industrie**.
	■ Profitieren können aber auch andere Branchen, wenn sie Angebote speziell altersgerecht gestalten. Beispiel: **altersgerechte Autos** wie VW Golf Plus.
	■ **Viele Produkte, die altersgerechten Komfort bieten, ohne ihn als altersgerecht zu vermarkten** (keiner möchte einen Seniorenteller bestellen, sondern lieber einen Fitness-Teller!) werden auf ein großes Marktpotenzial treffen. Dazu gehören zum Beispiel auch **Handys mit größeren Tasten und Zoom-Optionen**.
	■ Auch die **Möbelbranche** kann profitieren, die **Kosmetikbranche, Nahrungsmittel** (alte Menschen wollen sich in der Regel gesund ernähren), **Bekleidung**, die **Computerindustrie**, das **Hotel- und Gaststättengewerbe**.
	■ **Mode mobil**, ein Anbieter, der alten Menschen **„Mode frei Haus"** anbietet.
	■ Auch **Die Bahn** könnte altersgerechtere Angebote schaffen, zum Beispiel mit Gepäcktransfer und Einstieg- und Ausstieghilfen.

Dr. Heio Bless, Verkaufstrainer, Düsseldorf	■ **Gesundheitstourismus 50plus**: Es gibt bereits Unternehmen und Regionen, die sich darauf einstellen. ■ Die Langstreckenflüge werden nachlassen, dafür werden **Kurz-Urlaube** dieser Generation zunehmen. ■ In der **Modebranche** werden jene Unternehmen große Erfolge verbuchen können, die sich nicht nur auf die Zielgruppe 18 bis höchstens 35 konzentrieren, sondern der Generation 50plus in der Kollektionsgestaltung und Werbung mehr Beachtung schenken. Die junge Generation der Designer hat offensichtlich die Bedürfnisse der modisch interessierten Seniorengeneration noch nicht erkannt, weil sie auch die Kaufkraft der wohl situierten Bürgerinnen und Bürger in den reifen Jahren übersieht. ■ Im **Sanitätsbereich** wird es zunehmende Umsatzzuwächse geben, weil nun einmal im fortgeschrittenen Alter körperliche Schwachstellen hilfreich behandelt werden sollen. Die Skala der **Gehhilfen und Messgeräte** etc. braucht nicht weiter aufgeführt zu werden. ■ Die **Automobilbranche** kann neben ihrem sportlichen Sektor mit dem PS-Wahn den Sektor der „Seniorenautos" ins Blickfeld nehmen. Hier kommt es darauf an, dass auch 70-Jährige noch bequem ins Auto einsteigen können, Einparkhilfen zur Selbstverständlichkeit werden, das Kofferraumvolumen beschränkt wird (nicht alle Senioren sind auch Golfspieler). Schließlich wäre auch noch die Preislage ein wichtiger Faktor, da manche Rentner, die bislang zeitlebens Auto gefahren sind, bei der Anschaffung eines Seniorenautos auf ihr Budget Rücksicht nehmen müssen. ■ Im **Einzelhandel** wird das Thema **„Verkaufen an die Generation 50plus"** ein großes Thema, da auf die Schulung der Verkäufer, die meistens nur Bediener sind, seit Jahren kein Wert mehr gelegt wird. Die „Bediener" sind häufig 400-Euro-Kräfte oder Teilzeitmitarbeiter, die allenfalls eine dürftige Warenkenntnis haben. Inhabergeführte Fachgeschäfte scheinen jedoch noch über ausgebildetes Personal zu verfügen.
Uta Kilian Mitglied der Geschäftsleitung, Concilius AG München	■ Am deutlichsten bemerkt und teilweise aufgenommen haben den demografischen Wandel die **Kosmetikunternehmen** (*Oil of Olaz, Clarins, Garnier, Beiersdorf, L'Oréal* …) mit eigenen Linien für Menschen 50plus. ■ **Partnervermittlungen** (z. B. *www.partnervermittlung50plus.de, www.elitepartner.de, www.parship.de*) ■ **Optikhersteller** (zum Beispiel Fielmann) und natürlich auch andere. ■ Das bedeutet noch nicht, dass dadurch sich auch die Wertehaltung dieser Unternehmen verändert hat, denn die meisten Botschaften,

die gesendet werden, adressieren den Wert „Jung" und suggerieren zu helfen, diesen Lebensabschnitt zu verlängern. **Der Boom wird erst ausgelöst, wenn das Selbstbewusstsein der 50plus Generation selbstverständlich und erstrebenswert wird und in den Botschaften adäquat adressiert ist.**

- Die schiere Menge an 50plus wird durch die **omnipräsente Dominanz** ein verändertes gesellschaftliches Gefühl hervorbringen, wo Genuss, Schönheit etc. anders definiert werden und damit auch das Selbstbewusstsein – **„wir sind die Power"** – zum Vorschein kommt.
- Noch vor dem Konsummarkt aber, wird sich der **Arbeitsmarkt zu einer Boom-Branche 50plus** entwickeln, denn der Mangel an gut ausgebildeten jungen Menschen wird sich auch über Zuwanderung und globale Expansion nicht einfach kompensieren lassen, wodurch sich die Erwerbsphase verlängert.
- Das unterstützt auch eine **Generationenbrücke, da jugendliche Leistungsfähigkeit mit Erfahrung und Durchblick kooperiert.**
- In jedem Fall aber wird damit die aggregierte Geldmenge bei der Generation 50plus noch zunehmen. Verbunden mit dieser Entwicklung können auch im Dienstleistungsbereich entsprechende Entwicklungen festgestellt werden. Unternehmen mit Angeboten im **Gesundheitsbereich** (Gymnastik, Beweglichkeit, Erholung, Ernährung etc.) werden hier ihren Hauptmarkt erhalten, **Lebensversicherer**, dann aber auch zum Beispiel **Reiseanbieter mit veränderten Angeboten, zum Beispiel speziellen Kreuzfahrten, Wandern und Spa** und letztlich auch der **Boom bei Luxushotels** und immer weniger Adventure Trips. Ganz in diesem Sinne wäre es nicht überraschend, wenn die heutigen Best-Ager später wieder Pampers begegnen, von der Babywindel in der Kindheit, der Babywindel bei den eigenen Kindern und den Inkontinenzwindeln im Alter.

Prof. Dr. Hermann Rauhe
Deutscher Musikwissenschaftler, Ehrenpräsident der Hochschule für Musik und Theater Hamburg, Ordinarius Emeritus der Universität Hamburg

- **Gesundheitsmarkt**
- **Anti-Ageing-Markt**
- **Erfüllte Lebensgestaltung**

Michaele Dickmeis-Hoven selbstständige Trainerin Beratung-Training-Malerei, Eschweiler	■ Für mich gehören die Bereiche **Touristik, Wellness/Gesundheit** und **Lifestyle** zu den wichtigsten Boom-Branchen 50plus. ■ Das **Erleben und Genießen der schönen Dinge des Lebens** werden wichtiger. Nach intensiven Jahren im Job ist es Zeit, sich etwas zu gönnen.
Vjeko Pitinac Geschäftsführer, Finest Branding Group, Karlsruhe	■ **Baubranche (Haus- und Wohnungsbau)** ■ **Sanitärbranche** ■ **Automobilbranche** ■ **Kosmetik- und Pflegeprodukte** ■ **Gesundheitswesen allgemein, Zahnmedizin, Reha etc.** ■ **Tourismus- und Kulturmarkt** ■ **Ernährungsmarkt** (spezielle Segmente)
Carola Maria Birr Geschäftsführerin, Die Matchmaker, Hamburg	■ Qualifizierte **Dienstleistungen, herausragende Services** und **wertige Produktangebote** sind aus meiner Sicht für den Kunden in Zukunft noch entscheidender – unabhängig von einer bestimmten Branche. ■ Schwerpunkte sind sichtbar wie zum Beispiel in den Bereichen **Travel, Lifestyle, Wohnen, Fitness/Sport, Entertainment, Finanzen** sowie **Medizin** und **Hausdienstleistungen**. ■ Alle Branchen und Unternehmen, die **Lebensqualität fördern und unterstützen**.
Stephan Grünewald Geschäftsführer und Bestsellerautor, rheingold Institut für Markt- und Medienanalysen, Köln	■ **Tourismus und Reisen:** Die Senioren stehen unter einem Vitalitätsdiktat und sind höchst umtriebig in ihrem Unruhestand. ■ **Körperpflege und Kosmetik:** Der eigene Körper wird mehr und mehr zu einer Spielwiese ritualisierter Selbstbezüglichkeit. ■ **Pflanzliche Pharma-Produkte:** auffällig starke Skepsis aufgeschlossener Senioren gegen die Schulmedizin. Man sucht Anwendungen, die den Tag rhythmisieren und die ein sanftes Sich-Erspüren ermöglichen. ■ **Wellness-Angebote** sind laut einer *rheingold-Studie* eine Art Krankheits-Ersatz und ermöglichen die aktive Gestaltung von Auszeiten. ■ **Bildungs-Angebote:** Das „Forever-young-Virus" der 50plus-Generation kann auch in einen dritten Bildungsweg münden. ■ **Functional Food** wird wichtiger werden, um erlebte körperlich-geistige Defizite zu kompensieren.

Jürgen Höller, Motivationstrainer, Life Learning e. K., Schweinfurt	■ **Gesundheitsbranche**, zum Beispiel Fitnessclubs, Physiotherapie, Massage, Ärzte, Krankenhäuser, Ernährungsexperten, Krankenkassen etc. ■ **Nahrungsergänzung** ■ **Biomärkte** ■ **Pflege** (Nägel, Waschen, Kranke, Haare) ■ **Freizeitbranche:** Reisen, Essen, kulturelle Angebote, Erlebnisse, Wellness, neues Lernen (zum Beispiel Kurse, Sport etc.), Verwöhnbereiche (Thai-Massage, Kosmetik, Relaxen), ■ **Fernsehen:** Es gibt auch Menschen 50plus, die es genießen, im höheren Alter mehr Zeit für Fernsehen zu haben, anstatt aktiv zu sein.
Ralf Broß Oberbürgermeister der Stadt Rottweil	■ **Produkte zu gepflegtem und vor allem jüngerem Aussehen** (gegenüber dem tatsächlichen Alter) sind nach meiner Auffassung eine der Boom-Branchen für Best Ager. Vor allem von **Pflegemittelherstellern** ist mir die intensive Werbung um die Gruppe der Best Ager 50plus bekannt. Meines Wissens wirbt der Konzern Beiersdorf unter der Dachmarke Nivea mit neuen Produkten für die Zielgruppe 50plus. Diese Produkte würde ich durchaus als Hidden Champions in diesem Bereich bezeichnen. Nach meiner Auffassung werden vor allem solche Unternehmen von den veränderten Wünschen der heutigen Best-Ager-Generation in den nächsten Jahren profitieren, die es verstehen, auf diese Zielgruppe mit der richtigen Kommunikation zuzugehen. ■ Auch **Schönheits-Chirurgie,** vor allem kleinere Korrekturen, gehören sicherlich zur Boom-Branche, die sich in Zukunft eine breitere Mehrheit leisten wird. ■ Außer der Kosmetikbranche spielen **Nahrungsergänzungen für gesundes Altern** eine gewisse Rolle. ■ Als weitere Boom-Branchen für die Best Ager sehe ich das Thema **Verschönerung des Heims, Sport** und **Bewegung,** aber auch **Reisen und Kultur** an. Die Firmen in diesen Branchen werden bei den Best Ager boomen und zunehmend beworben werden. ■ **Gesundheit** und **Wellness** ist ein Thema, das mit zunehmendem Alter eine bedeutende Rolle spielt. ■ **Lifestyle**, das heißt das **Genießen neuer Freiheiten und von Freizeiten**, ist ebenfalls ein Schlagwort,, das auf die Best Ager sehr gut passt. ■ Im **Lebensmittelbereich** sind mir Marketingkonzepte für Best Ager zum Beispiel von Edeka bekannt.

	■ Ein großes Thema, das auch in Zukunft sicherlich noch weiter boomen wird, ist der Bereich **Wohnen mit Service und Pflege**. Hier wird es eine Veränderung geben von den großen Altenpflegeheimeinrichtungen hin zum **Verbleib in der häuslichen Umgebung**. Diese Branche und **häusliche Pflege** werden weiterhin boomen. ■ **Pharmaindustrie und Orthopädie** werden meines Erachtens ebenfalls von den Best Agern profitieren
Prof. Dr. Fredmund Malik, Chairman malik management und Bestsellerautor, Malik Management Zentrum St. Gallen	Ich müsste Ihnen zwei verschiedene Antworten geben, je nachdem von welcher Wirtschafts- und Gesellschaftsentwicklung man ausgeht. Wenn, wie ich glaube, die Lage sich erneut verschlechtert, dann entsteht die **Gefahr einer sozialen Kernschmelze**. Die „Old Ager" werden dann zu den am meisten vernachlässigten und benachteiligten Segmenten der Gesellschaft gehören, auch mit abnehmender Kaufkraft, viel längeren Arbeitszeiten (70plus und sogar 80plus), und zwar schlecht bezahlt, häufig sogar gemeinnützig. Meine Antworten unten sind daher unter der Voraussetzung „business as usual" zu verstehen: Falls wir eine anhaltende Erholung der Wirtschaft haben: ■ **Wohnen** ■ **Bildung** und **geistige Fitness in allen Formen,** vom Buch bis Internet, Sprachen lernen etc. ■ **Unterhaltung, Reisen** etc. in allen Erscheinungsformen, inklusive E-Welt, wie Computerspiele ■ **Gesundheit, Pflege, Fitness und Mobilität** inklusive aller geriatrischen medizinischen Felder ■ **Kommunikation in allen Formen,** inklusive Smart-Technologien, Partner-Plattformen, Social Media, Organisieren von Kontakten etc. ■ **finanzielle Absicherung** mit kreativen, aber gleichzeitig soliden Produkten ■ **Beratungsdienstleistungen für soziale Kompetenzen des alternden Menschen** und auch seine beginnenden Kompetenzmängel, psychologisches Coaching, Umgehen mit Angst, Einsamkeit und Sinnverlust ■ **Kleintiere** (Pets) inklusive des ganzen Bereiches Füttern, Sauberkeit, Pflege, Versorgung usw. ■ **Spezielle technische Geräte, die die Behinderungen fortschreitenden Alters kompensieren** (Lesen, Hören, Fühlen, Sprechen, Tastatur/Touchscreen bedienen, usw.)

Frage 2:

Was sind für Sie **keine Boom-Branchen 50plus** – also Branchen und Unternehmen, die vom demografischen Wandel in den nächsten zehn bis 20 Jahren **nicht** profitieren werden und sich eher rückläufig entwickeln könnten, wenn sie sich nicht frühzeitig auf den demografischen Wandel einstellen bzw. wo sich der Markt bereinigen wird? Warum? Gibt es Beispiele?

Prof. Peter Wippermann Trendbüro Hamburg	■ Branchen, die durch das Altersbeben ins Hintertreffen geraten, muss es nicht geben. Sogar die Hersteller von Baby- und Kinderprodukten haben verstanden, dass sie neue Käufer ansprechen können, wenn sie ihr Produktportfolio erweitern – vom Spielzeug über Technik bis hin zu Mode und Lifestyle. ■ Es gilt, in Zukunft das **eigene Angebot so zu variieren, dass es intergenerativ funktioniert**. ■ Die Bedürfnisse der Menschen ähneln sich, die **Umsetzungen in Style und Service müssen variabel bleiben**.
Fabian Engels Lindner Park-Hotel Hagenbeck, Hamburg	■ **Gaming-Branche (Video-, Playstation-, Computer-Spiele):** Video-, Computer- oder Playstation-Spiele haben keinen hohen Stellenwert bei der Generation 50plus, was unter anderem auch an der Schnelllebigkeit dieser Branche liegen könnte. Sich in den eigenen „vier Wänden" verkriechen, zu Hause sitzen und Computer zu spielen, gehört nicht zum Lebensgefühl, mit dem sich Best Ager identifizieren. Hier finden sie weder Anerkennung noch Sicherheit oder sehen dies als besonders informativ an. ■ **Kinobranche:** Nur rund sechs Prozent aller Best Ager sehen sich Filme im Kino an. Best Ager sehen hier keinen Nutzen oder Vorteil, denn früher oder später wird dieser Kinofilm auch im Fernsehen gezeigt. Lieber bleiben sie zu Hause und setzen sich mit einem Glas Wein vor eine informative oder humorvolle Fernsehsendung. Der gesehene und gefühlte Nutzen ist hier eindeutig höher *(http://de.statista.com/statistik/daten/studie/20170/umfrage/generation-silber---wertmaessiger-anteil-fuer-bedarfsprodukte/)*.
Michaela Hansen Granny Aupair; Hamburg	■ Verlieren werden diejenigen, die diese auch in Zukunft kaufkräftige Zielgruppe vernachlässigen und ihr Angebot und ihre Kommunikation weiter auf die 14- bis 45-Jährigen fokussieren.

Madeleine Leitner Karriere-Management Leitner, München	■ Nicht profitieren wird die **schnelllebige Modebranche mit kurzlebiger Trendbekleidung** und mit totalem Jugendwahn, zum Beispiel **Kosmetikfirmen**, die 14-jährige Models als Leitbild haben. ■ Ich weiß, dass die Zeitschrift Madame schon seit längerer Zeit auf ältere Kundinnen zielt und auch einige Senior Models eingesetzt hat (unter anderem eine bildschöne 79-Jährige). Auch Jane Fonda (mittlerweile 70 Jahre) bei L'Oréal und Iris Berben machen Reklame für **Haarcolorationen**.
Dr. Stefan Arend Kuratorium Wohnen im Alter, München	■ Die **Konsumgüterindustrie** und die **Lebensmittelindustrie** gehören meines Erachtens zu den Branchen, die in den nächsten zehn bis 20 Jahren am wenigstens vom demografischen Wandel profitieren werden. Danone wird es beispielsweise grundsätzlich egal sein, ob die Fruchtzwerge von Kindern oder Senioren gelöffelt werden. Dennoch müssen diese Unternehmen ihre Kundenansprache umstellen und sich in ihren **Kampagnen verstärkt auf die ältere Zielgruppe einstellen.** ■ „**Eiche-rustikal-Werbung**" für angestaubt wirkende Produkte erreicht heute weder Alt noch Jung. Umso wichtiger ist es, die Ansprache über den Lebensstil und nicht über das Alter zu gestalten.
Frank Dopheide Deutsche Markenarbeit GmbH, Düsseldorf	■ **Extremsportarten** werden weniger werden. Mit zunehmendem Alter gewinnen Sicherheit und Zugehörigkeit zu einer Gruppe Gleichgesinnter an Bedeutung. ■ **Fashionartikel** lassen in der Faszination nach. Die Qualität und Handwerkskunst gewinnen über alle Produktkategorien hinweg wieder an Bedeutung.
Tatjana Madzarevic März GmbH & Co. KG, München	■ Durch die immer älter werdende Gesellschaft und die sinkende Geburtenrate in Deutschland werden folglich die Branchen, die auf **Babys** und **Kinder** ausgerichtet sind, weniger vom Boom der 50plus profitieren. ■ Ob im Bereich **Ernährung (Kinder- und Babynahrung)** oder **Klamotten und Spielzeugwaren, Bücher** etc. – die Nachfrage für diese Produkte wird vermutlich eher rückläufig.
Marian Kociolek Fünf-Sterne-Friseur Haarscharf Deluxe, Stuttgart	■ Ich denke, dass die **Automobil-** und die **Elektronikindustrie** es eher schwer haben werden, vom demografischen Wandel zu profitieren.

Helge von der Geest Berenberg Bank, Hamburg	■ **Konsum: speziell Bekleidung und Spielzeug**
Stefan Tilk Fitness First Germany, Frankfurt	■ **Fast Food**: Auch wenn McDonald's beginnt, seine Produktpalette zu überarbeiten und mehr in Richtung Healthy Living geht, werden die bestehenden Angebote dieser Zielgruppe nicht gerecht werden. ■ **Klassische Getränkeindustrie**: Sowohl der rückläufige Trend des Alkoholkonsums als auch der Trend zu zuckerarmen Getränken ist nicht antizipiert und wird zu weiteren Umsatzrückgängen führen. ■ **Zigarettenindustrie**: offensichtlich ohnehin ein Auslaufmodell. ■ **Glücksspielindustrie**: geht an dieser Zielgruppe vorbei, selbst mit den neuesten internetbasierten Angeboten.
Erwin Drexelius tri-dent, Berlin	■ **Trendsport** ■ **kurzfristige Modetrends** ■ **Musik U30** ■ **Billigproduktanbieter** ■ **langfristige Finanzanlagen und Finanz-Vertragsgestaltung** Begründung: Bindungsmüdigkeit, Traditionsdenken im Premiumbereich und wenig Trendakzeptanz
Vjeko Pitinac Finest Branding Group, Karlsruhe	■ **Schnelllebige Spiel- und simple Unterhaltungsangebote** zählen mit Sicherheit nicht zu den Boom-Branchen. ■ **Billiganbieter ohne Qualitätsanspruch allgemein** ■ **Branchen und Marken der „alten Schule" (Fast-Food, Spiel- und Unterhaltungsindustrie, Tabakverarbeitung, Telekommunikation, Versicherungsbranche)** ■ Tatsächlich werden aber die Branchen die „Verlierer" sein, die nicht über das Potenzial dieser wachsenden Zielgruppe nachdenken und keine Konzepte entwickeln, um an diesem Markt zu partizipieren.
Boris Neumann Hust Immobilien Service, Karlsruhe	■ **Kaufhäuser ohne besonderes Sortiment – mit null Event-Charakter!** ■ **Dienstleister in allen Bereichen, die keine Qualität und wenig Fachwissen bieten.**

	■ Begründung: Best Ager sind Experten in Menschenkenntnis und wollen keine „Abzocker" ohne Know-how; Best Ager zahlen bei guter Leistung gerne und gut.
Heinz-Walter Kohlmeier Unternehmensberatung, Waibstadt	■ Alle die Anbieter, die nicht berücksichtigen, dass **reife Menschen nicht ständig technische Neuerungen benötigen und aufnehmen wollen**, werden ebenso wenig von dieser Generation profitieren wie die Hersteller, deren **Bedienungsanleitungen zu kompliziert bzw. unleserlich** (zu kleine Schrift) oder einfach unüberschaubar sind.
Brigitte Pfeiffer Marketing Weiterbildungsinstitut, Düsseldorf	■ Zu den Branchen, die nicht direkt profitieren, gehört zum einen der **Industriegütersektor**. ■ Zum anderen alle **Basisprodukte der Konsumgüterindustrie** und die **Basisleistungen des Dienstleistungssektors**. ■ Profitieren können diejenigen Branchen, die ein **Portfolio aufweisen, das spezifische Angebote für Best-Ager gestalten** kann. Alle anderen gehen leer aus!
Uta Kilian Concilius AG, München	■ Es ist offensichtlich, dass Unternehmen, die sich sehr stark auf **Kindheit und Jugend** fokussieren, in diesem Segment nicht wirklich wachsen können. Wachsen geht also nur über die Vergrößerung des Marktanteils, was aber unter Umständen teuer sein kann, denn die Nachhaltigkeit könnte schnell weg sein. ■ Dies bedeutet, dass einerseits solche Unternehmen sich überlegen sollten, **ob ihre Fähigkeiten so genutzt werden könnten, um Produkte für den 50plus Markt anzubieten** wie zum Beispiel *Pampers*. Natürlich führt *Procter & Gamble Pampers* als Marke und stellt unter verschiedenen Labels auch Papiertaschentücher, Tempo, und Rasierer (*Gillette*) her und ist so in der Lage, weiter zielgruppenorientiert Marken aufzubauen. ■ **Grundsätzlich wird das, was hip und angesagt ist, bereits in den nächsten Jahren zunehmend durch die Generation 50plus definiert**, denn der ROI (return on investment) lässt sich immer schwieriger erreichen, was das damit verbundene Marktrisiko erhöht, was wiederum dazu führt, dass die Angebotsvielfalt reduziert wird (Konzentration, Volumen, geringerer Preis). ■ So findet letztlich die Marktverlagerung einfach statt. Ein deutliches Beispiel – wenn auch nicht ausschließlich dadurch hervorgerufen – ist die Firma Märklin, die gegen ei-

	nen schrumpfenden Markt operierte und im Sinne der Nachhaltigkeit letztlich keinen Investor fand.
Prof. Dr. h.c. Hermann Rauhe Deutscher Musikwissenschaftler, Hamburg	■ **Abonnements für Konzertveranstaltungen** ■ **Mitgliedschaften in Seniorenvereinigungen**
Michaele Dickmeis-Hoven Beratung-Training-Malerei, Eschweiler	■ **Es muss für mich keine Unternehmen geben,** die im Bereich „50plus" komplett auf der Verliererseite stehen, **vorausgesetzt sie erkennen die Bedeutung des großen Best-Ager-Marktes und stellen sich auf die veränderten Bedürfnisse ein.** ■ Alles ist möglich! Und warum sollte ein 60-Jähriger nicht seinen **ersten Bungee-Sprung** wagen?
Carola Maria Birr Die Matchmaker, Hamburg	■ **Unternehmen ohne qualifizierten Service** werden es schwer haben, sich im Markt zu behaupten. ■ Ebenso **Produktangebote, denen es an Qualität mangelt.** ■ Der Best Ager hat quasi alle Phasen erlebt – Qualitätsprodukte in den 70er Jahren, Plastik in den 80er Jahren, technische Innovationen ab der 90er Jahre. ■ Werte sind gefragt: **Klasse statt Masse!**
Jürgen Höller Life Learning e. K., Schweinfurt	Alle Branchen, die sich hauptsächlich an jüngere Menschen wenden: ■ **Fahrschulen – Discotheken – junge Mode – Radiostationen für junge Menschen – Musikstile für Junge – Schulen** (weniger Schüler, weniger Klassen, weniger Lehrer) usw.
Prof. Dr. Horst W. Opaschowski Zukunftswissenschaftler, Hamburg	■ Was in meinen Antworten bei Boom-Branchen nicht genannt wurde, entspricht den Antworten in Frage 2 – also alle restlichen Branchen werden zu den Verlierern zählen.
Ralf Broß Oberbürgermeister der Stadt Rottweil	Auf Anhieb fallen mir tatsächlich kaum Branchen ein, die für die Generation 50plus nicht interessant wären. Am ehesten könnte ich mir vorstellen, dass die **Nachfrage nach bestimmten Produkten aus der Versicherungsbranche** mit zunehmendem Alter stark abnimmt, da die Produkte bereits in jungen Jahren abgeschlossen worden sind oder aus der Sicht der Versicherung eine wie auch immer geartete Versicherung nicht mehr lohnenswert erscheint. Gleichwohl sehe ich hier Marktlücken, um auch die Risiken im Altern noch zu versichern. Das Gleiche gilt für die Immobilienbranche, da die Neigung zur Bindung von Kapital in Immobilien mit zunehmendem Alter sehr stark

	abnehmen dürfte. Ausgenommen hiervon sind altersgerechte Spezialimmobilien.
Prof. Dr. Fredmund Malik, Malik Management Zentrum St. Gallen	Im Grunde wird jede Branche in dieser Altersgruppe große Chancen haben und ich würde keine von vornherein ausschließen. Allerdings wird sich nicht jede Firma entschließen, auch für dieses Alterssegment spezielle Geschäftsmodelle zu machen. Daher ist es meines Erachtens nicht eine Frage der Branchen, sondern der individuellen Unternehmensstrategien, ob man in dieses Segment eintreten will oder nicht.

Potenzielle Boom-Branchen und Gewinner im demografischen Wandel

Nachfolgend möchte ich Ihnen aufzeigen, welche Märkte und Nischen aus meiner Sicht zu den vermeintlichen Gewinnern aufgrund des demografischen Wandel in den nächsten zehn bis 20 Jahren zählen könnten.

Es handelt sich hierbei bewusst nicht um Marktforschungsergebnisse, sondern um eine subjektive Einschätzung aufgrund vieler Kunden-, Unternehmer- und Expertengespräche.

Europäischer Arbeitsmarkt Gründe und Chancen: → längere Lebensarbeitszeiten → weniger Erwerbstätige → wachsender Fachkräftemangel → wachsender Führungskräftemangel → wachsender Nachwuchs-Mangel → nötiger Know-how-Transfer → Tool: Generationenbrücke jung & erfahren, die Mischung macht's!	■ Personalberatung und Headhunting 50plus ■ Personal-Coaching → Lebens- und Karriereberatung 50plus ■ Weiterbildungsorganisationen → Umschulung, Qualifizierungsmaßnahmen ■ Wissensanbieter → Weiterbildung, Seminare, Workshops ■ Human Resources → Diversity Management ■ Solo-UnternehmerInnen und Einzelkämpfer 50plus (Existenzgründer …) ■ Private Arbeitsvermittlungsagenturen → Zeitarbeit ■ Generationsübergreifende Zukunftsprojekte
Wissensbasierte Dienstleistungen und Serviceangebote rund um Healthstyle, Gesundheit, Wohlbefinden und Lebensqualität …	■ Wissensbasierte Dienstleistungen ■ Freizeit- und Vergnügungsindustrie ■ Events (Communitys, Partys in ausgefallenen Locations …) ■ Familien- und Nachbarschaftshilfen ■ Heimservice ■ Home-Entertainment ■ Online-Foren (Information & Unterhaltung) ■ Erotik- und Kontakt-Portale im Internet (Beziehungsaufbau)
Konsum- und Luxusgüter	■ Genießer-Produkte wie Champagner, Weine, Feinkost … ■ Sinnliche Produkte für den Genuss allein oder zu zweit ■ Prestige-Produkte: Premium-Autos wie zum Beispiel Oldtimer, Cabrios, Yacht …

	■ Oldtimer, Designer-Uhren, Designer-Küchen … ■ Tier-Pflegeprodukte (alles rund um Tiere – Verwöhn- und Designerangebote)
Lifestyle | Healthstyle	■ Mode (Dessous, Schmuck, Fitness, Schuhe …) ■ Accessoires – zum Verschenken und Sich-selbst-schenken ■ Wohnen und Einrichtung (Schlafzimmer als Entschleunigungs-Oase, Bäder als Wellness-Lebenswelt. Küchen als Kommunikationszentrum …)
Finanzdienstleistungen	■ Finanzielle Unabhängigkeit ■ Vermögensmanagement und Vermögensübertragung ■ Geldanlage ■ Altersvorsorge
Bauen | Wohnen | Renovieren Rund um Haus & Garten	■ Wohnungswirtschaft (Bauträgergesellschaften, Wohnungseigentümer, Immobilienbetreiber und Makler, Anbieter von barrierefreiem Wohnen, Investoren …) ■ Architekten und Innenarchitekten → Design + Ausstattung ■ Handwerker (Gewerke rund ums Haus, Garten- und Landschaftsbauer …) ■ auf altersgerechtes Bauen spezialisierte Umbauunternehmen ■ Baumärkte → Umbau, Modernisierung, Sanierung ■ Möbel- und Bäderhersteller sowie Wohn- und Einrichtungsanbieter → Wohnkonzepte und Beratung rund um Schlaf- und Wohnzimmer, Küche, Holz, Parkett, Dielen, Treppen, Türen … ■ Möbeldesigner ■ Intelligent bauen → Anbieter von Komfort-, Passiv- und Energiesparhäusern: nachhaltig bauen und heizen: Fenster, Solartechnik, Wärmepumpen, Blockheizkraftwerke ■ Anbieter von Komfortprodukten: Multimedia-Geräte, Sicherheit, Alarmanlagen u.v.m ■ Immobiliendienstleistungen via Internet und persönliche Beratung

	■ Netzwerk-Wohnprojekte und urbanes Wohnen ■ Facility-Management rund um die Immobilie (Verwaltung, Pflege, Sicherheit) ■ Altersgerechtes generationsübergreifendes Servicewohnen und Quartiersgestaltung für spezielle Mikro-Zielgruppen wie zum Beispiel Schwule und Lesben 50plus
**Ernährung	Genuss** Key-Trends: → Gesundheit wird zum zentralen Konsummotiv → Gesundheitsfördernde Produkte für mehr Lebensqualität sind en vogue → Vitalkonzepte für mentale Fitness	■ Bewusste (Anti-Ageing-) Ernährung → Allikamente-Trend, das heißt Lebensmittel und Getränke mit medizinisch-therapeutisch-heilenden Funktionen für ein längeres und erfüllteres Leben → Motto: sich schöner essen und trinken! ■ Beautyfood → Lebensmittel an der Grenze zur Kosmetik – boomen bereits in Japan und USA, zum Beispiel „Day&Night-Drink" von *Nestlé* mit dem angeblichen Faltenkiller Hyaluronsäure, in Holland schwören Frauen auf „Collalift", ein Getränk, das die Haut in 42 Tagen jünger aussehen lassen soll. ■ Die Marmelade *Norelift* des Herstellers *Noreva* wird von Französinnen und Spanierinnen aufs Baguette geschmiert, um jünger auszusehen ... ■ Kultgetränke in zeitgemäßer Form → vielleicht gibt es schon bald „Red Bull für Best Ager", „Anti-Ageing-Champagner/Bier/Wein/Sekt", Obst und Gemüse – abgefüllt in Fläschchen wie zum Beispiel bei *„detox delight"*, Collagen-Water als Faltenkiller oder Ähnliches ■ Bio-Angebote → Bio-Hofgüter, Bio-Produkte, Bio-Reisen, Bio-Communitys ■ Portionierte Fertigmahlzeiten → schnell, gut, einfach, kalorienarm ■ Diätkult → Anbieter mit Konzepten zur Gewichtsabnahme ■ Catering → Fünf-Sterne-Liefer- und Heimservice rund um Ernährung und Genuss ■ Frischemärkte → Markthallen und Märkte als Kontaktplattform zwischen den Generationen ■ Erlebnisgastronomie → Restaurants und Cafés mit dem „gewissen Etwas"

Gesundheitsmarkt	■ Schönheitsfarmen – Schönheitskliniken – Day-Spas für Frauen/Männer/Singles
	■ Privatarztpraxen mit Spezialisierung auf sanfte Medizin – Naturmedizin – Alternativmedizin – Akupunktur – chinesische Medizin …
	■ Wellness-Zahnarztpraxen mit Abend- und Wochenende-Öffnungszeiten
	■ Augenoptiker (Brillen, Kontaktlinsen …)
	■ Hörakustiker (Hörgeräte)
	■ Orthopädietechniker
	■ Psychologische & psychotherapeutische Beratung
	■ Privatkliniken
	■ Hotelkliniken
	■ Gesundheitsvorsorge und Gesundheitsberatung
	■ Gesundheitsportale im Internet
	■ Entschleunigungs-Angebote und –Dienstleistungen
	■ Medikamente und OTC-Produkte → Apotheken oder Internet-Apotheken
	■ Designer-Gehstöcke, Designer-Gehwagen und –Rollstühle …
Seniorenwirtschaft ǀ Pflegemarkt 70plus	■ Die Seniorenwirtschaft – die Silver-Economy – eröffnet neue Marktchancen.
	■ Neue Wohnformen der „weichen Übergänge" wie zum Beispiel intergeneratives Wohnen, Senioren-Wohngemeinschaften (WG)
	■ Pflegemarkt – gepaart mit intelligenten Mikro-Dienstleistungen und Wohlfühlvarianten für Individualisten und gehobenes Klientel – zu unterscheiden nach Leistungsangebot und Preis: Premium-Anbieter im Vier- bis Fünf-Sterne-Bereich werden boomen.
	■ Discount-Anbieter im Ein- bis Drei-Sterne-Bereich
	■ Betreute Pflege zu Hause
	■ Vernetzte Gesundheitszentren mit Pflegeangeboten von Premium- bis Discountqualität
Pharma ǀ Kosmetik	■ Anti-Ageing-Produkte (zum Beispiel Botox etc.)
	■ Männer-Kosmetik-Produkte und -Dienstleistungen

	■ Naturkosmetik- und Alternativmedizin-Produkte ■ Geronto-Produkte ■ Haarfärbemittel- und Haarregenerations-Produkte ■ Hand- und Gesichtscremes
**Fitness	Wellness	Beauty**	■ Entschleunigungs-Angebote und –Dienstleistungen (Stresslinderung) ■ „Eitelkeits-Angebote" – Haarwuchsstimulation, Lachfaltenverschönerung … ■ Anti-Ageing – Day-Spas – Fünf-Sterne-Friseure ■ Schönheitschirurgie – Implantologie ■ fernöstliche Entspannung (Yoga, Tai Chi, Qi Gong, Reiki, Ayurveda …) ■ Ganzheitlich aufgestellte Fitness-Wellfeeling-Zentren ■ Moderne Sportvereine, die den Zeitgeist erkennen ■ Freizeit-Communitys zur Kontaktpflege und Selbstverwirklichung ■ Angebote zur Work-Life-Balance ■ Sport- und Fitnessmarkt
**Werbung	Kommunikation**	■ Medien (Social Media, Print, Rundfunk, Fernsehen …) ■ Verlage (Fachzeitschriften, Lifestyle, Bücher …) ■ Pro-Age-Modelagenturen ■ Event- und PR-Agenturen → mit intergenerativen Ansätzen ■ Kreative Unternehmensberatungen, die Zeitgeist der Best Ager antizipieren können
**Tourismus	Hotellerie	Gastronomie**	■ Reiseveranstalter, die mit Themenwelten begeistern ■ Luxusreisen mit Kreuzfahrtschiffen und Rundum-Sorglos-Paket idealer Weise mit Fitness-Personalcoach, medizinischem Begleitservice, Arzt, Pflege- und Betreuungspersonal (bei Dialyse, Diabetes, Herzproblemen etc.) ■ Reisen und Hotelangebote für Großeltern mit Enkeln ■ Single-Reisen mit Komfortpaket ■ Urlaub in persönlichen Themen- und Mikrozielgruppen-Hotels

	■ Verwirklichung von Lebensträumen und ausgefallenen Wünschen ■ Restaurants mit besonders ausgefallenen Highlights und Details
Einzelhandel	■ Integrierte Einkaufs-Erlebniszentren ■ Erlebniswelten für alle Sinne ■ Baumärkte – mit Produkten rund um Wohn- und Gartenwelten ■ Sportartikel-Industrie (Wandern, Trekking, Golf, Segeln, Tauchen …)
Handel I Logistik	■ Online-Shops → Versandhandel und Direktvertrieb via Internet ■ Einkaufen vor Ort → Ladengeschäfte mit persönlicher Note im Wohnquartier ■ Umzugsmanagement
Handwerker-Dienstleistungen rund um Haus und Sicherheit	■ Handwerker-Dienstleistungen zur Entpflichtung, Lebensverschönerung, Renovierung, Sicherheit, mit Ökologie und Nachhaltigkeit … (Maler, Elektriker, Innenausstatter, Garten- und Landschaftsbauer, Schreiner, Tischler, Sanitäranbieter rund ums Bad …)
Kultur I Bildung Wissen, Unterhaltung und Information gepaart mit sozialen Kontakt-Perspektiven und Vernetzungsmöglichkeiten	■ Weiterbildungsorganisationen → lebenslanges Lernen ■ Wissensanbieter → Weiterbildung, Seminare, Workshops, Austauschbörsen ■ Studium im fortgeschrittenen Alter zum Beispiel an Universität, VHS → erste Hochschule für ältere Semester? ■ Tanzschulen → mit intergenerativen Best-Ager-Angeboten ■ Theater und Musicals → mit modernen und bekannten Darbietungen (interaktiv) ■ Kinos → als Event-Plattform für mehr als Filme
Übergang vom Berufsleben in den (Un-) Ruhestand	■ Moderne Zeitarbeit für Menschen 50plus – als Übergang vom Arbeitsleben in den Un-Ruhestand (modulare Arbeitszeitmodelle) ■ Ehrenamt zum Beispiel in Organisationen, Senior-Experten-Service (SES), Freiwilligen-Agenturen →

	hochqualifizierte Ruheständler geben ihr Wissen an Jüngere weiter ■ Nachholen von verpassten Freiheiten im jüngeren Alter (zum Beispiel Au-pair 50plus)
Städte I Kommunen	■ Städteplaner → neue Angebote für den Key-Trend „zurück in die Städte" ■ Städtemarketing → Konzepte für lebens- und liebenswerte Städte/Regionen ■ Städte → intergenerative Angebote zur Freizeit- und Lebensgestaltung mitten in der Stadt
Technologie I Medizintechnik	■ Medizintechnologie ■ Technik → Roboter für den Lebensabend? ■ Kommunikationsmedien (Mobiltelefon, PC, Laptop, iPhone, iPad …)
Beratung I Coaching	■ Therapieangebote (Selbstfindung, Persönlichkeitsentwicklung …) ■ Sprachkurse ■ Erben-Beratung ■ Fundraising (Erben und Vererben) → Singularisierung und fehlende Erben ■ Zukunftsforschung
Medien	■ Verlage ■ Buchhandel → neue Literatur zum demografischen Wandel, Best Ager … ■ interaktives und intergeneratives Fernsehen und Internet ■ vernetzte Kommunikation (Haus, Auto, Arbeitsplatz, Freizeit …) ■ Filmbranche → mehr ältere SchauspielerInnen, veränderte Filmprodukte
Politik I Kirche	■ Parteien und die Wähler-Macht 50plus ■ Die katholische und evangelische Kirche – als das größte und älteste Unternehmen der Welt – eine Mega-Community mit ca. 1,1 Milliarden Mitgliedern

Mobilität | Verkehr	
■ Autokäufer-Durchschnittsalter: 50,8 Jahre (Daimler 56, Porsche 57, VW 51, BMW 52 Jahre) ■ 50plus kauft 45 Prozent aller Neuwagen und 80 Prozent aller Top-Automarken!	■ Mobilität (Auto, Fahrrad, Wohnmobil …) ■ Elektro-Fahrräder ■ Öffentlicher Nahverkehr → Anbindung an Städte und Einkaufszentren

Der demografische Wandel hinterlässt Spuren – auch in Branchen, an die man nicht auf Anhieb denkt. So leiden die Hersteller von Motorrädern seit Jahren unter rückläufigen Absatzzahlen, gleichzeitig steigt das Durchschnittsalter ihrer Fahrer. Selbiges nämlich ist von 26 Jahren 1986 auf 32 Jahre Mitte der 90er angestiegen und liegt heute bereits bei achtbaren 39 Jahren. Das bedeutet zum einen, dass sich immer weniger Junge für die motorisierten Zweiräder interessieren; weswegen man sich beim Essener Industrie Verband Motorrad jetzt mit einer Kampagne gezielt an Jüngere richtet. Und zum anderen, dass diejenigen, die früh für das Motorrad begeistert werden können, ihre Leidenschaft nicht selten mit ins fortgeschrittene Alter nehmen. Auf letzteres Phänomen reagiert man bereits bei *Harley-Davidson*: Die Verantwortlichen haben zum Beispiel Motorräder mit Sitzheizungen ins Programm aufgenommen.

Vier Beispiele für potenzielle Boom-Organisationen: Kirchen, Sportvereine, Parteien, Stiftungen

Erlauben Sie mir bei dieser Gelegenheit einen kurzen Abstecher von dem typischen Unternehmensdenken hin zu vier tragenden Organisationen und wichtigen Säulen in unserer Gesellschaft – Kirche, Parteien, Sportvereine, Stiftungen. Alle vier könnten vom demografischen Wandel nachhaltig profitieren, wenn sie sich radikal erneuern, neu definieren und verstehen wollen, wie ihre Klientel (unter anderem die heutigen und künftigen Best Ager) wirklich tickt, wonach sie sich sehnt, was sie braucht, was sie bewegt. Nachfolgend soll die Thematik bewusst nur kurz skizziert werden. Jedes Thema wäre ein eigenes Buch wert.

Der demografische Wandel hinterlässt auch bei der Organisation **Kirche** nachhaltige Spuren: „Beim ältesten und größten Unternehmen der Welt – eine Mega-Community mit rund 1,1 Milliarden Mitgliedern, 400.000 Priestern und 800.000 Ordensleuten. Ihr Bekanntheitsgrad liegt zwar bei 100 Prozent – aber einer aktuellen Studie des Instituts für Demoskopie Allensbach aus dem Jahr 2010 zufolge, ist die Zahl derer, die bei den Kirchen moralische Orientierung findet, auf 23 Prozent gesunken – zwölf Prozent weniger als noch 2005. Antworten auf Sinnfragen fand 2005 noch jeder zweite Deutsche. 2010 waren es nur 38 Prozent. Gerade jüngere Menschen entfernen sich immer weiter von der Kirche.

Die Krise der Kirche ist eine Glaubwürdigkeitskrise der beiden großen Institutionen. Die Gefolgschaft in Deutschland beträgt bei der katholischen Kirche 25 Millionen und bei der evangelischen Kirche 24,5 Millionen. Insgesamt bekennen sich 60 Prozent aller Deutschen zu Glauben, Liebe und Hoffnung. „Jesus wäscht weißer" – in seinem Buch vertritt der italienische Medienphilosoph Bruno Ballardini die These, dass die Kirche alle wesentlichen Elemente des modernen Marketings erfunden hat, unter anderem mit dem einzigartigen Produktversprechen mit enger Kundenbindung: „Du sollst neben mir keine anderen Götter haben."

Der emeritierte Marketingprofessor *Heribert Meffert* rät, die Kirche müsse, um die Bedürfnisse der Gläubigen zu erkennen, Instrumente der Marktforschung stärker einsetzen und ihre Zielgruppen spezifisch nach ihren Bedürfnissen und Lebensstilen ansprechen. „Die Kirche muss sich sowohl auf die junge Generation als auch auf die ältere Generation im Zuge eines fortschreitenden demografischen Wandels verstärkt einstellen" sagt Meffert. Doch die Kirchen stehen vor einem Dilemma: Um die Menschen direkt zu erreichen, brauchen sie Personal, gleichzeitig zwingt sie der finanzielle Druck dazu, Stellen abzubauen. Dies gleicht dann oft dem schlechten Service nach massivem Personalabbau in anderen Unternehmen." *(absatzwirtschaft, 4-2011, Autoren: Thorsten Garber, Anne-Kathrin Keller)*

Hier genau liegt die Chance, aber auch das Risiko für die Kirchen der Zukunft. Wenn sie es schaffen, sich viel stärker als bisher gewohnt nach den Bedürfnissen und Lebensstilen der Menschen im Alter zwischen 40 und 70 Jahren und der jüngeren Generation zwischen 18 und 39 Jahren auszurichten, bisherige starre Muster zu verlassen und bewusster wahrzunehmen, wie viele Menschen auf der Suche nach Halt, Glaube, Gruppenzugehörigkeit, Werten, Sicherheit etc. sind, dann könnte die Kirche nach meiner vollen Überzeugung zu einer boomenden Organisation und Mega-Community des 21. Jahrhunderts werden. Aber hierzu bedarf es meines Erachtens einer Radikalkur: Kirche muss lebendiger, freier, anziehender, toleranter, moderner, jünger, ökologischer, dynamischer werden – um für die nachrückenden Generationen 20plus, 30plus, 40plus, Best Ager attraktiv und begehrenswert zu werden.

Das kriselnde Christentum braucht Eigenvermarktung wie ein Unternehmen in austauschbaren Märkten. Denn sonst werden nicht nur jüngere Menschen, sondern insbesondere auch Menschen im besten Alter, die sich zunehmend von der Kirche entfernen, sich in alternativen Communitys organisieren und Heimat suchen. So erklärt sich m. E. auch der gigantische Boom der Online-Plattformen in Zeiten von zunehmender Verunsicherung, Anonymität, Beziehungskrisen. Die Generationen 20plus und 50plus sind häufig auf der Suche nach dem Lebens- und Zukunftssinn. Man kann sich schon fragen, warum Freizeit-Communitys zur Kontaktpflege und Selbstverwirklichung oder alternative Selbstfindungsangebote derart boomen – und die Kirchenaustritte parallel dazu ebenso. Zeitgerechte Marketingstrategien, die konzentrierte Rückgewinnung von ausgetretenen Mitgliedern, Best Ager für die „Marke Kirche" verführen, begeistern, gewinnen und halten – das könnte das Zukunftsthema der Kirchen im demografischen Wandel sein.

Was die Kirchen noch nicht so ganz begriffen haben, scheint sich bei den deutschen **Sportverbänden und Sportvereinen** langsam, aber stetig durchzusetzen. Sie setzen auf die veränderten Einstellungen und Sehnsüchte ihrer potenziellen Mitglieder, indem sie zunehmend neue Angebote, die bislang in Fitnesszentren oder Schönheitsfarmen angeboten wurden, neu ins Programm aufnehmen – weg von Turnvater Jahn, hin zum Lifestyle-Anbieter für alle Lebensphasen, für einen veränderten Zeitgeist, für das neue Lebensgefühl einer älter werdenden Gesellschaft, die sich neu definiert. Yoga statt Turnen. Entschleunigung statt „schneller-höher-weiter".

Ob die **Parteien** aus dem demografischen Wandel wirklich ihre Lehren gezogen haben, würde ich bezweifeln. Vielleicht ist man nach den Kernkraftunfällen in jüngster Zeit gezwungen worden zu einem Umdenken in Sachen Ökologie, erneuerbarer Energien und begrenzten Ressourcen. Aber ein politischer Gesinnungswandel in Richtung „Intergenerative Konzepte – wie können jüngere und ältere Generationen voneinander profitieren?" fehlt völlig, oder wird nur in Ansätzen und halbherzig für eigene Machtspielchen benutzt, ohne jegliche Nachhaltigkeit, konzeptlos, schwammig, extrem lobbyistisch.

Immer mehr Menschen leben im Alter alleine, haben keine Kinder, sind vermögend und ziehen in Erwägung ihr Vermögen nach dem Tod an eine **Stiftung** zu überschreiben, die in ihrem Sinne gesellschaftlichen Sinn stiftet und das Geld für Wertschöpfung zum Wohle nachfolgender Generationen oder Minderheiten weiter sinnvoll verwendet. Für Fundraising und Stiftungen bietet sich hier ein signifikant zunehmender Markt, wenn sie es verstehen, zum einen diese Menschen frühzeitig da abzuholen, wo sie sich in ihrer Lebens- und Vermögensplanung befinden und zum anderen Vertrauen aufzubauen. Viele Best Ager und Unternehmer gründen inzwischen eigene Stiftungen. Ein gigantischer Zukunftsnischenmarkt!

Der Aberglaube von Zahlen: Wie Klischees und Mythen ein Eigenleben führen

Madeleine Leitner, Karriere-Management Leitner München

Aus der Preispsychologie weiß man, dass Preisentscheidungen stark emotional gesteuert sind. Entscheidend ist dabei nicht der ökonomische Preis, sondern der wahrgenommene (psychologische) Preis. Warum kostet ein Artikel 1,99 Euro? Oder 9,99 Euro? Weil man unbedingt vermeiden möchte, dass vorne eine 2 oder 10 erscheint. 1 Cent Unterschied macht Welten aus, dann wird es nämlich „teuer". In Analogie zu der Psychologie der Preise gibt es auch eine Psychologie der Zahlen, die das Lebensalter betreffen.

Mit 17 hat man noch Träume

„Ich bin schon alt" sagt die 30-jährige Hauptfigur in einem Roman von Honoré de Balzac. Der Titel des Buches lautet: „La Rabouilleuse" (deutscher Titel: „Die Frau von 30 Jahren"), erschienen im Jahr 1841/42. Früher wurde es schon kritisch, wenn eine Frau mit 25 Jahren noch nicht „unter der Haube" war. Dann war der Lack endgültig ab. Ab 30 Jahren waren Frauen späte Erstgebärende und damit eine Risikogruppe. Und auch Männer schon langsam „alte Junggesellen" und damit verdächtig.

Die 40 ist die neue 30

Natürlich hat sich seitdem einiges verändert. Heute wird zum Beispiel propagiert, dass die 40 die „neue 30" sei. Aber die Mythen leben fort. Auffallend viele Klienten, die bei mir Rat suchen für ihren zukünftigen Karriereweg, sind ziemlich genau 39 ½ Jahre alt. Um die 40 ist es aus ihrer Sicht höchste Zeit geworden, wenn man im Leben noch einmal etwas Grundlegenderes verändern möchte. Und mit jedem Jahr wird es schwieriger. Spätestens, wenn auf dem „Alters-Preisschild" vorne eine „5" steht, ist eine Veränderung völlig aussichtslos.

Haben Sie schon einmal bemerkt, was in Zeitungen über Menschen steht?

Immer und in der Regel ausschließlich das Alter (zum Beispiel: 55-Jähriger von Baum erschlagen). Bisher war ich gegen Altersklischees ziemlich immun. Seit einiger Zeit stelle ich aber bei mir etwas Seltsames fest. Nachdem seit einigen Jahren eine „5" vorne steht, ist es mir deutlich unangenehmer geworden, mein Alter zu erwähnen. Und das, obwohl die Reaktion normalerweise lautet: „Was, schon soooo alt? Das hätte ich nie gedacht". Eigentlich stehe ich zu meinem Alter und kann darüber lachen, weil ich schon immer gerne Klischees ad absurdum geführt habe. Dennoch schleicht sich die Befürchtung ein, abgestempelt zu werden. Sie ist besonders groß, wenn die Zahl erscheint, bevor ich als Person den lebenden Gegenbeweis antreten kann.

Wie kommt es eigentlich zu solchen Klischees?

Innerhalb bestimmter Gruppen, Schichten oder Kulturen gibt es weit verbreitete und ziemlich einheitliche Meinungen darüber, welche Persönlichkeitsmerkmale gemeinsam auftreten. Diese Vorgänge der Urteilsbildung, die innerhalb des Psychologie als „Halo-Effekt" bezeichnet werden, laufen unbewusst ab und werden nicht hinterfragt! Und das macht sie auch gefährlich.

Was sind die Vorstellungen über Menschen jenseits der magischen 50 Jahre?

Heute zählt man jobtechnisch mit 50 Jahren zu den Senioren und wartet nur noch auf die Rente. Das berufliche Engagement ist daher auf ein notwendiges Minimum eingestellt (man würde eh keinen neuen Job mehr finden). Der Zenit ist überschritten, man ist ausgelaugt, nicht mehr formbar, zu teuer. Und natürlich hat man so manches Zipperlein. Frauen sind angeblich mitten in den Wechseljahren und auf dem Weg zur Matrone. Aber: Stimmt dieses Klischee eigentlich? Was ist mit Jogi Löw? Mit Steffen Seibert, dem neuen Regierungssprecher? Madonna ist über 50, Nena hat nachgezogen. Senioren? Ist es nicht so, dass es sich heute bei der Personengruppe 50plus eher um eine eigentlich alters- und namenlose Generation handelt?

Vor hundert Jahren betrug die Lebenserwartung der meisten Menschen durchschnittlich nur etwa 50 Jahre.

Es war alles andere als selbstverständlich, überhaupt so alt zu werden. Innerhalb der letzten hundert Jahre stieg die Lebenserwartung um durchschnittlich 30 Jahre. Wer heute 50 Jahre alt ist, hat noch über ein Drittel des Lebens vor sich. Die steigende Lebenserwartung und die damit einhergehende höhere Lebensqualität sind natürlich erfreulich. Und natürlich wissen wir, dass zwischen dem chronologischen, dem biologischen und dem optischen Alter Welten liegen können.

Alt will keiner sein.

Diese Tatsache wird auch kräftig vermarktet: Menschen mit einem niedrigen Selbstwertgefühl, wie es „Alte" haben, sind leicht zu beeinflussen und suchen nach Zustimmung und Zuwendung. Sozialer Druck ist bei solchen Personen daher besonders wirksam. Die Gruppe der Personen 50plus, die heute über das meiste Geld verfügt, ist seit einiger Zeit als Zielgruppe entdeckt worden und wird seitdem auch plötzlich als attraktiv dargestellt. Seitdem sprießen Frauenzeitschriften für die Frau über 40 aus dem Boden – ab und zu werden darin sogar Modevorschläge für 50-Jährige gemacht. In Werbesendungen geht es um Blasenschwäche, Konzentrations- und Merkstörungen. Es gibt Reisen für Senioren, Sprachkurse für Personen 50plus, spezielle Partnervermittlungen für Senioren und natürlich den Seniorenteller (ab wann gibt es den eigentlich?).

Seit die 68er-Generation in die Jahre gekommen ist und auch dabei mit vielen alten Klischees aufräumt, besteht Hoffnung. Es waren schon immer diese 68-er, die dem sozialen Druck trotzten, einfach aus der Reihe tanzten und nicht mehr den eingetretenen Pfaden folgten. Davon werden auch die nachfolgenden Generationen profitieren. Aber irgendwann werden aus 50-Jährigen auch 60-, 70- und hoffentlich auch 80-Jährige. Es wäre doch schön, wenn man auch in Ruhe wirklich „alt" werden dürfte, ohne sich dafür rechtfertigen zu müssen!

Die Autorin

Madeleine Leitner, Diplom-Psychologin und Approbierte Psychologische Psychotherapeutin, arbeitete zunächst mehrere Jahre als Psychotherapeutin in einer psychosomatischen Klinik. Anschließend wechselte sie in die Wirtschaft und arbeitete dort als Personalberaterin. Dabei war sie mehrere Jahre verantwortlich für die Assessment Center der Deutschen Telekom in deren Führungsakademie. Anschließend arbeitete sie einige Jahre in der Executive Search. Nach einer Ausbildung in den USA brachte sie das Berufsbild des Karriereberaters nach Deutschland und wurde hierzulande Pionier für Fragen der persönlichen Karriereplanung. Madeleine Leitner ist gefragte Expertin zum Thema Karriereplanung.

www.madeleine-leitner.de

Selbstbild und Fremdbild 50plus: Schönheit kommt von innen

Adele Landauer, Manage Acting Berlin

Jung bin ich nicht mehr. Der 49. traf mich wie ein Schlag. Völlig unvorbereitet. Ich hatte mich wie jedes Jahr auf meinen Geburtstag gefreut, auf meine Tochter, meine Freunde. Aber den ganzen Tag war ich dermaßen schlecht drauf, dass es mir selbst bei der abendlichen Feier schwerfiel, wenigstens ein kleines Lächeln auf meine Lippen zu zaubern. Das Schlimmste war, ich hatte keine Ahnung warum. Bis es einer ausspracht: Nun bist du im 50. Lebensjahr.

50 Jahre - ich hatte kein Konzept, was das bedeutet

Die 40-iger waren nicht das geringste Problem. Als Schauspielerin hatte ich bereits in meinen 20-igern Rollen gespielt, die ich in meinem jetzigen Alter spielen müsste: Maria Stuart, Lady Macbeth, Lady Milford und in den 30-igern alle möglichen Ärztinnen, Businessfrauen, Baroninnen im TV, die auch alle viel älter waren als ich selbst. Ich wuchs also langsam in das Alter hinein, mit dem mich sowieso alle identifizierten. Aber 50? Das war irritierend. Irgendwie hieß das: nicht mehr weit bis 60, dann 70, all die Kränkeleien fangen an und dann ab in die Grube.

Natürlich gab es nicht den geringsten Grund dafür. Immer wieder hörte ich: Du bist so strahlend, so schön! Sie haben so eine starke Präsenz, charismatische Ausstrahlung! Erst hielt ich es für die übliche Anmache, oder netter gesagt, für eine etwas hilflose Kontaktaufnahme, aber als diese Aussagen immer öfter kamen und auch noch von Frauen jeden Alters, selbst wenn ich nicht besonders gut drauf war, wurde ich stutzig. Als ich jünger war, hat mir das keiner gesagt. Schönheit wird doch normalerweise mit Jugend gleichgesetzt. Und nun, mit zunehmendem Alter sollte ich auf einmal schön sein?

Mutter und Tochter - Schönheitsvergleich zwischen den Generationen

Ich weiß durchaus was Schönheit ist, ich sehe sie täglich vor mir: Meine Tochter Marlene arbeitet seit vielen Jahren erfolgreich als internationales Model. Sie besitzt alle Attribute unseres heutigen Schönheitsideals: schmalgliedriger Körperbau, ellenlange Beine, blonde lange Haare, glatte, faltenfreie Haut. Wenn ich in den Spiegel schaue, sehe ich nichts davon. Meine Haare werden dünner, meine Hüften runden sich, um Augen und Stirn entstehen fast täglich neue Falten. Und doch kommt die Frage immer wieder, selbst von Menschen, die mich von früher kennen, aber lange nicht gesehen haben, was ich denn tun würde, dass ich auf einmal so frisch, lebendig und schön wäre.

„Nun, ich tue etwas für mich. Ich arbeite an mir", versuchte ich es vorsichtig. „Aha, du hast einen guten plastischen Chirurgen." „Nein", erwiderte ich, „ich hatte nicht eine einzige Schönheits-OP. Letztens, als ich mich in New York von einem Visagisten schminken ließ, teilte er mir überrascht mit, er hätte noch nie eine Frau in meinem Alter gesehen, die selbst nach gründlicher Untersuchung nicht eine versteckte Narbe im Gesicht hat. Hier hat jede Frau deines Alters bereits einige Schönheitsoperationen hinter sich." „Ja, aber was machst du denn dann?", fragten meine Freunde.

Ich dachte nach. Ich fühlte nach. Irgendetwas musste passiert sein. Irgendetwas zeigte sich in meiner Ausstrahlung, was früher nicht da war. Im Spiegel konnte ich es nicht erkennen. Zuerst fiel mir mein eigenes Coachingprogramm „ManageActing" ein. Seit vielen Jahren trainiere ich mit Führungskräften aus Wirtschaft und Politik die Techniken der Schauspielkunst. Konnte es also sein, dass ich meine eigenen Techniken, wie Körpersprache, also aufrechter Stand, unterstützende Gestik, präsenter Gang, klarer Blick, offenes Lächeln so automatisiert habe, dass ich sie selbst in schwierigen Situationen unbewusst anwende? Dazu gehört auch eine angenehme Stimme, klare Aussprache – all das bewirkt einen präsenten Auftritt, das erzähle ich meinen Klienten seit Jahren. Das war es also, was meine Mitmenschen meinten.

Nach genauerem Hinterfragen meinten sie aber, das hätte mich ja schon immer ausgemacht, darum ginge es nicht, jedoch wäre in den letzten Jahren etwas Neues, Unbeschreibbares aus meinem Inneren aufgetaucht, förmlich hervorgebrochen.

Aus meinem Inneren – das ist wohl der Schlüssel

Ich habe immer viel an mir gearbeitet. Ich bin jahrelang um die Welt gejettet, um bei den besten geistigen Lehrern über die Gesetzmäßigkeiten des Universums zu lernen und zu verstehen, wie mein Bewusstsein strukturiert ist. Ich habe recherchiert, meditiert, bin durch seelische Schmerzen hindurchgegangen, statt sie zu verdrängen, habe gelernt, mich verändert, transformiert – und kam ganz bei mir an. Ich erkannte mich selbst. Meine Stärken und meine Schwächen. Ich weiß, was mir gut tut, was mich lang anhaltend zufrieden und sogar glücklich macht. Wenn ich diese Basis verliere – ich bin ja auch nur ein Mensch – übe ich Rückbesinnung und weiß, was ich zu tun oder zu lassen habe, um mich wieder zu zentrieren.

Persönliche Mauern einreißen

In meiner Sprache nenne ich das: Ich habe meine persönlichen Mauern eingerissen. Mauern, die mich von meinem höchsten Potenzial trennten. Die mich nicht wählen ließen, zu erleben, was ich erleben wollte. Wir alle haben ein riesiges Potenzial, nutzen aber nur einen geringen Teil davon, hat schon Einstein gesagt. Die Frage ist: warum? Diese Mauern stoppen uns, das in der Welt umzusetzen, wofür wir geboren wurden. Aber wir können uns entscheiden, sie einzureißen, um unser höchstes Potenzial zu leben. Wir müssen nur in unsere eigene deutsche Geschichte schauen. Immerhin haben wir aus eigener Kraft die Berliner Mauer eingerissen. So kann jeder seine persönliche Mauer einreißen, seine Glaubenssätze und geistigen Blockierungen. Diese Erkenntnis war so überwältigend, dass ich gleich ein Buch darüber geschrieben habe. Mein erstes englischsprachiges, um es bei meinen internationalen Keynote Speeches anbieten zu können.

Ein gutes Projekt, um die Krise im 50. Jahr zu überwinden?

Dieses Buch hat mich gerettet. Einige Tage vor meinem 50. Geburtstag kam es frisch aus der Druckerei. Dann kam der große Tag – und alles fiel von mir ab. Auf einmal wurde alles ganz leicht und spielerisch. Ich begriff zutiefst, die 50 ist wirklich nur eine Nummer. Sie hat nichts mit Alter und schon gar nichts mit meinem Lebensgefühl zu tun. Mein Blickwinkel hat sich erweitert. Ich habe einen höheren Level meines Bewusstseins erreicht und das Schönste ist: In einem Leben ohne Mauern lebt es sich frei, unkompliziert, äußerst lustvoll und so viel besser als in der Jugend, als Unsicherheit und Karrierekämpfe mein Leben bestimmten.

Ich denke, es ist diese Gelassenheit, Dankbarkeit, diese tiefe Verbundenheit mit allem was ist und diese Freude am Dasein, die nun durch mich durchstrahlt und die meine Mitmenschen wohl als Schönheit bezeichnen. Eine Schönheit, die von innen kommt?

Wenn Sie wissen möchten, wie Adele Landauer ihre persönlichen Mauern eingerissen hat und was sie konkret dafür tut, um von innen heraus zu strahlen und jung zu bleiben, wie sie mit Isolation und Angst vor dem Älterwerden umgeht – dann lesen Sie einfach weiter in ihrem spannenden Buch: „Experience Total Freedom – 6 Steps To Tearing Down Your Walls and Living Your Life with Happiness, Balance, and Success – Inspired by the Fall of the Berlin Wall".

Die Autorin

Adele Landauer entwickelte ManageActing®, eine Art Schauspieltraining, zugeschnitten auf die Bedürfnisse des modernen Managements. In diese Methode transferierte sie die Techniken und kleinen Tricks, die Schauspieler nutzen, um jeden Abend aufs Neue ihr Publikum zu faszinieren. Sie trainiert mit ihren Co-Trainern mittlere und höchste Führungskräft in Wirtschaft und Politik. Zu ihren Kunden gehören VW, BMW, Siemens AG, Bayer AG, Südchemie, viele deutsche Banken, Versicherungen, Verlagshäuser und TV-Sender sowie Sportler und Politiker höchsten Rangs. Adele Landauer ist international tätig, sie hält Keynote-Vorträge in englischer Sprache.

www.AdeleLandauer.com

www.ManageActing.de

Leidenschaften 50plus – Erfahrungen mit Kunden 50plus

Yvonne Trübger, Pianohaus Trübger Hamburg

Die Ladentür geht auf – von draußen hört man noch kurz das Vorbeirattern eines schwerbeladenen LKW, dann ist es wieder still. Na ja, nicht ganz. Aus den hinteren Geschäftsräumen ertönt fast geheimnisvoll ein zartes Chopin-Prélude, natürlich selbstgemacht und nicht aus der Konserve! Der geschäftig wirkende Herr, der gerade den Laden betreten hat, bleibt verklärt stehen und lauscht – dann sagt er: „Das möchte ich auch können, meinen Sie, das kann ich in meinem Alter noch lernen?"

Diese Frage beschäftigt offenbar viele. Die meisten von ihnen haben das Thema Kindererziehung schon abgeschlossen, haben quasi alle geschäftlich gesetzten Ziele erreicht und die geistige Fitness und die Lust auf eine neue Herausforderung ist noch immer ein täglicher, ungebremster Begleiter. Früher sprach man von 50plus, heute spricht man vom „Best Ager" – gemeint ist jene erfolgreiche Zielgruppe, die auch in unserer Branche zunehmend präsent ist und sich ambitioniert für das Erlernen des Klavierspielens interessiert. Während wir bei Eltern mit Kindern leider eine rückläufige Haltung betreffend musikalischer Heranführung an ein Instrument beobachten, steigert sich bei „Best Agern" der lang ersehnte Wunsch, „endlich" die schwarz-weißen Tasten beherrschen zu können.

Was motiviert einen Menschen, der fast alles erreicht hat, das man sich mit Arbeit und finanziellen Mitteln erschaffen kann?

Es ist die Lust nach dem neuen Impuls, die Lust, sich endlich das zu gönnen, was man sich jahrelang, aus vielerlei Gründen, nicht erlauben wollte oder konnte, sich aber schon so lange gewünscht hat. Es ist die Lust, die eigene Freizeit sinnvoll und erfüllt zu gestalten. Und genau da holen wir unsere Kunden ab.

Dabei ist es keine neue Erkenntnis, dass die Musik den Menschen ganzheitlich anspricht. Das Erlernen eines Instrumentes ist eine Reise in eine Welt voller Intensität, voller Emotion, ein „in sich Kehren" mit einer unendlichen Tiefe und Wahrnehmung für sich selbst. Musik spricht eine Sprache, die alle Sinne anspricht, so, wie es Worte niemals tun könnten. Musik fordert den Verstand und ernährt die Emotion.

Kommen wir zurück zu unserem, in seriösem Dunkelblau gekleideten Herren, der ganz verzaubert vom Chopin-Prélude, jetzt selbst die Initiative ergreifen will. Obwohl der studierende Sohn dem Projekt des Vaters recht zweifelnd gegenübersteht, lässt sich der Unternehmer davon keinesfalls entmutigen. Nachdem Herr Schöller* feststellt, dass er wider Erwarten klangliche Unterschiede zwischen den einzelnen Instrumenten wahrnimmt, hat er schnell konkrete Vorstellungen: Er weiß, wie sein Klavier klingen soll, auch, wenn er es noch nicht bespielen kann. Er hat eine ausgereifte Idee darüber, wie er sich den Unterricht vorstellt. – Es ist vielleicht genau dieses Verständnis und die Herangehensweise, die den „Best Ager" von anderen Kunden unterscheidet. Es ist die Verbindung von Leidenschaft mit selbst gewählter Disziplin im Handeln und Struktur im Denken. Diese Kombination ist oft ein Garant für den Erfolg.

Eine andere Dame, wir nennen Sie mal Frau Feder*, hat mich ebenfalls stark beeindruckt. Sie ist heute vielleicht ein bisschen älter als der Unternehmer und spielt bereits lange Klavier. Nun soll ein Besseres angeschafft werden. Für sie ist das Klavier spielen eine Art Medizin, denn seit Jahren leidet sie an einer unheilbaren Krankheit. Laut ihrer behandelnden Ärzte ist es ein Wunder, dass sie immer noch unter uns weilt. Für sie ist es völlig klar: Sie spielt sich ihre Schmerzen und ihr Leid mit dem Klavier „einfach weg".

Das Klavier spielen hat eine meditative Wirkung!

Es schafft die geistige Erholung, bei dem man einen einzigartigen Zustand des inneren Friedens erreicht. Es erfordert höchste Konzentration und schenkt gleichzeitig das Eintauchen in eine Erlebniswelt, die spürbar macht, wie intensiv Gefühle auf Geist und Seele wirken.

Kann man eigentlich von einem typischen „Best Ager" sprechen?

Eher nicht, ich denke, man sollte und kann keinen Menschen kategorisieren. Dennoch steht auch Frau Feder mit ihrer starken Überzeugung und der damit verbundenen kompromisslosen Durchführung für eine Charaktereigenschaft, die wir immer wieder in dieser Altersgruppe beobachten: Die Idee ist keine Eintagsfliege, die Überzeugung ist Programm, der Anspruch an sich selbst und die Wertschätzung für die Sache ist hoch und das Durchhaltevermögen Ehrensache. Das Engagement erfolgt mit großer Hingabe und wird in der Regel mit dem Gelingen belohnt.

P.S. Herr Schöller kam übrigens nach einem Jahr wieder – und konnte das Chopin-Prélude fast fehlerfrei spielen!

*Namen geändert

Die Autorin

Yvonne Trübger ist Inhaberin des Pianohaus Trübger in Hamburg. Das Pianohaus Trübger zählt zu Norddeutschlands führenden Pianohäusern und wird seit der Gründung 1872 als Familienbetrieb geführt. Heute leitet Yvonne Trübger, Klavierbauerin, die Firma in der vierten Generation.

www.pianohaus-truebger.de

3 Kommunikation und Werbung für Best Ager

Fünf Beiträge werden in diesem Kapitel die Affinität von Best Agern zur Werbung, Kommunikation und zum Internet und umgekehrt beleuchten, kritisch hinterfragen und die Zukunftschancen und -risiken aufzeigen. Dabei wird insbesondere folgenden Fragestellungen nachgegangen:

- Welche Konsequenzen wird der demografische Veränderungsprozess für Verleger, Verlage und für die Kommunikationsbranche haben?

- Müssen sie sich mehr auf die neuen Medien einstellen oder erwartet sie eine unerwartete Renaissance der Printmedien, der guten alten Zeitung, des Buches und des Magazins?

- Wohin geht die Reise – siegt die virtuelle Welt oder die reale Welt?

- Steuern wir auf eine Online-Kultur gigantischen Ausmaßes zu oder wird der zur Seltenheit gewordene Mensch-zu-Mensch-Kontakt immer wichtiger?

- Was müssen Werbetreibende tun, um in Werbespots und Werbeanzeigen bei Kunden 50plus zu punkten und sie mit adäquater Ansprache zu erreichen?

Doch zunächst vorab einige Fakten und Entwicklungen.

Best Ager und die klassischen Medien

Fakten:

- Der Durchschnittsleser der zehn auflagenstärksten **Zeitschriften** in Deutschland ist über 48 Jahre alt.

- Den höchsten Anteil an Lesern 50plus haben unter den **Publikumszeitschriften**:

  Apotheken-Kundenmagazine (70 Prozent), zum Beispiel *Apotheken-Umschau* und *Senioren-Ratgeber*, wöchentliche Programmzeitschriften (65 Prozent), wöchentliche Frauenzeitschriften (63 Prozent), Gartenmagazine (61 Prozent), TV-Supplements (61 Prozent) wie beispielsweise *rtv* und *Prisma*.

- Generelle Reichweiten-Riesen wie *ADAC Motorwelt* und *Bild am Sonntag* punkten überdurchschnittlich bei Best Agern, und der durchschnittliche *Hörzu*-Leser ist 56 Jahre alt.

- Ältere Menschen verbringen aktuellen Studien zufolge **täglich viele Stunden mit Mediennutzung**. Ärgerlich für Werbungtreibende und Vermarkter ist nur, dass rund 45 Prozent von 50plus laut Verbraucheranalyse 2010 Werbung im Fernsehen als „störend" empfinden.

- Auch **Hörfunkwerbung** finden ältere Konsumenten häufiger „lästig" als „interessant".

- Bessere Chancen haben die Anzeigenverkäufer von Zeitungen und Zeitschriften – diese Anzeigen werden von 50plus gelesen und wahrgenommen.

Prognosen:

- **Neue Mikro-Zielgruppenkategorien nach Lebensstilen:** Die Verlags-, Medien-, Kommunikations- und Werbebranche werden sich auf neue, älter werdende Mikro-Zielgruppen einstellen müssen – weg von der „Zielgruppendenke" für 14- bis 49-Jährige, hin zu einer breiteren Zielgruppe wie beispielweise 14 bis 66 Jahre.
- **Lebensstile, Einstellungen, Werte, Leidenschaften, Charakter, Tonalität, Tiefe** werden für die Werbung und Kommunikation in Zukunft wichtiger und entscheidend für den Response und Erfolg.
- Werbung und Kommunikation muss für Best Ager **nachhaltiger, fundierter, informativer, kreativer, authentischer** sein.
- Auch das Personalgefüge der Kreativagenturen muss sich ändern – **mehr intergenerative Teams**, in denen die 30-Jährigen von den 55-Jährigen und umgekehrt profitieren können.
- **Virtuelle Kommunikation wird auch bei 50plus Mainstream** – aber die reale Kommunikation als Kontrapunkt daher immer wichtiger.
- Aufgrund austauschbarer Produkte, Reizüberflutung, Anonymität, Kontaktarmut, Hektik und Stress wird es immer wichtiger, **Werbe-Botschaften und Informationen einfacher, klarer und intergenerativer** als bislang zu platzieren.
- **Printmedien, Fernsehen und Rundfunk** – und auch **das gute alte Buch** (trotz E-Book) werden sich gegenüber dem Internet behaupten – wenn sie sich dem Zeitgeist und den Bedürfnissen der älter werdenden Generation anpassen und sie nicht als Senioren und alte Menschen klischeehaft behandeln.
- Der **Mensch-zu-Mensch-Kontakt**, Beziehungen, Kontaktplattformen und Events im Kontext zu den eigenen geliebten Lebenswelten und Leidenschaften werden wieder wichtiger – Internet, Telekommunikation und die virtuellen Welten stoßen an Grenzen, zeigen die Unfreiheit und die Abhängigkeit immer stärker auf.
- **Nicht online sein** wird „in" und zum neuen Lebensgefühl einer aufgeklärten, sensiblen – auch heranwachsenden – Generation.
- Das **Sowohl-als-auch-Gefühl** wird wichtiger – man will im Alter nicht von der Technologiegesellschaft abgehängt werden, aber man will selbst entscheiden, was man wann, wie und mit wem kommunizieren möchte, auf welche Werbung man reagiert.

Die Zeitschrift *Bestager – Wohnen und Lifestyle für die anspruchsvolle Generation* ist seit April 2011 auf dem Markt und präsentiert neue Architekturkonzepte, dazu Erfahrungsberichte und Beispiele.

Kommunikation und Werbung für Best Ager 73

Abbildung 3.1: Titelseite Bestager

Quelle: City Post Zeitschriftenverlags GmbH, www.cpz.de , www.bestager.ratgeber.de, 2011

Das Magazin *50plus – Bauen, wohnen, leben mit Komfort* präsentiert Beiträge zu den Themen intelligent und nachhaltig bauen, qualitativ hochwertige Ausstattung, komfortable Steuerungssysteme und Technik.

Abbildung 3.2: Titelseite 50plus

Quelle: 50plus – Bauen, wohnen, leben mit Komfort, Family Home Verlag, www.familyhome.de, 2011

aktiv im Leben ist das erste Magazin für lebenserfahrene Menschen der Generation 50plus, das hohe Qualität, Information und Unterhaltung miteinander kombiniert. *aktiv im Leben* richtet sich an aktive, selbstbewusste und finanziell unabhängige Leserinnen und Leser in der zweiten Lebenshälfte. Fitness und Reisen, Kunst und Kultur, Gesundheit und Wohnen.

Es bietet Experteninterviews zu lebensrelevanten 50plus-Themen und animiert mit Hintergrundberichten zum aktiv sein und fit bleiben, stellt bekannte Persönlichkeiten aus der Kultur- und Kunstszene vor, gibt ungewöhnliche Einblicke in Erfolg versprechende Gesundheitstherapien, diskutiert neue Wohnformen, Wohnungsanpassung und alles rund ums Wohnen. Dazu Informationen und Tipps, um Neues zu entdecken und auszuprobieren.

Abbildung 3.3: Titelseite Aktiv im Leben

Quelle: Baumeister Verlag, aktiv im Leben, 02/2011

Wie Medien die lukrative Zielgruppe 50plus erkannt haben und entsprechend auch bewerben, soll am Beispiel einer aktuellen MDR-Werbekampagne exemplarisch aufgezeigt werden:

MDR1 und die Zielgruppe Best Ager: „Warum wollen Sie unser Geld nicht?"

„Alle reden drüber, keiner tut's. So könnte man sarkastisch die aktuelle Debatte über die Generation 50plus, Silver Ager, Golden Clients – und welche Euphemismen es sonst noch geben mag – zusammenfassen.", so *Niels N. von Haken*, Geschäftsführer der *MDR-Werbung*. „Die Zielgruppe selbst stört das wenig. Sie wächst. Unaufhörlich. Und: Sie würde gern konsumieren – wenn sie denn angesprochen würde bzw. sich angesprochen fühlte. Ich denke, wir haben da ein gemeinsames Interesse. Wir wollen nah am Endverbraucher sein. Seine Wünsche und Bedürfnisse kennen lernen, um sie zu bedienen und letztendlich damit Umsatz generieren." *Monika Note* (55) aus Oschersleben, *Antje Schlenzig* (54) aus Erfurt und *Gertraude Nitzsche* (53) aus Oderwitz sind die Werbebotschafter der MDR-Werbung. Die drei Damen aus Sachsen-Anhalt, Thüringen und Sachsen haben sich in einem Casting gegen mehr als 1.000 Konkurrenten durchgesetzt.

Die drei Damen sollen der Zielgruppe 50plus ab sofort Gewicht, Gesicht und Stimme geben. „Denn gerade diese Zielgruppe ist der Werbung gegenüber aufgeschlossen und durchaus finanzkräftig." Seit den 70er Jahren gebe es immer wieder Studien, die darauf hinweisen würden, dass die Gruppe der Menschen über Fünfzig interessante Kunden für Konsumgüter seien." *(MDR-Werbung, www.mdr-werbung.de, 2011)*

Abbildung 3.4: Beispiele der mutigen und konsequenten MDR Zielgruppenwerbung mit authentischen Best Agern 2011

Kerstin Stephan (50) Dippoldiswalde, Sachsen, ist echte, unverfälschte, unmanipulierte MDR 1 Radio Sachsen-Hörerin.
Sie mag (und kauft) z. B. Lindt Schokolade, Halloren-Kugeln, Nivea Body, Florena Pflege.
Und ihr Lieblingssekt ist Rotkäppchen.

Dagmar Schwarz (45) Apolda, Thüringen, ist echte, unverfälschte, unmanipulierte MDR 1 Radio Thüringen-Hörerin.
Sie mag (und kauft) z. B. Nivea und Florena, Viba Sweets und Schwarze Herrenschokolade, Lichtenauer und Rotkäppchen, Wurzener Müsli und Osterland-Produkte.
Und sie liest regelmäßig Super-Illu.

Rita Allwinn (53) Wernigerode, Sachsen-Anhalt, ist echte, unverfälschte, unmanipulierte MDR 1 Radio Sachsen-Anhalt-Hörerin.
Sie schwärmt für Edle Tropfen in Nuss.
Sie gönnt sich hin und wieder einen Baileys.
Und mit ihrem Mann genießt sie Hasseröder.

Quelle: www.mdr-werbung.de

Best Ager und das Internet

Eine Online-Community (Netzgemeinschaft) ist eine Sonderform der Gemeinschaft, in diesem Fall eine Gruppe von Menschen, die einander via Internet begegnen und sich dort austauschen. Findet die Kommunikation in einem sozialen Netzwerk statt, das als Plattform zum gegenseitigen Austausch von Meinungen, Eindrücken und Erfahrungen dient, spricht man auch von Sozialen Medien. Best Ager haben Spaß im Internet, sind experimentierfreudig, neugierig und wissbegierig. Sie sind souveräne Mediennutzer mit einer hohen Kaufkraft und Treue. 92 Prozent aller Best Ager haben schon Produkte online erworben.

Sie benutzen das Internet zum einen als Kontaktplattform (zum Beispiel Chat, Facebook, Twitter, Weblogs, Wikipedia, YouTube) und zum anderen als Informationsplattform (zum Beispiel zum Preisvergleich, zur Orientierung). Es werden Produkte verglichen, bewertet, gekauft. Man sichert sich zur eigenen Bestätigung vor einer Kaufentscheidung ab, etwa bei Hotelbewertungen und Beurteilung von Produkten durch die Stiftung Warentest. Das Internet ist ein wichtiger Weiterempfehlungsmarkt mit großem Wachstumspotenzial geworden. Themen wie Service, Gesundheit, Ernährung, Nahrungsergänzung, Reisen, Kosmetik, Fitness, Immobilien, Güter des täglichen Gebrauchs, Luxus- und Geschenkartikel stehen dabei ganz vorne. Einkaufen via Online-Shop oder Teleshopping ersetzen den Gang ins Geschäft – weil oftmals komfortabler, übersichtlicher, schneller, preiswerter.

Fakten:

- „Das **Internet boomt als Freundschafts- und Partner-Netzwerk** für ältere Menschen". *(BITKOM- Präsident Prof. Dr. August-Wilhelm Scheer 2010)*

- 40 Prozent der 50- bis 69-Jährigen gehen regelmäßig auf digitale Shoppingtour.

- 72 Prozent aller 50- bis 59-Jährigen sind regelmäßig im Netz – 50 Prozent sind es sogar noch bei 60plus!

- 30 Prozent dieser User kaufen dann auch – und das mit klaren Zuwachsraten. *(GfK 2010)*

- 95 Prozent sagen, das Internet sei ein Gewinn durch nützliche Informationen.

- 90 Prozent betrachten das Netz als Plus an Flexibilität.

- 86 Prozent sehen das Internet als Gewinn für ihre Lebensqualität. *(Bitkom/Aris/Forsa, 2010)*

- Bemerkenswert ist, welch große Rolle das Internet für das soziale Leben älterer Nutzer spielt: Zwei Drittel (64 Prozent) sagten, sie hätten bestehende Freundschaften aufgefrischt, mehr als die Hälfte (58 Prozent) nach eigenem Bekunden gute Freunde kennengelernt.

- Jeder vierte Surfer ab 65 hat einer Bitkom-Studie zufolge sogar einen neuen Lebenspartner im Internet gefunden.

- 82 Prozent der älteren Anwender machen nach eigenen Angaben nur positive Erfahrungen mit anderen Internetnutzern. *(aus Pressemitteilung der deutschen Bundesregierung vom 3.11.2010)*
- „In **Online-Netzwerken** wie Facebook, Wer-kennt-wen, Xing etc. waren Best Ager und Senioren bislang Exoten – das ändert sich langsam, aber sicher. Ältere Menschen mögen zwar derzeit mangels im Netz aktiver Gleichaltriger weniger digitale Verbindungen als Jugendliche schaffen, gleichzeitig sind ihre Bindungen aber ernsthafter und zuverlässiger als die jüngerer Netzwerk-Mitglieder – und daher für Betreiber und Werbekunden der Netzwerke interessant …!" *(Süddeutsche Zeitung, Steffen Seibel, 2.3.2011)*
- „Weil die Älteren mit den nachfolgenden Generationen in Kontakt bleiben wollen, sind sie schlicht gezwungen, deren Kommunikationskanäle zu benutzen … Online-Communitys wie platinnetz.de oder Ähnliche sind bislang eine Randerscheinung und werden es wohl auch bleiben", so *Prof. Hendrik Speck*, Professor für digitale Medien an der Fachhochschule Kaiserslautern in einem Interview. Solche Angebote seien für Senioren so uninteressant wie Kaffeetassen mit extra großen Henkeln und Handys mit riesigen Tasten. Denn eines wollen die Älteren von heute auf keinen Fall: „alt sein", so Speck. *(Süddeutsche Zeitung, Steffen Seibel, 2.3.2011)*

Prognosen:

- Weiter stark steigende Nutzung als Informations- und Einkaufstool – aber auch als Kontakt- und Beziehungsaufbau im privaten wie im geschäftlichen Bereich.
- Auch medizinische Beratung ersetzt schon hier und da den Arztbesuch.
- Apothekenbedarf wird über Internetapotheken bestellt – man spart Weg und Zeit.
- Selbst Wohnungseinrichtung, Unterhaltungs- und Elektroartikel und andere Luxusgüter werden auch von Best Agern zunehmend mehr via Internet gekauft. Dennoch bieten sich für den realen Handel durchaus auch Chancen für Zielgruppen 50plus, die nicht so online-affin sind oder den Kontakt zu Menschen bewusster denn je suchen. Beide Märkte werden ihre Berechtigung haben – zum Beispiel eröffnen die Giganten *Media-Markt* und *Saturn* aktuell neue Online-Shops, weil sie merken, dass es ohne Internet keine Zuwachsraten mehr geben wird.

Best Ager als Zielgruppe der Werbung

Experten-Interview mit Frank Dopheide, Deutsche Markenarbeit Düsseldorf

Es gibt Untersuchungen, die davon ausgehen, dass etwa 90 Prozent der über 50-Jährigen sich nicht mit den Inhalten von Anzeigen und Fernsehspots identifizieren können – was sagen Sie dazu?

Die Entscheider auf der Kundenseite und Agenturmitarbeiter sind häufig zu jung. Es ist daher nicht verwunderlich, dass die Anzeigen und Werbespots den Nerv der älteren Zielgruppen nicht optimal treffen. Man muss sich mit den „Kunden-Insights" beschäftigen – verstehen wie die Menschen ticken, was sie brauchen, was ihre Sehnsüchte sind. Und das wird in der Werbung noch zu wenig, zu oberflächlich, zu klischeehaft abgebildet. 50plus als Zielgruppe ist vielschichtiger, jünger, volatiler geworden. Man sieht sich als 50-Jähriger in der eigenen Wahrnehmung mindestens zwölf Jahre jünger als man ist. Daher muss man heutzutage schon 40-Jährige in der Werbung zeigen, um über 50-Jährige tatsächlich auch anzusprechen und zu erreichen. Die Projektionsfläche wird jünger.

Sind Best Ager als Zielgruppe für Ihr Unternehmen und Ihre Kunden relevant und warum?

Menschen 50plus stehen mitten im Leben. Best Ager sind aus vier entscheidenden Gründen für uns interessant: Es ist die größte Zielgruppe, die wir haben, seit diesem Jahr gibt es erstmals mehr über 60-Jährige als 20-Jährige in Deutschland. Es ist *die* Zielgruppe mit der höchsten ökonomischen Potenz und es ist eine Zukunftszielgruppe, die überhaupt noch Vertrauen genießt. Mit dem, was derzeit an Umbruch passiert haben wir ein massives gesellschaftliches Problem. Es ist viel mehr verloren gegangen als Geld: Vertrauen, Verlässlichkeit und Orientierung. Man glaubt heutzutage nicht mehr der Politik, der Kirche, dem Dax-Unternehmen und auch nicht mehr dem eigenen Chef. Heute orientiert man sich eher an seinem persönlichen Umfeld: Wo man weiß, das ist jemand, den ich kenne. Wo ich weiß, der steht zu irgendetwas, weil er da schon nachhaltig gewirkt hat und bewiesen hat, dass ich ihm vertrauen kann. Oder an jemanden, den ich aus der Öffentlichkeit kenne, der aber auch schon dank seines höheren Alters bewiesen hat, dass man ihm vertrauen kann. Das sind die Werte, die mich treiben. Die Menschen mit dem höchsten Vertrauen und damit auch mit dem höchsten Wirkungsgrad sind heute Menschen wie Nelson Mandela oder Helmut Schmidt, die schon die 80 oder 90 Jahre überschritten haben. Ältere Menschen sind auf einmal wieder stärker Vertrauens- und Orientierungspersonen für junge Zielgruppen. Bei unseren Kunden merken wir, dass viele Unternehmen zum Beispiel aus der *Finanzdienstleistung* zu spät merken, dass Produkte, die sie seit hundert Jahren verkaufen, nicht mehr funktionieren. Weil bei der Zielgruppe 50plus das Haus abbezahlt ist und sie keine Lebensversicherung mehr benötigen. Dort gibt es aber ein enorm großes Innovationsfeld, um zu sagen: Wir erfinden neue Produkte, die auf die 50plus Zielgruppe und deren Bedürfnisse zugeschnitten sind und die neue Geschäfte bringen würden. Dies ist ein komplett unbearbeitetes Feld – insbesondere bei *Banken* und *Versicherungen*. Sie beharren immer noch viel zu sehr auf ihre bewährten Produktangebote und kümmern sich zu wenig um die echten Bedürfnisse der Zielgruppen 50plus. Wir merken, dass sich zum Beispiel in der *Kosmetikbranche* im Zusammenhang mit Best Agern viel getan hat. Die haben es verstanden und rechtzeitig umgesetzt. Eine andere wunderbare Marke aus unserer Sicht ist *Nespresso*, wo man merkt: Eigentlich verkaufen die keinen Kaffee, sondern italienisches Lebensgefühl mit einem hohen Anspruch an Design, mit einem Ritual, das dir als Kunde das Gefühl vermittelt „du verwöhnst dich persönlich". Individualität wird dadurch zum Ausdruck gebracht, dass man unterschiedliche Geschmacksrichtungen auswählen kann, jeder bekommt sein eigenes Tässchen nach seinem Geschmack. Dazu ist das Produkt *Nespresso* kommunikativ perfekt inszeniert – und zwar mit einem reifen Menschen in Person von Schauspieler und Frauenschwarm George Clooney. Nicht nur für die Zielgruppe Best Ager ideal und kreativ hochwertig gemacht.

95 Prozent aller Werbeausgaben in Europa zielen noch immer auf Zielgruppen 50minus. Halten Sie das für einen Fehler und wenn ja, warum?

In Wirklichkeit ist das überhaupt nicht so. Irgendwelche Mediaplaner, Controller oder Marketingleute haben Kästchen erfunden, wo die Zielgruppenansprache bei 49 aufhört. Aber in der Realität ist das komplett anders. Die 50-plus-Menschen sind jünger geworden, und die Jüngeren sind in vielen Dingen erwachsener geworden, sodass die klassische Einteilung nach Alter nicht mehr sinnvoll ist. Es ist eher ein Medienproblem, dass man sein Publikum zum Beispiel bei *ZDF* oder *SWR-Fernsehen* verjüngen möchte, um das Durchschnittsalter von Ende 50 auf Richtung 40 zu senken – eher ein Imageproblem. Das ZDF beispielsweise ist nicht altmodisch, weil es ältere Zuschauer hat, sondern weil es insgesamt altmodisch ist, wie sie reden, wie sie Sendungen aufbereiten usw.

Kann es sein, dass junge Kreative oft mit zu wenig Gespür für Kaufmotive und Einstellungen der sensiblen Zielgruppen 50plus Werbung machen?

Ja, definitiv. Man braucht ein Stück Lebenserfahrung, um zu spüren, was ältere Menschen denken, fühlen, welche Produkte sie mögen, welche Werbung ihnen gefällt usw. Man ist in jungen Jahren vielleicht nicht nachhaltig genug, in seinem Denken und dann auch in der Kommunikation.

Sind Werbung und Kommunikation für Best Ager anders zu gestalten als für andere Zielgruppen?

Ja, das hat sich aber eigentlich nicht sehr verändert. Werbung und Kommunikation muss für Best Ager nachhaltiger, fundierter, informativer sein. Dies wird auch von den Menschen honoriert, eine Marke wird sofort ins eigene Leben gelassen, wenn das gut gemacht ist. Bei jungen Zielgruppen haben wir oft das Gefühl, dass die Markenmission überlagert ist, wenn zum Beispiel ein bestimmtes Produkt cool ist, dann ist es fast egal, wie das schmeckt, man will es einfach haben. Da sind die älteren Zielgruppen beim Thema Produktqualität etwas substanzieller orientiert. Kunden 50plus sind gnadenloser, wenn sie das Gefühl haben, das anbietende Unternehmen und dessen Versprechen passe nicht (mehr) zu ihnen oder zu der Art und Weise, wie sie das Leben als erfahrener Mensch sehen und bewerten. Dann kommt das nicht mehr in meinen Einkaufswagen rein. Das war früher anders. Das heißt zum Beispiel: Wenn ich das Gefühl habe, ein kreativer, kommunikativer Mensch zu sein, der es spannend findet, was da draußen in der Welt so alles passiert – dann holen sich auch 50plus-Menschen das *iPhone*. Und lassen dann zunehmend das Nokia im Telekommunikationsshop hängen. Sie tun das, weil Apple und das Produkt iPhone Kommunikation, Kreativität und ich-zeige-dir-mal-was-so-möglich-ist versprechen. Als Ausdruck der eigenen Persönlichkeit – die Botschaft lautet: Ich bin ein kreativer Mensch und genieße es.

Sind Beratung und Verkauf am POS für Best Ager anders zu gestalten als für andere Zielgruppen?

Ja. Jüngere Zielgruppen brauchen erst mal die Wahrnehmung „das ist neu". Ältere Kunden wollen schon genauer wissen, warum dieses Produkt gut und nützlich ist. Ältere wollen darüber hinaus aber auch anders behandelt und beraten werden. Wenn man bei Juwelieren und Friseuren in die Schule gehen würde, könnte man am Point of Sale viel mehr verkaufen. *Juweliere* und *Friseure* gehen empathischer, emotionaler und kommunikativer mit den älteren Kunden um und auf diese Menschen zu. Wenn Sie sich in die Hände eines Friseurs begeben, wissen Sie nach einer Stunde nicht nur, ob man ihre Haare gut geschnitten hat, sondern auch was sonst noch so passiert ist, was der Friseur im Urlaub gemacht hat, wo man gut essen kann usw.. Man hat das Gefühl, ich als Mensch werde gut behandelt – und darauf kommt es an. Das Gegenbeispiel heißt *Autohaus* – wenn zum Beispiel eine Frau ein Auto kaufen will und der Verkäufer berichtigt sie mit den Worten „das heißt nicht Stoßstange, sondern Stoßfänger". Daraufhin verlässt die Frau das Autohaus und sagt sich, hier gebe ich mein Geld nicht aus, die Belehrung brauche ich wirklich nicht. Die Ansprüche, wie man mit mir als Mensch 50plus umgeht, sind da schon höher. Der Ton und der Charme am POS sind entscheidende Faktoren für gute oder schlechte Geschäfte. In der Finanz- und Wirtschaftskrise 2009/2010 ist Deutschland nicht gerade im Geld geschwommen – und dennoch war dies das erste Jahr, in dem *Aldi* und *Lidl* ein Umsatzminus und *Edeka* und *Rewe* ein *Umsatzplus* gemacht haben. Das hätte man so nicht vermutet – Edeka und Rewe sind vermeintlich teurer, haben aber mehr Qualitätsanmutung, mehr Einkaufserlebnis, mehr persönliche Nähe. Das zahlt sich dann ja wohl doch aus.

Werden die Versprechen in den Werbespots (Beispiel Karstadt, Grey-Kunde – Slogan: „Schöner shoppen in der Stadt") auch tatsächlich im Unternehmensalltag top-down und bottom-up am POS gelebt?

Man darf die komplexen Kanäle am POS und die Vertriebskanäle mancher Unternehmen nicht unterschätzen. Und auch nicht, wie viel Zeit und Geld es erfordert, diese Claims und Botschaften am POS auch einzulösen und zu leben. Deshalb ist es heute viel wichtiger, dass man vor der eigentlichen Werbeaussage eine Unternehmensaussage trifft, wo man das gesamte Unternehmen auf die Mission einschwört. Jeder Einzelne muss diese Mission kennen und leben. Oft gibt es dabei Geschwindigkeits- oder Synchronisationsprobleme, wo man merkt – hoppala – die Realität hängt der kommunikativen Welt hinterher. Ein zu großer Unterschied zwischen der Werbebotschaft und der Realität im Alltag macht das Unternehmen unglaubwürdig – insbesondere bei den sensiblen und kritischen Kunden 50plus, die negative Erfahrungen und falsche Versprechungen aufgrund ihrer Lebens- und Konsumerfahrung nur allzu gut kennen.

Fallen Ihnen spontan besonders gelungene aktuelle Werbespots oder Anzeigen ein, in denen ältere Zielgruppen vorkommen?

Nespresso, Edeka, Rewe, Telekom-Kampagne mit Paul Potts.

Wird Ihr Beratungsteam und die Kreativabteilung für die Herausforderungen dieser anspruchsvollen Klientel 50plus sensibilisiert und trainiert. Wenn ja, wie konkret?

Wir sind mit unserer strategischen Planung schon länger unterwegs. Wir machen permanent Schulungen. In unserer Geschäftsführung sind drei Personen über 50 – mich als 47-Jährigen dazugezählt. Und die Kunden- und Projektverantwortlichen, die unsere Kunden aus dem Einzelhandel wie zum Beispiel Rewe, Deichmann, Karstadt betreuen sind auch im zarten Alter um die Fünfzig. Bei der Teamzusammenstellung achten wir darauf.

Haben alte Segmentierungsmodelle zur Zielgruppe 50plus heute noch Gültigkeit? Wie würden Sie die Zielgruppe 50plus segmentieren?

Wir würden fast das Alter mal außen vor lassen. Grundsätzlich gilt natürlich: Zwischen 20- und 50-Jährigen gibt es Unterschiede – das ist klar. Ein Basisunterschied sind die Lebenserfahrung und bestimmte Ansprüche, die sind bei 50plus ausgefeilter, differenzierter. Aber alles andere ist überraschend gleich, zum Beispiel ist der Kunde Mountainbiker, Genießer, Bio-Fanatiker etc.. Die Motive sind ziemlich gleich oder ähnlich. Es geht mit zunehmendem Alter mehr um die Ausprägung eines Motivs. Wichtig ist eine Segmentierung nach Lebensstilen, Einstellungen, Tonalität, Leidenschaften. Es gibt ein „Grundrauschen", das mit zunehmendem Alter in Nuancen ein wenig anders wird als in jüngeren Jahren.

Interview-Partner

Frank Dopheide absolvierte sein Diplom als Sportlehrer, bevor er sich entschied, ein kreativeres Leben zu führen. Er verbrachte fünf Jahre bei Grey, gewann mehrere Awards, kreierte seine ersten großen Kampagnen und wechselte die Agentur, um Executive Creative Director bei BMZ (Publicis) zu werden. In dieser Zeit wurde BMZ (Publicis) zur „Agentur des Jahres 1999". Nach sechs Jahren bei BMZ wechselte er die Agentur und ging für zwei

Jahre ebenfalls als Executive Creative Director zu Red Cell (WPP). Ende 2004 kam Frank Dopheide zurück zu Grey – um dort Chairman zu werden. Der erste Kreative in über 50 Jahren an der Spitze der zweitgrößten Werbeagentur Deutschlands. In seinen ersten beiden Jahren als Chairman gewann Grey 2005 einen Gold Effie in Deutschland und einen in Europa. Er gewann Awards weltweit, unter anderem einen Bronze Lion in Cannes, und Grey sprang im Kreativranking unter die Top 10. International wurde Grey Europe, Middle East & Africa vier Mal in Folge als „Agency Network of the Year" ausgezeichnet. Frank Dopheide war Mitglied des weltweiten Grey Global Creative Council.

Im Januar 2011 hat Frank Dopheide die Deutsche Markenarbeit gegründet. Auf der Düsseldorfer Königsallee kümmert er sich nun um Menschen als Marken und ist zudem ins Board der Scholz & Friends Holding (Commarco) berufen worden.

www.deutschemarkenarbeit.de

50plus-Models in der Werbung

Experten-Interview mit Nicola Siegel, Siegel Models Berlin

Sind Kunden über 50 (Models 50plus und Businesskunden 50plus) für Ihr Unternehmen relevant und warum? Wie reagieren Ihre Businesskunden auf das Thema 50plus?

Meine Kunden sind wie branchenüblich überwiegend jüngeren Semesters. Es hat schon einige Jahre gedauert, bis eine klassische „apfelkuchenbackende Omi" auch mit den richtigen Altersangaben in den Ausschreibungen gesucht wird, nämlich 70plus. Fast alle gewünschten „Omis" unter 70 Jahren färben sich die Haare, haben moderne Frisuren und kleiden sich sehr zeitgemäß.

Eine junge Werberin fragte mich vor ein paar Jahren noch, ob ich liebe grauhaarige „Omis" ab 45 hätte? Ich musste sie sehr lange darüber aufklären, dass die grauhaarigen Bilderbuch-Großmütter generell erst ab Ende 60 und bei 70plus zu finden sind. Die modernen Großeltern 50plus treiben viel Sport, oft mehr als die eigenen Kinder und nehmen an fast allen Aktivitäten des Lebens teil und sind allein deshalb für die Werber eine immer spannender werdende Zielgruppe.

Generell sind 50plus-Models, Männer wie Frauen, gefragter denn je, für alle Produkte, die es zu kaufen gibt, insbesondere natürlich Markenprodukte die teurer sind, da gerade die älteren Konsumenten bekanntermaßen sehr markenorientiert einkaufen.

Gibt es in Ihrem Unternehmen ein Marketing- oder Vertriebskonzept, das sich speziell mit der Zielgruppe Best Ager beschäftigt? Falls noch nicht – warum nicht? Ist es in Planung?

Interessant ist ja, dass Amerikaner und Engländer die Begriffe Best Ager, Silversurfer etc. gar nicht kennen und sie sich immer kaputt lachen, wenn ich darüber spreche, das haben sich die deutschen Marketingleute wohl so ausgedacht. Mein Konzept war seit Gründungsbeginn vor acht Jahren auf die ältere Generation ausgelegt, deshalb ist dieser Schwerpunkt auch mein Vertriebskonzept. Die Nachfrage nach Best Agern wächst von Jahr zu Jahr und die Agenturkonkurrenz natürlich auch.

Wie sprechen Sie Best Ager in der Werbung, in der Kommunikation nach außen konkret an? Beispiele und exemplarische Kampagnen?

Ich präsentiere auf meiner Agenturseite mit ca. 70 Prozent Models ab 40 Jahren und präsentiere absichtlich meine Models auch altersmäßig gemischt und nicht nach Altersgruppen vorsortiert und aufsteigend wie viele andere Model-Agenturen, damit ich hier variabler bin, was das sogenannte Spielalter angeht, was oft nicht mit dem echten Alter übereinstimmt.

Meine Models möchte ich auch nach außen als *eine* Truppe präsentieren und nicht die Älteren in die letzte Kategorie 70plus oder Ähnliches „verfrachten". Ich habe nur einen

Querschnitt meiner ca. 1.300 Models jeden Alters im Netz und mache lieber individuelle Angebote und halte nichts von einem anonymen katalogisierten Online-Geschäft. Ich möchte den Kunden lieber individuell beraten, ihn vielleicht auch auf neue Ideen bringen und zu ihm eine persönlichere Geschäftsbeziehung herstellen.

Wo sehen Sie Nachholbedarf und „offene Baustellen" in der Zielgruppenansprache 50plus?

Bis heute wissen immer noch sehr viele in der Werbung tätigen Menschen nicht, wie ältere Menschen, insbesondere Großeltern, heute aussehen. Und viele Werber haben für Darsteller ab 80 Jahren aufwärts kleinere Gagen angesetzt als für Mitte 30-Jährige. Das halte ich für eine diskriminierende Unverschämtheit und da kämpfe ich für höhere Gagen.

Wie begeistert Ihr Unternehmen insbesondere Best Ager? Was machen Sie konkret, um 50plus-Kunden als Stammkunden zu halten und gezielt zur positiven Weiterempfehlung zu nutzen, und um neue Kunden 50plus zu gewinnen?

Persönliche individuelle Beratung ist das A und O. Sehr viele andere Agenturen arbeiten über anonyme Online-Selbstbedienungs-Konzepte.

Sind Beratung und Verkauf im Bereich der Best Ager anders zu gestalten als für andere Zielgruppen?

Ja, da man die älteren Models mit ihren Fähigkeiten, individuellen Belastbarkeiten, ihrer Flexibilität etc. nur gut einschätzen kann, wenn man alle auch persönlich kennt.

Wird Ihr Beratungsteam auf die Herausforderungen dieser anspruchsvollen Klientel 50plus sensibilisiert und trainiert?

Learning by doing ...

Wie konkret wirkt sich der demografische Wandel auf die Produktportfolio-Struktur in Ihrem Unternehmen aus?

Bin darauf spezialisiert.

Wie konkret wirkt sich der demografische Wandel auf die Personalentwicklung (Einstellungen, Schulungen, Altersdurchschnitt etc.) in Ihrem Unternehmen aus?

Das hat keinerlei Auswirkungen, ich arbeite gerne mit jungen Mitarbeitern, da meine Kunden auch jung sind.

Ihre persönliche Vision und Ihre Gedanken zum Thema „Marktmacht 50plus"?

Ich denke, dass die allgemeine Wirtschaftskrisenzeit die „Marktmacht 50plus" ein wenig gedämpft hat. Viele meiner älteren Models, die sich von ihren Gagen bisher schöne Urlaube etc. geleistet haben, stecken nun ihre Einkünfte in ihre Kinder und Enkelkinder. Die eigenen Kinder sind entweder chronisch schlecht bei Kasse oder gar arbeitslos.

Ich schaue aber, dass meine „70plus-Omis" nicht komplett ihre Gage verschenken, sondern, dass sie sich auch mal ein feines Essen oder ein schickes Hütchen oder Ähnliches leisten sollen. Da muss ich dann immer etwas schimpfen und einige werden auch richtig von den Kindern oder Enkelkindern „ausgenommen" oder mit Liebesentzug bestraft, wenn nichts „rüberkommt". Harte Welt!

Fotografen und Regisseure arbeiten sehr gerne mit Best Agern, da sie extrem zuverlässig sind, ausgeschlafen am Set erscheinen und während der Arbeit auch oft belastbarer sind als die jüngeren Kollegen. Für sie sind diese Jobs nicht nur Arbeit, sondern viel Freude, Abwechslung und ein echter *Event* sozusagen.

Interview-Partnerin

Fotografin: Jasmyn Carmen Hoffmann

Nicola Siegel steht als geschäftsführende Inhaberin für das Label **SMB S**iegel – **M**odels – **B**erlin. Die erfahrene Unternehmerin studierte Kommunikationswissenschaft und Werbepsychologie in München und führt seit 1989 ihr eigenes Medienbüro in Berlin. Sie produzierte Werbespots, Imagefilme und Image-Clips im In- und Ausland. Für internationale TV-Spots und Fotoproduktionen stand die Agentin selbst viele Jahre vor der Kamera. Die Agentur SMB hat sich insbesondere auf die Vermittlung von sogenannten Seniormodels 50plus spezialisiert.

www.siegelmodelsberlin.de

Wie und wo erreicht Werbung die Best Ager?

Julia Gundelach, w&v-Media Group München

Best Ager müsste man sein: Man wäre bald deutlich in der Überzahl (2060 wird es laut statistischem Bundesamt fast so viele 80-Jährige wie unter 20-Jährige geben), hätte eine überdurchschnittlich hohe Kaufkraft und gelte als Traumzielgruppe der Werbungtreibenden. Und das Beste: Man würde nicht mit Werbebotschaften überschüttet, nicht vollgespamt und zugeballert. Denn auch wenn Best Ager als eine der lukrativsten Zielgruppen gelten, und Medien und Werbungtreibenden das sehr wohl bewusst ist, scheint doch kaum einer eine klare Strategie zur Ansprache der Zielgruppe 50plus zu verfolgen. Ein paar grauhaarige Testimonials und größere Buchstaben reichen eben nicht, um die anspruchsvollen „jungen Alten" nachhaltig zu begeistern und für sich gewinnen zu können.

Best Ager ist nicht gleich Best Ager

Das Problem ist die Abgrenzung der Zielgruppen. Wer 50 wird, der feiert nicht nur ein großes Fest, sondern fällt von einem Tag auf den anderen aus der sogenannten werberelevanten Zielgruppe 14 bis 49 – raus aus dem Fokus der großen Kampagnen und hinein in die Welt der Best Ager. Doch die ist mindestens genauso heterogen wie die Welt der 14- bis 49-Jährigen. Denn Best Ager ist nicht gleich Best Ager!

Die Media-Agentur *Carat* hat dazu in einer Studie sechs unterschiedliche Typen von „erfahrenen Konsumenten" von 40 bis 69 ausfindig gemacht, die sich gewaltig in ihrem Konsum- und Medienverhalten unterscheiden:

- Den größten Teil unter ihnen machen die „Zurückhaltenden" aus (22 Prozent). Sie sind Werbung gegenüber wenig aufgeschlossen, leben eher zurückgezogen und sind wenig aktiv. Für Werbungtreibende sind sie schwer zu erreichen, denn sie nutzen kaum Medien.

- 21 Prozent sind „Dynamische", sie sind für Werbungtreibende interessanter: Sie sind offen für Werbebotschaften, extrem qualitätsbewusst und konsumfreudig. Sie sind aktiv, lebensfroh und interessiert an kulturellen Ereignissen. Sie nutzen insbesondere Zeitungen und das Radio.

- 18 Prozent gehören zu den „Souveränen": Sie sind zwar eher skeptisch, was Werbung angeht, dafür aber sehr qualitätsbewusst. Sie sind ehrgeizig, sozial kompetent und sehr interessiert, was sich auch in ihrem starken Zeitungskonsum bemerkbar macht.

- Die „Eingeschränkten" (17 Prozent) sind eher bescheiden und auf ihre eigene Familie beschränkt, und damit nicht im Fokus der Unternehmen. Wenn sie überhaupt Medien nutzen, dann die Zeitungen.

- Jeweils elf Prozent gehören den „Tatkräftigen" und den „Ausgeglichenen" an. Beide sind offen für Werbung und verbringen gerne Zeit mit Freunden oder sportlichen Aktivitäten. Beide nutzen Printmedien intensiv.

Wichtig ist es, die Zielgruppe nicht über einen Kamm zu scheren

„Nicht das Alter macht die Gruppe für das Marketing interessant, sondern das Komsumverhalten und die Konsumfähigkeit", sagt der Media-Experte Willibald Müller, Managing Director bei *Carat* in Wiesbaden. „Allgemein können 40- bis 69-Jährige besonders gut über Zeitungen, Zeitschriften, Radio und TV angesprochen werden".

Immer wieder lebt auch die Debatte um die aus den 90er-Jahren stammende Zielgruppenabgrenzung der 14- bis 49-Jährigen auf, ändern tut sich offenbar nichts. Denn sucht man Kampagnen, die gezielt Ältere ansprechen, sucht man häufig vergeblich und stößt nur immer wieder auf die ewig gleichen Beispiele wie *Dove* & Co. Und das, obwohl ihr Anteil in der Bevölkerung stetig steigt.

Die großen Kampagnen sind nicht für Best Ager gemacht

Sieht man sich die Gewinnerkampagnen des diesjährigen Advertising-Festivals in Cannes an, sieht man große integrierte Ideen, die die Verbraucher einbeziehen. *Twitter, Facebook* oder *Youtube* dürfen da nicht fehlen, große, knallige und laute Markeninszenierungen genauso wenig. Zielgruppe: Hip und jung. Dass man mit solchen Aktionen auch Best Ager gewinnen kann, sehen viele nicht. Auch Best Ager können zu Markenfans gemacht werden, auch sie sind in der digitalen Welt zu Hause. Dem jüngst veröffentlichten (N)Onliner-Atlas der Initiative D21 zufolge verzeichnet die Altersgruppe 50plus mit 4,7 Prozentpunkten das höchste Wachstum unter den Internetnutzern. Weit über die Hälfte der Best Ager ist heute online. Bei den 50- bis 59-Jährigen sind es 71,8 Prozent, bei den 60- bis 69-Jährigen immer noch 54,0 Prozent. „Menschen involvieren, Dialog fördern, Themen, Inhalte und Mehrwerte schaffen und auf die Zielgruppe ausrichten", das ist es, worauf es ankommt – auch bei der Ansprache von Best Agern, sagt der Geschäftsleiter Volker Neumann von der Hamburger Media-Agentur *JOM Jäschke Operational Media*. „Lediglich die belegten Zeitschriftentitel zu verändern oder TV-Umfelder anzupassen, reicht in der Mediaplanung nicht aus". Werber und Planer selbst sind eben deutlich unter 50, das Durchschnittsalter in der Kommunikationsbranche beträgt gerade einmal 34 Jahre, wie der Gesamtverband der Kommunikationsagenturen (GWA) in der HRM Studie 2009 gemessen hat.

Alle werden älter - aber die Alten werden jünger!

Was Best Ager wollen, sind eingängige Botschaften, die keine leeren Versprechungen sind, sondern Mehrwert bieten. Ästhetik spielt eine wichtige Rolle, ebenso wie Stil und Design. Ein Handy mit extragroßen Tasten kann praktisch sein, wenn man schlecht sieht. Ein *iPhone* lässt einen aber um Jahre jünger aussehen – und fühlen. Und Best Ager sind nicht alt, und wollen auch gar nicht erst so bezeichnet werden. Marken müssen es schaffen, nicht von dem schmalen Grat zwischen „jungen Alten" und Senioren abzuweichen. Dazwischen liegen Welten. Mediaplaner sollten daran denken, dass es zum Beispiel Zeitschriften für „Alte" nicht gibt. Denn alle werden älter – aber die Alten werden jünger!

So ist der Durchschnittsleser der zehn auflagenstärksten Zeitschriften in Deutschland über 48 Jahre alt. Die werberelevante Zielgruppe hat hier also im nächsten Jahr nicht mehr viel zu sagen. Man sieht: Die Best Ager sind keine außergewöhnliche Zielgruppe, die man nur mit speziellen Medien erreicht. Im Gegenteil. Sie sind überall. Und werden mehr und mehr. Sie wollen nur ernst genommen werden. Richtig gut macht das zum Beispiel *McDonald's* mit *Mc Café*. Die Café-Kette wollte vermehrt die Zielgruppe 50plus anlocken, das Ergebnis waren Anzeigen, die vor allem eins ausstrahlten: Seriosität. Mit gedeckten Farben, klarem Design und deutlicher Botschaft, die sich auch in den Cafés wiederfinden, ließ sich die Zielgruppe hier mit Sicherheit gerne von etwas Neuem überzeugen. Auch die Reiseanbieter sind in der Ansprache der Best Ager einen Schritt weiter als viele andere. *Thomas Cook* oder *Robinson Club* wenden sich in eindeutigen Anzeigenmotiven direkt an die Zielgruppe über 50. Und die findet es gut, zeigt auch der diesjährige „Best Age Award" vom *Bauer Verlag*. Bei dem Preis kann die Zielgruppe selber über Anzeigenmotive aus verschiedenen Branchen abstimmen – gewonnen hat ein Motiv aus der Touristik-Sparte. Daran dürfen sich auch all die anderen Branchen gerne ein Beispiel nehmen, denn an der Zielgruppe 50plus kommt in den nächsten Jahren garantiert keiner mehr vorbei.

Die Autorin

Foto: Achim Kraus

Julia Gundelach ist Redakteurin bei der Fachzeitschrift Werben & Verkaufen (w&v), wo sie schwerpunktmäßig den Bereich Studien koordiniert. w&v ist das führende wöchentliche Magazin der Kommunikations- und Medienbranche. Da Zielgruppen ein wichtiges Thema in w&v sind, werden regelmäßig neue Erkenntnisse über Best Ager beschrieben. Bereits während ihres BWL-Studiums hat Julia Gundelach ein Praktikum bei – damals noch – media & marketing absolviert. Dort bestand eine ihrer ersten Aufgaben in der Organisation eines Roundtable-Gesprächs zum Thema Best Ager.

www.wuv.de

Warum die Über-50-Jährigen die Generation der Zukunft sind - eine Zielgruppenbeschreibung

Clarissa Moughrabi, Bauer Media Group Hamburg

„Best Age", damit wird die Lebensphase jenseits der 50 bezeichnet. 31,57 Millionen Menschen sind im „besten Alter" – davon allein 20,69 Millionen 50- bis 69-Jährige (vgl. *Verbraucheranalyse 2010*) – und die bieten für Gesellschaft, Wirtschaft und Politik aktuell Chance und Herausforderung zugleich: Know-how, Kaufkraft und Agilität einerseits, gesellschaftliche Überalterung und drohender finanzpolitischer Kollaps andererseits. Wer sind nun diese Best Ager, die so relevant sind?

Knapp 50 Prozent der 50- bis 69-Jährigen sind voll oder teilweise berufstätig. Mit 2.404 Euro netto im Monat verfügen sie heute über 200 Euro mehr in der Tasche als noch vor fünf Jahren (Hinweis: eingeschränkte Vergleichbarkeit aufgrund Erweiterung der Grundgesamtheit). Damals wie heute entspricht ihr Einkommen dem deutschen Durchschnitt. Das wirklich Spannende ist aber, dass 36,3 Prozent nach wie vor an Geldanlagen interessiert sind, und damit liegen sie nur knapp hinter den 30-bis 49-Jährigen (40,1 Prozent). 60,2 Prozent der Best Ager sparen sogar im Alter jeden Monat eine feste Summe (vgl. *Verbraucheranalyse 2006-2010*).

Abbildung 3.5: Haushalts-Nettoeinkommen

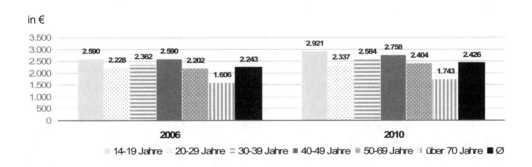

Quelle: Verbraucheranalyse 2006-2010, Basis Gesamtbevölkerung ab 14 Jahre, Achtung: eingeschränkte Vergleichbarkeit aufgrund Erweiterung der Grundgesamtheit!

Abbildung 3.6: Sparanteil des Haushalts-Nettoeinkommens

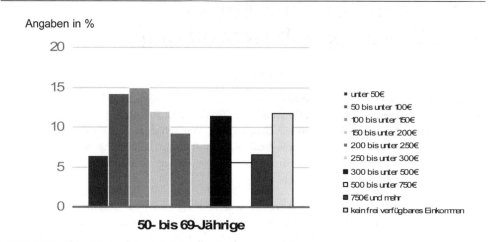

Quelle: Verbraucheranalyse 2010, Basis Gesamtbevölkerung ab 14 Jahre (70,51 Millionen), Zielgruppe: 50- bis 69-Jährige (20,69 Millionen)

Beim Einkauf achten 34 Prozent auf Ökoprüfsiegel, und für 27,3 Prozent gehören Natur- oder Bioprodukte in den Warenkorb, auch wenn sie teurer sind. 82 Prozent der Best Ager haben ein ausgeprägtes Ernährungsbewusstsein, und 15,6 Prozent gehen gezielt im Reformhaus einkaufen. Genuss und Abwechslung in der Küche spielen ebenso eine wichtige Rolle in ihrem Leben: 54,3 Prozent kochen sehr gern und 44,6 Prozent probieren neue Rezepte aus (vgl. *Verbraucheranalyse 2010*).

Neben naturreinem Essen ist auch ein schönes Zuhause für Best Ager wichtig: 63 Prozent beschäftigen sich mit der Verschönerung ihrer vier Wände, und 52 Prozent achten bei der Wohnungseinrichtung mehr auf die Qualität als auf den Preis. Größere Kaufentscheidungen werden bei 78 Prozent im „Familienrat" getroffen (vgl. *Verbraucheranalyse 2010*).

Best Ager sind Experten in Sachen Gesundheit und werden bei medizinischen Dingen häufig um Rat gefragt (41,4 Prozent). Vorsorge- und Früherkennungsuntersuchungen gehören für 73,5 Prozent selbstverständlich zum Leben, denn Best Ager wünschen sich eine Verbesserung oder zumindest den Erhalt der Lebensqualität. 71,5 Prozent lesen daher gern oder sehr gern Gesundheitsthemen und -tipps. Ausgerüstet mit dem Wissen greift die Hälfte bei Krankheit mittlerweile zu Naturheilmitteln und Homöopathie.

Best Ager gestalten ihre Freizeit vielfältig: 52,6 Prozent arbeiten gern/sehr gern im Garten. Knapp die Hälfte geht (sehr) gern wandern und 39,4 Prozent sind Heimwerker. Kulturelles Leben ist für 57,8 Prozent wichtig oder sehr wichtig: dazu zählen Theater und Konzerte sowie der Besuch von Museen und Ausstellungen. Lesen gehört für Best Ager einfach zum Leben dazu: 85,6 Prozent lesen Tageszeitung, 75,8 Prozent Zeitschriften und 57,2 Prozent Bücher (vgl. *Verbraucheranalyse 2010*).

Abbildung 3.7: Leseinteressen

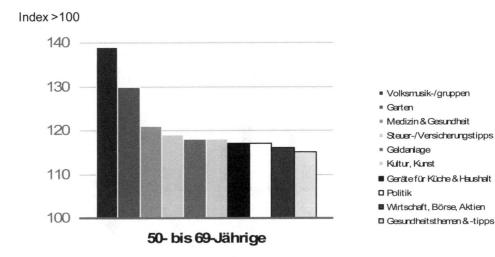

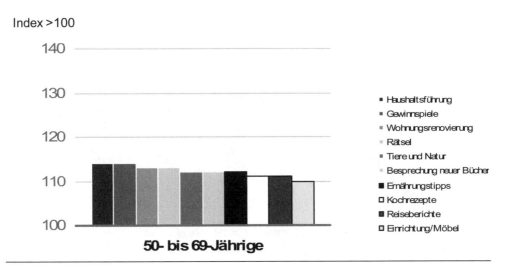

Quelle: Verbraucheranalyse 2010, Basis Gesamtbevölkerung ab 14 Jahre (70,51 Millionen), Zielgruppe: 50- bis 69-Jährige (20,69 Millionen)

41,4 Prozent der Best Ager empfinden Werbung in Zeitungen/Zeitschriften als unterhaltend und über 50 Prozent sogar als nützlich, hingegen wird Werbung im TV eher als störend oder lästig wahrgenommen (vgl. *Verbraucheranalyse 2010*).

Abbildung 3.8: Aussagen zu Werbung

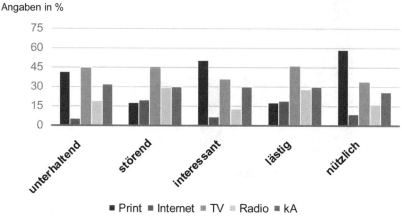

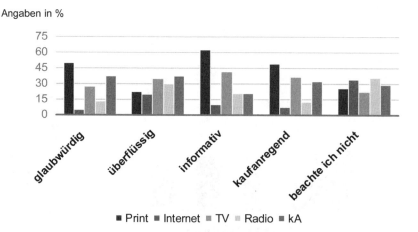

Quelle: Verbraucheranalyse 2010, Basis Gesamtbevölkerung ab 14 Jahre, Zielgruppe: 50- bis 69-Jährige (20,69 Millionen)

Und, sie haben ihr eigenes Informationsbedürfnis. Der „Best Age Award" der Bauer Media Akademie – in Zusammenarbeit mit *feier@bend.de* und Prof. Dr. Lars Harden (aserto Kommunikationsanalysen und Beratung) – prämierte 2010 bereits zum dritten Mal Anzeigen, die bei Best Agern besonders gut ankamen. Dafür wurden 150 Anzeigen aus den Branchen Beauty, Health, Commodity, Living, Fashion, Mobility, Finance, Technology & Innovation, Food und Tourism von insgesamt 1.389 Befragten im Alter von 50 bis 69 Jahren getestet. Neben dem persönlichen Gefallen wurden der jeweilige Informationsimpuls, die Kaufneigung und die Überzeugungsleistung („Ich würde das Produkt weiterempfehlen") erhoben.

Wer Best Ager für sich gewinnen will, sollte sich die spezifischen Zielgruppenanforderungen zu Herzen nehmen:

- Best Ager suchen Lebensfreude und Genuss und schätzen daher Anzeigen, die frisch, fröhlich und vital wirken.

- Dem Jugendwahn entziehen sie sich jedoch: Werbung für Anti-Ageing sowie dem Einsatz von jungen Models stehen sie skeptisch gegenüber, hingegen wirken Selbstbewusstsein im Alter und Natürlichkeit ansprechend.

- Best Ager erwarten, ernst genommen zu werden: Werbung wird kritisch hinterfragt. Gütesiegel wecken Vertrauen und erhöhen die Glaubwürdigkeit.

- Botschaften sollten klar und einprägsam sein, am besten gepaart mit Humor und Originalität.

- Ein übersichtlicher Aufbau und ein reduzierter Einsatz gestalterischer Elemente ermöglichen Best Agern einen schnellen Zugang zur Anzeige.

(Best Age Award, Bauer Media Akademie, 2010).

Neben der individuellen Ansprache sollte nicht vergessen werden, dass jede Best-Ager-Generation auch ein Kind ihrer Zeit ist, sie prägt maßgeblich das Denken, Handeln und Fühlen. Jede nachkommende Best-Ager-Generation weist somit ihre eigene Prägung auf und unterscheidet sich von ihrer Vorgängerin. Während die einen noch gegen den Mief der Nachkriegszeit aufbegehrten, so profitierten die nachfolgenden bereits von zunehmender Toleranz, Freiheit und Offenheit in der Gesellschaft (*Das Lebensgefühl der Best Ager, Bauer Media, 2007*).

Best Ager sind jung im Geist, aktiv und konsumfreudig. Ein Vorbeikommen ist nahezu unmöglich und unnötig, denn welche Branche kann und will schon auf eine so große und vor allem so attraktive Zielgruppe verzichten?

Die Autorin

Clarissa Moughrabi verantwortet seit 2006 als stellvertretende Leiterin den Bereich Marketing & Research innerhalb der Bauer Media in Hamburg. Die studierte Kommunikationswissenschaftlerin war in den 90er Jahren Pionierin der ersten Privatradios in Österreich. In Deutschland führte sie ab 2000 nationale und internationale Werbeetats und war zuletzt stellvertretende Geschäftsführerin der Media-Agentur Mediacom in Düsseldorf. Die Bauer Media Group zählt zu Europas führenden Zeitschriftenverlagen. Sie publiziert 323 Zeitschriften und 109 Online-Produkte in 15 Ländern und beschäftigt rund 8.000 Mitarbeiter. Allein in Deutschland gibt das Medienunternehmen 54 Zeitschriften heraus und erreicht 48 Prozent der über 50-Jährigen (15,23 Millionen).

www.bauermedia.com

50plus im Internetrausch? Warum Ältere immer noch zögerlich ins Internet gehen

Markus Kruse, Software4G St. Leon-Rot

Während mittlerweile bereits fast 75 Prozent der Bundesbürger das Internet nutzen, ist die Nutzung in der Generation ab 50plus immer noch vergleichbar gering. Laut aktuellen Studien ist nur gut jeder zweite Bundesbürger (52,5 Prozent) über 50 Jahren online. ((N)Onliner Atlas 2011, Initiative D21) Zwar ist in den letzten Jahren ein stetiger Zuwachs bei den Internetnutzern, insbesondere in der Altersgruppe 60 bis 69 Jahre zu verzeichnen, allerdings liegen die aktuellen Nutzerwerte dieser Altersgruppe (57,3 Prozent) nach wie vor weit unter dem Durchschnitt aller Altersgruppen. Schlüsselt man die Internetnutzung in der Altersgruppe 50plus nach Geschlecht auf, wird zudem deutlich, dass der Frauenanteil bei den Internetnutzern deutlich unter den Männern liegt (zum Beispiel fast 20 Prozent Differenz bei über 60- und 70-Jährigen).

Internet: Wissensquelle und Kontaktplattform

Dabei bieten das Internet und der Computer gerade für die Generation 50plus äußerst interessante Aspekte: Wer heute über die modernen Medien wie E-Mail und Skype™ verfügt, kann so auch über große Distanzen hinweg, im Falle von E-Mail auch asynchron, mit den jüngeren Generationen kommunizieren. Probleme wie beispielsweise die zunehmende Vereinsamung von älteren Menschen können so teilweise vermieden werden. Zudem ist das Internet bekannterweise gerade auch für Themen wie Krankheit und Gesundheit eine unendliche Quelle des Wissens.

Die Gründe für die immer noch recht zögerliche Internetnutzung in der Altersgruppe 50plus sind unterschiedlich. Zum einen sind sich die Senioren des Nutzens und der Chancen nicht immer bewusst. Zum anderen besteht nach wie vor Angst im Umgang mit dem „modernen" Instrument Computer.

BEN - ein generationsübergreifendes Produkterlebnis - für mehr Lebensqualität!

Hier genau setzt das junge Start-up-Unternehmen Software4G aus St. Leon-Rot (bei Heidelberg) an. Mit BEN hat Software4G eine Gesamtlösung entwickelt, mit deren Hilfe Menschen ohne PC-Kenntnisse das Internet nutzen können. Große und gut beschriftete Tasten, eine sehr einfache und übersichtliche Benutzerführung, altersgerechte Anwendungen und Vergrößerungsfunktionen an vielen Stellen bieten den reiferen PC-Benutzern einen schnellen Einstieg in die Online-Welt und führen auf diese Weise zu schnellen Erfolgserlebnissen. In Verbindung mit einem Computer mit Touchscreen wird die Nutzung des PC damit fast zum Kinderspiel.

Neben der sehr intuitiven Benutzeroberfläche bietet die BEN-Lösung zusätzlich auch ein Portal im Internet an, über das (auf Wunsch) Kinder bzw. Enkelkinder Einstellungen vornehmen und Inhalte hinterlegen können. So lassen sich auch in unserem schnelllebigen Internet-Zeitalter über räumliche Distanzen und Zeitzonen hinweg, weiterhin familiäre Bindungen und soziale Kontakte pflegen. Kinder oder Enkelkinder können so auf einfache Weise Fotoalben anlegen und kommentieren und dadurch ihre Eltern über die Ferne am eigenen Leben teilhaben lassen.

Abbildung 3.9:   BEN mit Seniorin

Abbildung 3.10:   BEN – generationenübergreifendes Produkterlebnis

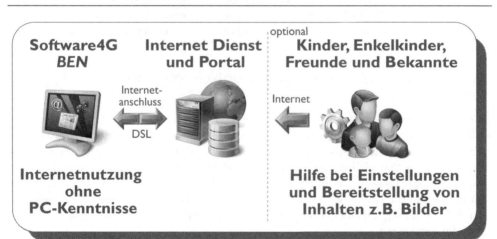

Der Autor

Markus Kruse gründete 2009 die Software4G GmbH in St. Leon-Rot. Ziel von Software4G ist es, das Internet für mehr Menschen einfacher zugänglich zu machen, um sie dadurch über Generationen und Entfernungen hinweg miteinander zu verbinden – mit „Software for Generations".

www.software4g.com

4 Verkaufen an Best Ager

Produkte müssen heutzutage im Ageless Design sein, um bei Best Agern und jüngeren Zielgruppen gleichermaßen Erfolg zu haben. Gefordert sind Funktionalität, Design, einfaches Handling, Problemlösung. Wie man mit Menschen im besten Alter im Handel oder Einzelhandel, als Berater oder Verkäufer umgehen sollte, davon handeln die folgenden Beiträge. Zunächst einige Fakten und Trends im Überblick.

Fakten:

Die folgenden Zahlen stammen überwiegend aus der Automobilindustrie, einer der größten Boom-Branchen im Best-Ager-Markt.

- Kunden 50plus kaufen über 45 Prozent aller Neuwagen, das sind deutlich mehr, als es ihrem Bevölkerungsanteil entspricht.
- Sie kaufen über 80 Prozent aller Neuwagen der Top-Automarken.
- Best Ager kaufen nicht ihr erstes Auto, sondern vielleicht schon das zehnte oder zwölfte Auto in ihrem Leben – sind also äußerst erfahrene und immer wieder neu zu begeisternde Kunden.
- Sie bleiben immer weniger ihrer bisherigen Marke treu und probieren gerne Neues aus.
- Neuwagenkäufer werden immer älter: Inzwischen sind sie nach einer aktuellen Studie der *Universität Duisburg-Essen* im Schnitt fast 51 Jahre alt. Vor 15 Jahren lag der Schnitt noch bei 46 Jahren. Das hat Folgen für das Straßenbild: Ältere Menschen lieben Stufenheck- und Großraumlimousinen sowie Wohnmobile. Coupés und Cabrios oder Familienkombis werden damit auf Dauer seltener, sagt zumindest der Autor der Studie, *Prof. Dr. Ferdinand Dudenhöffer*, voraus. Außerdem würde die Autonachfrage insgesamt zurückgehen. Anmerkung: Bezüglich Cabrios und Coupés bin ich hier anderer Meinung – ich bin davon überzeugt, dass beide Typen eher zulegen werden, denn Best Ager wollen ihr Leben genießen, sich ihre Träume erfüllen und lieben das Oben-ohne-Fahrgefühl wie kaum eine andere Altersgruppe, und können es sich leisten.
- *Prof. Dr. Dudenhöffer* sieht einen wachsenden Markt bei Fahrerhilfssystemen, wie beispielsweise Abstands-, Spurhalt- und Notbremssysteme bis hin zum ferngesteuerten Fahren mit anspruchsvollen und komfortablen Angeboten. Er sagt: „Wir sind auf dem Weg zum autonomen Fahren – wir können uns gut den 100-jährigen Autofahrer vorstellen."
- Das Durchschnittsalter der Konsumenten von Luxus- und Premium-Automobilen beträgt:
    - Porsche-Fahrer: 57,1 Jahre
    - Jaguar-Fahrer: 56,5 Jahre
    - Mercedes-Fahrer: 56,1 Jahre

- Bentley-Fahrer: 55,7 Jahre
- Lexus-Fahrer: 55,0 Jahre
- BMW-Fahrer: 52,0 Jahre
- Audi-Fahrer: 50,9 Jahre
- VW-Fahrer: 50,7 Jahre
- Ford-Fahrer: 47,8 Jahre
- Harley-Davidson-Fahrer: 52 Jahre

(Raufeld/Waszelewski, Car-Universität Duisburg-Essen, Zeitraum 01-07 2010)

- Luxus- und Konsumgüter werden zunehmend zum Ausdruck von Individualität, Selbstverwirklichung und Persönlichkeit gekauft.
- 50plus sind potenzielle Premiumkäufer und „Luxury Shopper".
- Wertigkeit, Komfort und Design sind zunehmend gefragt.
- Gehobene Fachgeschäfte mit ansprechendem Ambiente werden bevorzugt.

Prognosen:

- Der Kunde will umsorgt, verwöhnt, gesehen, begehrt werden und zahlt dafür gerne – wenn alles authentisch und stimmig ist.
- Das Premium-Segment wird stärker nachgefragt werden, Best Ager wollen mit viel Gegenwert fürs Geld, schönes Design, Ästhetik und Benutzerfreundlichkeit.
- Individuelle, ausgefallene Servicekonzepte rund um die Produkte werden bestens funktionieren und Mehrwert beachtlichen Ausmaßes für die Firmen generieren.
- Im Jahr 2015 werden mehr als ein Drittel aller Autokunden 60plus sein.

Wandel im Handel - ein Plädoyer zum Umdenken

Martina Berg, Image 50plus München

Sie werden immer mehr – die Menschen der Generation 50plus. Die intensive Beschäftigung mit dieser Zielgruppe zeigt auf, dass sich die meisten Menschen etwa sieben bis zehn Jahre jünger fühlen, als sie kalendarisch sind. Wer die 50 überschreitet, denkt nicht daran, sich langsam zur Ruhe zu setzen, ganz im Gegenteil.

Diese Zielgruppe als Kunden zu erreichen und sie als Personal zu halten, wird vom Handel noch nicht überall verstanden. Der Handel reagiert bislang überwiegend mit Beschäftigungsabbau und versucht dabei, durch niedriger entlohnte Arbeitskräfte lebenserfahrene und beim Kunden bekannte und beliebte Kräfte zu ersetzen.

Die Kunst des Handels besteht darin, die Wünsche, Bedürfnisse und hohen Erwartungen der Zielgruppe zu kennen, werbewirksame Themen zu finden, eine unkomplizierte und einprägsame Sprache zu sprechen. Empfehlenswert ist es, Kundenberater auf Augenhöhe einzusetzen und diese zu fördern.

Beraterkompetenz

- **Bad Practice:** In Bekleidungsgeschäften stehen wir häufig Verkäufern im Alter zwischen 20 und 30 Jahren gegenüber. Sie erklären ihren Kunden was „hip, trendy, geil und cool" ist. Bei dieser Sprachregelung fühlt sich kein Kunde im Alter von 50 adäquat angesprochen. Im Gegenteil: Hier fühlt sich der Kunde fehl am Platz und stellt leider fest, dass er nicht mehr up to date ist – angeblich.

- **Best Practice:** Ein Herr sucht für seinen sechzigsten Geburtstag einen neuen Anzug – dieser soll ihn attraktiv wirken lassen, sein Bäuchlein kaschieren und aus dem Herrn einen Gentleman machen. Optimal und kompetent wirkt hier ein Kundenberater im ähnlichen Alter – also Beratung auf Augenhöhe. Aktuelles Fachwissen und Fingerspitzengefühl sind in der Beratung absolutes Muss. Personal mit Berufs- und Lebenserfahrung sollte hier zum Einsatz kommen. Mitarbeiter dieses Alters sind sensibel und offen für die Kundenbedürfnisse 50plus. Und ganz wichtig: Sie wissen, wo der Schuh drückt.

Optische Kompetenz der Verkäufer

- **Bad Practice:** Der Filiale einer bekannten Bekleidungsmarke mitten in München unterläuft in Bezug auf die eigenen Mitarbeiter ein gravierenden Fehler. Das weibliche Personal kleidet sich kontraproduktiv zum Outfit, das es der kauffreudigen Kundin zu empfehlen gilt. Selbst die Filialleiterin kleidet sich in Flip-Flops, kurzen Leggings und Hänge-T-Shirt. Ganz abgesehen davon, dass das Alter der Filialleiterin weder mit der Geschäftsphilosophie des Unternehmens noch mit dem hauptsächlichen Kundenstamm harmoniert.

- **Best Practice:** Das Personal sollte das ausstrahlen, was sich der Kunde beim Kauf der neuen Kleidung wünscht: Attraktivität, Lebendigkeit und ein positives Auftreten. Jeder

Mitarbeiter eines Bekleidungsgeschäftes muss in Bezug auf Farbe, Stil und Form geschult sein und dieses Know-how durch seine Ausstrahlung vermitteln. Es ist an der Zeit, dass die Mitarbeiter ausgebildet werden, und zwar nicht nur in „Stoffkunde", sondern vor allem was die eigene optische Kompetenz betrifft. Ein Mitarbeiter, der das widerspiegelt, was seine Kundin sucht, wird auch schnell zum Verkaufserfolg kommen. Authentischer Auftritt ist hier gefragt und wird vom Kunden honoriert. Wert auf das Outfit und das Auftreten der eigenen Mitarbeiter zu legen ist ein weiterer Schlüssel, um sich der Generation 50plus zu nähern – und diese für sich langfristig zu gewinnen.

Kundenerwartung

Die Generation 50plus ist keinesfalls die „Senioren-Gesellschaft" – allerdings wird sie oft so betitelt. 50plus bedeutet nicht mehr ganz jung, aber auch nicht wirklich alt zu sein. Bewegung, Lebensqualität und ein gewisser Lifestyle spielen für diese Zielgruppe eine große Rolle.

Kunden 50plus erwarten einen zielgruppenorientierten Service, ein adäquates Waren- und Qualitätssortiment, Beratung auf Augenhöhe, Fachwissen über Stil, Farbe und Formen sowie ein Leistungsangebot, welches auf die speziellen Wünsche, Ansprüche und Vorstellungen individuell ausgerichtet sind. Sie erwarten zusätzlich eine zielgruppengerechte Gestaltung der Angebote, Beratungsqualität und Bequemlichkeit.

Zusätzlich sollten angenehme Sitzmöglichkeiten bzw. Verweilzonen vorhanden sein. Damit die Begleitperson sich nicht langweilt und das Interesse am Einkauf behält, sollte ein attraktiver Lounge-Bereich integriert sein.

Der Trend zum „Erlebniseinkauf" nimmt zu. Dienstleistungsverkauf mit ansprechenden Produkten ist von großer Bedeutung für die nächsten Jahre. Ist der seelische Wohlfühlfaktor dem Kunden wichtig, so sollte der Einkauf beim Kunden Geborgenheit und positive Gefühle auslösen.

Wenn der Kunde keinen besonderen Service erwartet, dann kauft er im Internet. Wenn der Handel es versteht, sich auf die „Erlebnisgesellschaft" einzustellen, wird er sogar die Erwartungen der Generation 50plus übertreffen. Nicht der zufriedene Kunde ist der Kunde der Zukunft, sondern der Kunde, der begeistert wird, bleibt ein treuer Kunde und sichert den langfristigen Unternehmenserfolg.

Personal

- **Bad Practice:** In einem renommierten Bekleidungsgeschäft suchte ich einen Schal aus einem speziellen Material. Diesen Wunsch äußerte ich gegenüber dem Verkäufer, der mir ja „helfen" wollte. Er deutete mit seinem Finger, dass ganz hinten am Ende des Verkaufsraums die Schals liegen. Ich sollte mal schauen, denn da sei bestimmt einer dabei. „Und falls nicht, dann haben wir eben keinen" (Originalton des Verkäufers). Er selbst bemühte sich wenig, mir zu helfen, denn er war damit beschäftigt, Pullover zu falten und zu sortieren …

In zahlreichen Geschäften ist immer wieder zu beobachten, dass Mitarbeiter mehr damit beschäftigt sind, T-Shirts zu falten, Waren zu sortieren und Regale zu putzen, anstatt sich beratungsintensiv und freundlich um Kunden zu kümmern.

■ **Best Practice:** Hier könnte das System einzelner Lebensmittelgeschäfte zum Einsatz kommen. Diese sind bereits dazu übergegangen, für das Auffüllen und Reinigen der Regale spezielles Personal einzusetzen. Wichtig ist gut ausgebildetes und langjährig bekanntes Personal. Ältere Mitarbeiter zu motivieren, ist für die Zufriedenheit und das „Verkaufen mit Herz" ein wichtiger Ansatzpunkt.

Einen positiven Effekt auf den Kunden hat es, wenn das Beratungspersonal mit lesbaren Namenschildern ausgestattet ist, und zwar mit Vor- und Zunamen. Hier entsteht eine gewisse Vertraulichkeit und der Kunde findet „seinen individuellen" Ansprechpartner wieder. Denn der Mensch kauft vom Menschen, und nicht vom Unternehmen – obwohl dies viele Inhaber glauben.

Kunden(un)-Freundlichkeit und Service

In einem namhaften Damengeschäft hatte ich eine Veranstaltung am Point of Sale zum Thema „Individuelle Farbberatung für Kunden" durchgeführt. Das Geschäft war sehr gut besucht und die Kunden warteten geduldig. Allerdings war das Verkaufspersonal vom plötzlichen Andrang „gestört" und schickte die Kunden zum Teil wieder weg. „Kommen Sie doch später wieder, sie sehen doch, dass gerade viel los ist." (= Originalzitat einer Verkäuferin)

Dieser Umgang mit Kunden zeigt auf, dass dieses deutschlandweit bekannte Unternehmen nicht weiß, was qualifizierte Mitarbeiter, exzellenter Service, Kundenbindung und sich von anderen abzuheben, also ein Alleinstellungsmerkmal zu haben, bedeuten.

Umfragen zufolge wurde bestätigt, dass Damen im Alter von 50plus gerne von Personal in etwa gleichem Alter beraten werden. Altersgerechtes und qualifiziertes Personal wirkt auf den Kunden glaubwürdig, vertrauensvoll und letztendlich verkaufsfördernd.

Kundengewinnung

Eine neuartige Schaufenstergestaltung, die Menschen 50plus durch entsprechende Stilrichtung und Farbkombinationen anspricht, ist ein erster Ansatz, um die Aufmerksamkeit eines Ladengeschäftes auf sich zu lenken. Das bedeutet letztendlich Dekoration für spezielles Outfit sowohl für den Business- als auch für den Freizeitbereich für 50plus-Kunden zu platzieren. Nicht die „Gammeljeans" oder der „Minirock" sind hier gefragt, sondern stilsichere Kleidung mit den passenden Farben, Formen und Accessoires lenken die Blicke auf das etwas andere Sortiment.

Eine Umfrage in einigen Großstädten Deutschlands zum Thema „Schaufenstergestaltung mit Bekleidung für Menschen 50plus" hat ergeben, dass diese Art von Werbung sowohl von Damen als auch Herren mehrheitlich begrüßt wird.

Kundenbindung

Das Thema Kundenbindung hat leider noch keinen hohen Stellenwert im Einzelhandel. Einige Geschäftsführer sind der Auffassung, dass Kundenbindung gleichzusetzen ist mit einer Kundenkarte.

Kunden 50plus schätzen es sehr, wenn man sie unmittelbar nach dem Bezahlen nicht gleich wieder vergisst. Nutzen Sie einen besonderen Erinnerungswert für Ihre Kunden. Um sich vom Markt abzuheben, braucht man eine „eigene Handschrift", ein Produkt, eine Dienstleistung, um beim Kunden in bester Erinnerung zu bleiben. Das führt natürlich zur Mund-zu-Mund-Propaganda – ein Werbemittel, welches unbezahlbar ist.

- **Best Practice:** Überraschen sie ihren Kunden mit einem besonderen Geburtstagsgeschenk. Nicht der obligatorische Geschenkgutschein bleibt in Erinnerung, aber das auf den individuellen Typ abgestimmte Seidentuch für die Dame oder der Schal für den Herrn bleiben hundertprozentig in Erinnerung.

  Veranstalten Sie spezielle Events für 50plus-Kunden. Holen Sie sich einen Kooperationspartner, eine Styling-Expertin für diese Zielgruppe, eine Visagistin im passenden Alter, die ihre Kunden stil- und farbsicher berät und kleidet. Machen Sie Fotos davon, laden Sie die regionale Presse dazu ein, und Sie erhalten Werbung, die Sie keinen zusätzlichen Euro kosten wird.

  Machen Sie Lust auf lebendigen Verkauf. Stärken Sie die Persönlichkeit und eine positive Grundeinstellung Ihrer Berater und Verkäufer. Veränderungen optimieren das Selbstvertrauen und schenken neue Perspektiven – sowohl für Kunden als auch für das Personal.

Es ist an der Zeit, neue Sicht- und Verhaltensweisen sowie zielgruppengerechte Umgangsformen in den Handel zu implementieren, damit die Zielgruppe 50plus richtig erreicht wird. Wir müssen ins Herz der 50plus-Kunden treffen, ihre Gefühle ansprechen und sie mit exzellentem und außergewöhnlichem Service begeistern.

Es ist sieben Mal teurer, einen neuen Kunden ins Geschäft zu locken, als einen Stammkunden zu halten. Unternehmen, die diese Chancen erkennen und umsetzen, werden zukünftig die Nase vorn haben – beim wachsenden, attraktiven Markt der Generation 50plus.

Die Autorin

Martina Berg – Wahl-Münchnerin – arbeitet seit über 15 Jahren als Imageberaterin. Sie ist Gründerin und Inhaberin von „Image50plus" – der ersten Imageberatung für die Generation 50plus in München. Martina Berg ist Styling-Expertin, Referentin, Trainerin in der Erwachsenenbildung und Autorin zahlreicher Publikationen. Sie unterstützt ihre Kunden mit Beratungen, Seminaren und Referaten zu den Themen Business-Etikette, Farbpsychologie, Umgangsformen, Rhetorik, Gründer-Coaching und Persönlichkeitstrainings.

www.image50plus.de

Beraten Sie noch oder verkaufen Sie schon?

Knackpunkte, Lösungen, Praxisbeispiele aus der Finanzdienstleistung

Marcus Kutrzeba, AV-Seminare Köln/Wien

Eine gewisse allgemeine Entscheidungsschwäche potenzieller Anleger oder Käufer gehört bekanntermaßen zum täglich Brot von Beratern aller Sparten. Umso mehr, wenn es sich um ein kompliziertes Produkt handelt und der Kunde allein auf fremden Rat und Wissen angewiesen ist. Investitionen am Finanzsektor zählen hier zweifellos dazu. In diesem Bereich sind die sogenannten „Best Ager" Zielgruppe Nr. 1, der es die passenden Lösungen für sich und ihre Familien anzubieten gilt. Jedoch wird diese Personengruppe nach wie vor vernachlässigt, was vor allem daran liegt, dass Verkäufer nicht wissen, wie sie mit der anspruchsvollen, lebenserfahrenen Klientel richtig umgehen können. Dabei liegt der Schlüssel zum Kunden 50plus praktisch unter der Türmatte, denn diese Kundschaften wissen im Vergleich zur „breiten Masse" sehr genau, was sie wollen – und was sie nicht wollen. Was fehlt, ist lediglich eine Entscheidungshilfe.

Verkaufen oder kaufen helfen?

Im heutigen Konsumzeitalter will jeder etwas kaufen, aber nicht „um jeden Preis". Ein derartiger Verkaufsversuch endet in einem Vertrauensverlust, der im Versicherungs- und Anlagebereich in letzter Zeit überdies von negativer Berichterstattung geschürt wird. Der Aufbau einer vertrauensvollen Kundenbeziehung drückt sich in der folgenden Formel aus:

$$\text{Vertrauen} = \text{Sympathie} \times \text{Zeit}$$

Berufliche Professionalität und ein authentisches Auftreten zählen zu den Kernfaktoren, die Sie als Verkäufer sympathisch und mit der Zeit vertrauenswürdig für Ihr Gegenüber machen. Das Gegenteil tritt bei demjenigen ein, der sich hauptsächlich auf den eigenen Nutzen konzentriert, nämlich Geld zu verdienen. Im wahrsten Wortsinn steckt im „Ver-Dienen" das Dienen, was nichts anderes bedeutet, als dem Kunden bei der (Kauf-)Entscheidung behilflich zu sein.

Bieten statt bitten!

Das erklärte Ziel einer „Dienst-Leistung" am Kunden muss es sein, ihm am Ende den größeren Vorteil zu bescheren. Bei einer Basis-Unfallversicherung etwa erhält ein Verkäufer nur eine geringe Abschlussprovision, der Kunde im Schadensfall dagegen Entschädigungssummen in regelmäßig sechsstelliger Höhe. Erläutern Sie dem Kunden seinen Gewinn, statt Ihr Produkt, dann bieten Sie ihm die Möglichkeit, von Ihren Erfahrungen zu profitieren. Sie bieten ihm also eine Chance, und bitten weder um einen Termin noch um eine Unterschrift.

Fragen statt sagen!

Aufmerksames Zuhören und gezieltes Nachfragen, was die Kundenwünsche und -erwartungen hinsichtlich der Beratung angeht, markieren den Anfang einer fruchtbaren Geschäftsverbindung; und zwar sehr viel aussichtsreicher, als die Einhaltung einer bestimmten Verkaufsphasenabfolge oder komplexer Verhandlungstechniken. Darüber hinaus liefert der Kunde meist selbst genaue Anweisungen, was zu tun ist. Verkäufer, die sich an dieser Stelle Aufzeichnungen machen, steigern ihre Erfolgschancen signifikant – oder kennen Sie einen Fall, den Inspektor Columbo mithilfe seines Notizheftes nicht gelöst hätte? Obendrein ist es eine hohe Auszeichnung für den Kunden, wenn aufgeschrieben wird, was er sagt.

Einwände positiv und als Chance sehen: Kunde steht im Mittelpunkt

„Das ist doch viel zu teuer", bekommen Finanzberater oft zu hören und antworten darauf mit Preisnachlässen und Rabattangeboten. Eine solche Entgegnung kann für den weiteren Gesprächsverlauf fatale Folgen haben, da sie die negative Aussage des Kunden unterstreicht und weiterführt. Wollen Sie freundlich und dennoch effizient reagieren, stellen Sie eine Gegenfrage, die das Gespräch auf die positiven Aspekte des angebotenen Produkts lenkt. Sie werden staunen, wie sich der Kunde das Produkt letztlich selbst schmackhaft macht, indem er seine Vorteile eigens aufzählt.

In vielen Fällen stellen derartige Bemerkungen überhaupt nur einen „Scheineinwand" dar. Als Berater behandeln Sie jedoch alles, was Ihr Gegenüber sagt, mit Wertschätzung und nehmen es ernst. Stellen Sie den Kunden und seine Anliegen in den Mittelpunkt, und missbrauchen Sie ihn nicht als ein Werkzeug Ihres Erfolges. Sollte es sich tatsächlich um einen bloßen Vorwand handeln, wird der Kunde beschämt sein, dass so aufrichtig darauf eingegangen wurde und im weiteren Verlauf seine vorgegebenen Bedenken selbst relativieren oder gar ausräumen. Die Zeit des Ärgerns des Verkäufers über Einwände gehört der Vergangenheit an.

Erfolg ist freiwillig!

Gute Verkäufer werden nicht geboren, gute Verkäufer werden meistens gemacht – durch intensives, nachhaltiges Training. Anlage- und Versicherungsberater sind heutzutage mit tollen Produktpaletten ausgestattet, die nötige Verkaufsfertigkeit ist häufig zu verbessern. Verständlich, da sie ihren beruflichen Weg von den unterschiedlichsten Richtungen her beschreiten und die Vertriebsausbildung zu oft an fachlichen Anforderungen ausgerichtet ist. Dabei kommt es, glaubt man Dale Carnegie („Wie man Freunde gewinnt", Erstauflage 1937), nur zu 15 Prozent auf die vorhandene Sachverständigkeit an, es zählt vielmehr der „gesunde Menschenverstand". Gewinnen Sie Ihren Kunden wie einen Freund, dann ist – die richtige Einstellung und der Wille zur Zielerreichung vorausgesetzt – Ihr Erfolg im Verkauf vorprogrammiert! *Das Ziel ist das Ziel!*

Der Autor

Mag. Marcus Kutrzeba studierte Betriebswirtschaft an der Wirtschaftsuniversität Wien mit Spezialgebiet Kaufverhalten und Konsumforschung. Der ehemalige Spitzensportler (Profitennisspieler, Head Coach und Sparring Partner bei den U.S. Open New York) ist diplomierter Kommunikations- und Wirtschaftstrainer und seit vielen Jahren in der Finanzdienstleistung tätig. Er ist Gründer und Geschäftsführer des K-Punkt-Training in Wien (Österreich), Partner, Unternehmensberater und Verkaufstrainer bei Pompe Marketing Bruchsal und Spezialist für Verkaufstrainings bei AV Seminare Niehaus-Lug Köln und Wien.

www.avseminare.de

www.pompe-marketing.com

www.kpunkttraining.at

Teil 2: Ausgewählte 50plus-Boom-Branchen

5 Finanzdienstleistungen

> **Eine wahre Geschichte aus dem Alltag einer Bank**
>
> „Er fällt auf: ein Fremdkörper unter den Nadelstreifenanzügen und Chanel-Kostümen in der glänzenden Schalterhalle. Nicht dass er unsauber wäre, aber der ältere Mann wirkt schäbig. An den Manschetten seines Mantels ist der Stoff abgewetzt. Die Cordhosen sind abgetragen. Die Mitarbeitenden tauschen verstohlene Blicke. Der Mann wartet lange. Endlich erbarmt sich ein junger Angestellter.
>
> „Ich möchte Geld anlegen", sagt der Alte. Der Banker mustert ihn. „Wenig zu holen", denkt er sich und sagt: „Sehen Sie sich doch mal unsere Prospekte über Anlageprodukte an und vereinbaren Sie telefonisch einen Termin bei einem unserer Berater." Enttäuscht verlässt der ältere Mann die Bank. Er denkt: „Hierher komme ich nicht mehr zurück." Die Million, die er kürzlich geerbt hat, wird er anderswo anlegen." *(Schweizer Bank, August 2008, von Elisabeth Rizzi)*

Der demografische Wandel macht vor der Wirtschaft nicht halt. Aber die Wirtschaft ist dafür noch nicht gerüstet. Nicht nur für die Finanzbranche besonders fatal. Denn dieser ältere Kunde ist kein Einzelfall: Jeder fünfte Haushalt, der über eine Million Euro versteuert, gehört einem über 60-Jährigen. Und man kann dies nicht am Outfit erkennen. Schon heute verdienen deutsche Banken 60 bis 70 Prozent ihrer Erträge mit den über 50-Jährigen – leider meist, ohne es bewusst wahrzunehmen. In Japan hat man dies längst erkannt und umgesetzt.

„Japans Banken umwerben Ältere"

Laut „Fuchsbriefe" konzentrieren japanische Banken ihr Marketing zunehmend auf Ältere – ein Modell, das auch in Deutschland kommen wird. Im Blick stehen zunehmend Kunden über 50 Jahre. In Japan haben die Geldhäuser die wachsende Zahl der Kunden 50plus mit typischen Einlagen von mehr als 135.000 Euro je Konto im Visier. Man überschlägt sich inzwischen mit Angeboten, bietet Mitgliedschaften in ausgewählten Clubs mit vielfältigen Vorteilen. Es gibt „Quality Life Clubs, „Club 50s" usw. In den Clubs gibt es informative Seminare zu Wirtschafts- und Finanzthemen aber auch spezielle Unfall- und Reiseversicherungen, attraktive Reiseangebot und vieles mehr.

Hintergrund für die Umtriebigkeit japanischer Banken: **Die älteren Kunden werden zum wichtigsten Geschäftsfeld der Geldhäuser.** Immerhin erreichen die Einlagen der Generation 50plus bei einigen Banken mittlerweile schon 80 Prozent der Bestände.

Fazit: Die japanische Alter- und Vermögensstruktur ist der deutschen sehr ähnlich. Ähnliche Aktivitäten sind demnächst auch bei uns zu erwarten, denn die Babyboomer der Jahrgänge 1960 aufwärts werden nun auch 50. *(Fuchsbrief, www.fuchsbriefe.de, 24.8.09)*

Die älteren Kunden werden zum wichtigsten Geschäftsfeld auch für europäische Geldhäuser. Die Einlagen der Generation 50plus erreichen mittlerweile schon bis zu 80 Prozent der

Bestände! Nicht erst seit der Finanz- und Wirtschaftskrise sind Best-Ager-Kunden vorsichtig und handeln intelligenter, als die Finanzunternehmen ahnen. Im Innersten geht es bei Menschen über 50 im Beziehungsgeflecht von Kunde und Berater immer um Vertrauen, Nähe, Verständnis – und um die Rendite. Auch diese muss natürlich stimmen.

Mit einer „stringenten Zielgruppenstrategie auf die Generation 50plus ..." hat der *Münchener Verein Versicherungsgruppe* im Jahr 2010 laut seinem Vorstandsvorsitzenden *Rainer Reitzler* „einen echten Turbo für unser Wachstum gezündet ... Der größte vertriebliche Schuh kam mit der Einführung unseres neuen Pflegeproduktes ,Deutsche Private Pflege' für die wachsende Zielgruppe 50plus. Als modularer Baukasten aufgebaut, könne der Kunde die einzelnen Leistungen flexibel und individuell nach seinen Bedürfnissen zusammenstellen. Das ist bisher einzigartig auf dem deutschen Markt, so *Reitzler*." (*Süddeutsche Zeitung*, 8.1.2011)

Warum Banken, Vermögensberatungen und Versicherungen eine absolute Boom-Branche und Nutznießer einer älter werdenden Gesellschaft sein werden, zeigt Abbildung 5.1 auf:

Abbildung 5.1: Sorgenfreiheit 50plus – Auf der Zielgerade zu Wohlstand und finanzieller Sicherheit

Quelle: www.pompe-marketing.com, 2011

Die Generation 50plus befindet sich auf der Zielgerade zum Wohlstand, genießt wie keine Generation vor ihr in hohem Maße einen Status von finanzieller Freiheit und verfügt über ein gigantisches Geldvermögen. Das Durchschnittsalter der Erben beträgt 55 Jahre. Zusätzlich werden in diesem Jahrzehnt 2,5 Billionen Euro in Deutschland vererbt. Und es werden pro Jahr 30 Milliarden Euro in Form von abgelaufenen Lebensversicherungsverträgen fällig, deren Nutznießer die Generation 50plus ist. In Zeiten von geringen und unsicheren Renditen bei Geldanlagen überlegen sich viele Best Ager, wofür sie diese zur Verfügung stehenden finanziellen Ressourcen verwenden, was sie sich gönnen sollten, wie sie ihre lang gehegten Träume erfüllen und von der Ernte ihres harten Arbeitslebens jetzt profitieren können.

Und bei der Antwort kommen prinzipiell all die Boom-Branchen 50plus in Frage, von denen in Kapitel 2 die Rede ist. Hier kann die Wertschöpfungskette funktionieren – aber nur dann, wenn sich die Unternehmen begehrlich machen und die Kunden Vertrauen in die Produkte und Angebote haben. Nur dann werden sie ihr Geld, ihr Erbe, ihre Lebensversicherungsgelder neu investieren – und im Idealfall dafür sorgen, dass Ihre Branche, Ihr Unternehmen von der Boom-Zielgruppe 50plus profitiert und sich ein Stück vom gigantischen Kaufkraftkuchen abschneiden darf. Das Geld hierzu liegt auf der Straße, es muss nur aufgehoben werden.

Abbildung 5.2: Wobei brauchen Best Ager Finanzdienstleister?

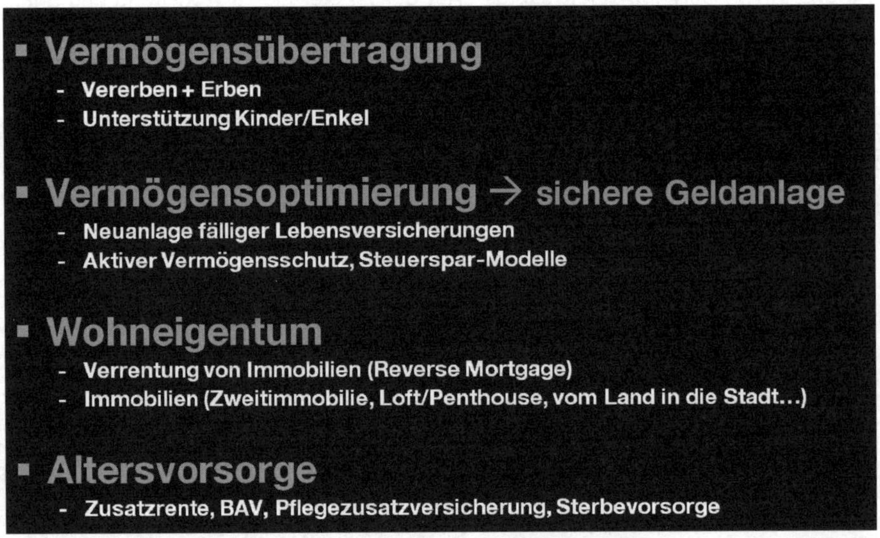

- **Vermögensübertragung**
  - Vererben + Erben
  - Unterstützung Kinder/Enkel

- **Vermögensoptimierung** → **sichere Geldanlage**
  - Neuanlage fälliger Lebensversicherungen
  - Aktiver Vermögensschutz, Steuerspar-Modelle

- **Wohneigentum**
  - Verrentung von Immobilien (Reverse Mortgage)
  - Immobilien (Zweitimmobilie, Loft/Penthouse, vom Land in die Stadt...)

- **Altersvorsorge**
  - Zusatzrente, BAV, Pflegezusatzversicherung, Sterbevorsorge

Quelle: www.pompe-marketing.com, 2011

Das Boom-Potenzial der Finanzdienstleistungsbranche auf einen Blick

Finanzdienstleistungen Bank | Versicherung | Vermögens- beratung 	■ Finanzielle Unabhängigkeit bei Geldanlagen ■ Vermögensoptimierung ■ Vermögensübertragung ■ Vorsorgeplanung für eigenes Alter, Kinder und Enkel, für die Pflege der Eltern ■ Versicherungen: Verwendung ausbezahlter Lebensversicherungen

Fakten:

- Die Dienstleistungs- und Produktinteressen insbesondere der 50- bis 60-Jährigen liegen im Vergleich zur Gesamtbevölkerung, speziell im Bereich der Finanzdienstleistungen, signifikant höher, beispielsweise bei Anlageprodukten der Banken und Versicherungen zur Absicherung der Lebensqualität, Gestaltung des Erbes, Unternehmensnachfolge, Vermögensoptimierung und Altersvorsorge.
- Über 60 Prozent der Privatkunden von Finanzdienstleistern sind zum Großteil über 50 Jahre alt.
- Es ist die Top-Chance für Finanzdienstleister, Kunden lebenslang zu begleiten.
- Nicht nur der ökonomischen Macht der Menschen 50plus gilt es, ein besonderes Augenmerk zu schenken. Es fehlt bei Banken, Versicherungen und Vermögensberatungen häufig am Fingerspitzengefühl, am richtigen Wie in der Kundenansprache, an exzellentem Service, an echter Beratungsqualität, an einem adäquaten Dienstleistungsverständnis.

Prognosen:

- Boom-Pfründe sind die **hohe Kaufkraft,** das **gigantische Vermögen,** die **Erben-Komponente,** noch **über 30 Jahre Kundenbindungsrelevanz** und die äußerst lukrativen **Vier-Generationen-Kunden,** die bei entsprechender Begeisterung und Verbundenheit zum Unternehmen nicht nur selbst kaufen und Kunde bleiben, sondern auch dafür sorgen, dass ihre Kinder, Enkel und durchaus auch noch ihre Eltern, Schwiegereltern und Freunde Kunden bei ihrer Lieblings-Versicherung oder Lieblings-Bank werden.
- Voraussetzung, um Boom-Branche zu werden: Weg vom Provisionsdenken – hin zum Kundennutzen und zur gelebten Kundenbeziehung.
- Wenn es Banken und Versicherer schaffen, sich im Beziehungsmanagement und in der persönlichen Kundenbetreuung neu zu erfinden und den Kunden über seine Lebensphasen adäquat zu begleiten, zu coachen, zu beraten – dann stehen der Finanzdienstleistungsbranche alle Wege offen.

- Anders ausgedrückt: Wer die Best Ager verführen und nachhaltig überzeugen kann, wird auch die nachrückenden Generationen 20plus, 30plus und 40plus für sich gewinnen und halten. Und das geht nur über eine gelebte Kundenbeziehung zwischen Berater und Kunde – und mit einem herausragenden positiven Image.

Wir haben in Experten-Interviews zwei erfolgreiche Finanzdienstleister zum Boom-Potenzial 50plus befragt – eine private und eine öffentlich-rechtliche Bank im Vergleich. Im Folgenden die aufschlussreichen Antworten und Überlegungen.

Wie Deutschlands älteste Privatbank mit dem Kundenpotenzial 50plus umgeht

Experten-Interview mit Helge von der Geest, Berenberg Bank Hamburg

Sind Kunden über 50 für Ihr Unternehmen relevant und wenn ja, warum?

Fast alle europäischen Länder stehen vor großen demografischen Veränderungen. Für Deutschland bedeutet das konkret: Sind heute rund 37 Millionen Menschen oder 40 Prozent der Bevölkerung älter als 49 Jahre, erhöht sich dieser Anteil in den nächsten Jahren auf fast 50 Prozent. Die über 50-Jährigen werden dann die größte Bevölkerungsgruppe ausmachen. Diese Generation ist oftmals beruflich erfolgreich und verfügt über ein großes Vermögen, erhebliche Kaufkraft und in den nächsten zehn Jahren über ein zu vererbendes Vermögen von über zwei Billionen Euro. Diese Kunden waren schon immer und sind auch weiterhin eine wichtige Zielgruppe unseres Hauses, da unsere Privatkundschaft überwiegend aus aktiven und ehemaligen Unternehmern sowie Privatiers besteht und wir uns seit vielen Jahrzehnten sehr individuell um diese Kunden kümmern.

Gibt es in Ihrem Unternehmen ein Marketing- oder Vertriebskonzept, das sich speziell mit der Zielgruppe Best Ager beschäftigt? Falls noch nicht – warum nicht? Ist es in Planung?

Im Zuge unserer permanenten Weiterentwicklung im Private Banking haben wir auch diesen „Megatrend" früh erkannt. Wir haben in unserem Hause Mitarbeiter, die sich speziell um diese Kundengruppe kümmern und sie betreuen. Zudem haben wir im Rahmen einer wissenschaftlichen Arbeit die Bedürfnisse dieser Zielgruppe untersuchen lassen. Die daraus gewonnenen Erkenntnisse helfen uns, den jetzigen und zukünftigen Anforderungen dieser Kundenklientel zu entsprechen und hier maßgeschneiderte Lösungen zu präsentieren und auch weiter zu entwickeln.

Wie sprechen Sie Best Ager in der Werbung/Kommunikation konkret an? Gibt es Beispiele und exemplarische Kampagnen?

Viele Unternehmen haben in den letzten Jahren mühsam versucht, sich ein jugendliches Image zu geben. Es wurden Produkte für junge Käuferschichten entwickelt, die neu, innovativ oder einfach nur „hip" sein sollten. An die ältere Generation wurde dabei oftmals zu selten gedacht. In dieser Zielgruppe sind andere Parameter entscheidend: Wir bieten unseren Kunden neben unserer 400-jährigen Erfahrung auch Werte wie Diskretion, Verlässlichkeit, Vertrauen und nicht zuletzt Sicherheit auch in Zeiten von Finanz- und Vertrauenskrise. Ein wichtiger Aspekt in unserer Geschäftsphilosophie ist zudem die Kontinuität. Diese bezieht sich sowohl auf die Langfristigkeit einer Kundenbeziehung als auch auf unsere Mitarbeiter.

Dass wir nicht nur von Quartal zu Quartal denken, sondern von Generation zu Generation, und unsere Kunden in den Mittelpunkt stellen, bringen wir zum Beispiel in unserer aktuellen Anzeigenkampagne für das Private Banking zum Ausdruck. Darüber hinaus stellen wir in bestimmten Medien und auf Veranstaltungen unseren besonderen Service für Stiftungen vor. Gerade für die über 50-Jährigen ein wichtiges Thema. Zudem geben wir ein hochwertiges Kundenmagazin für Wirtschaft, Gesellschaft und Lebensart heraus, das unsere Kunden sehr schätzen. Insgesamt zeichnet sich unser Corporate Design durch einen klaren, hanseatisch-klassischen Stil aus.

Wo sehen Sie Nachholbedarf und „offene Baustellen" in der Zielgruppenansprache 50plus?

Das demografische Potenzial ist unwiderruflich gegeben, nur viele Unternehmen nutzen es kaum. Warum? Viele kennen ihre Kunden zu wenig und wissen nicht, wie sie Zugang zu ihnen bekommen sollen. Klar ist oft nur, der „König Kunde" von morgen hat graues Haar. Die Gruppe 50plus ist allerdings sehr heterogen. Unternehmen, für die Kundenbindung von immanenter Wichtigkeit ist, müssen diesen Aspekt berücksichtigen. Wir stellen zudem fest, dass diese Kunden oft vitaler, geistig beweglicher und interessierter sind, als es teilweise noch die Generation unserer Großeltern war.

Wie begeistert Ihr Unternehmen insbesondere Best Ager? Was machen Sie konkret, um Kunden 50plus als Stammkunden zu halten und gezielt zur positiven Weiterempfehlung zu nutzen, und um neue Kunden 50plus zu gewinnen?

Wichtig ist nicht nur, diese Zielgruppe zu begeistern – die Kunden müssen auch überzeugt davon sein, mit der Berenberg Bank den richtigen Partner für ihr Vermögen gewählt zu haben. Dabei ist der Preis nicht das ausschlaggebende Kriterium, sondern die von uns erbrachte Leistung. Zufriedene Kunden sind der beste Multiplikator für unser Haus. Wohlhabende Eltern haben überwiegend wohlhabende Kinder und bewegen sich häufig in Netzwerken, in denen sie auf andere gut situierte Personen treffen.

Wir sind hier auf verschiedene Art und Weise Begleiter und fördern damit den Netzwerkgedanken. Neben Informationsveranstaltungen zu aktuellen Themen finden regelmäßig Events statt, zu denen unsere Kunden ihre Freunde oder Geschäftspartner mitbringen können. Ob literarische, musikalische oder sportliche Veranstaltungen, maßgeblich ist auch hier ein breites Angebot, um dieser heterogenen Kundengruppe gerecht zu werden.

Sind Beratung und Verkauf im Bereich der Best Ager anders zu gestalten als für andere Zielgruppen?

Best Ager, Woopies, Master Consumers oder 50plus. Alle Begriffe kennzeichnen das Dilemma für das Marketing. Die Menschen wollen alt werden, aber keiner möchte alt sein. Man umschreibt den Zustand „Alter" positiv. Gestern fuhr man noch im Sportwagen, heute steht ein Fahrzeug mit hohem Einstieg und Sitzheizung vor der Tür. Die Finanzbranche hat sich bisher zu wenig um diese Zielgruppe gekümmert. Simplifikation ist das Stichwort: übersichtliche Grafiken in Kombination mit einem verständlichen Text. Das heißt aber nicht, dass diese Kunden nicht viel Wert auf Informationen und Details legen; es sollte – wie eigentlich immer – nur verständlich und passend aufbereitet sein. Diese Kunden erwarten klare Lösungen, individuellen Service und Entlastung im Alltag.

Wird Ihr Beratungs- und Vertriebsteam für die neuen Herausforderungen dieser anspruchsvollen Klientel 50plus sensibilisiert und trainiert?

Wir kennen unsere Kunden und deren Bedürfnisse. Dennoch waren die Ergebnisse der von uns initiierten wissenschaftlichen Arbeit über diese Zielgruppe in einigen Bereichen bemerkenswert. Wir entwickeln hieraus Handlungsempfehlungen für unsere Kollegen und können so noch zielgerichteter beraten.

Wie wirkt sich der demografische Wandel auf die Produktportfolio-Struktur in Ihrem Unternehmen aus?

Vor dem Hintergrund eines sich wandelnden Nachfrageverhaltens müssen sich auch die Produktstrukturen ändern. Jedes Kreditinstitut hat in seinem Produktportfolio „Ansparpläne" – zum Beispiel einen Fonds-Sparplan mit monatlichen Einzahlungen. Aber kein Kreditinstitut bietet intelligente und flexible „Entsparpläne" an. Viele der gut situierten älteren Kunden sehen keine Notwendigkeit mehr darin, der nachfolgenden Generation alle Vermögenswerte zu hinterlassen. Konsum ist zu einem wichtigen Faktor geworden. Aber wie lange reicht das Vermögen, wenn ich monatlich die Summe X verbrauche? Diese Fragen werden zunehmend gestellt, und wir geben die Antworten darauf.

Wie wirkt sich der demografische Wandel auf die Personalentwicklung in Ihrem Unternehmen aus?

Bei Berenberg sind wir seit vielen Jahren in der glücklichen Situation, als Arbeitgeber sehr geschätzt zu sein. Wir sind auch nicht dem „Jugendwahn" verfallen wie vielleicht das eine oder andere Haus. Erfahrung, d. h. Lebens- und Berufserfahrung, sind in unserem Beruf extrem wichtig. Im Beratungs- und Betreuungsgeschäft möchten wir idealerweise zusammen mit unseren Kunden alt werden. Einige unserer Berater betreuen ihre Kunden zum Teil bereits seit über 20 Jahren und in vielen Fällen auch schon die nächste Generation.

Ihre persönliche Vision und Ihre Gedanken zum Thema „Marktmacht 50plus"?

Die Lebenserwartung in Europa wächst immer noch jährlich um drei Monate. Ein heute geborenes Mädchen wird im Schnitt 100 Jahre alt. Eine 65-jährige Frau lebt durchschnittlich noch weitere 24 Jahre. Die jüngeren Generationen bekommen immer weniger Kinder, und die älteren Generationen leben immer länger. Das sind Argumente, die einen Megatrend begründen. Das Altern ist kein Problem der über 50-Jährigen. Es ist eine Herausforderung für die gesamte Gesellschaft.

Interview-Partner

Helge von der Geest ist Stellvertretender Direktor im Private Banking bei der Berenberg Bank Hamburg. Die 1590 gegründete Berenberg Bank ist die älteste inhabergeführte Privatbank in Deutschland und zählt zu den ältesten Banken der Welt. Heute verwaltet die Berenberg Bank über 25 Milliarden Euro für private und institutionelle Investoren und ist in den vier Geschäftsfeldern Private Banking, Investment Banking, Asset Management und Commercial Banking tätig.

www.berenberg.de

Was wirklich zählt, ist das Beziehungsverhalten

Experten-Interview mit Bernhard Firnkes, Sparkasse Kraichgau Bruchsal

Sind Kunden über 50 für Ihr Unternehmen relevant und wenn ja, warum?

Kunden 50plus sind für die Sparkasse Kraichgau absolut relevant und wichtig. Sie stellen die größte Kundengruppe bei gleichzeitig hoher finanzieller Potenz dar. Eine Gruppe mit der man gerne Geschäfte machen will. Man ist mit 50 ja noch nicht alt und hat häufig andere Vorstellungen über Anlagemöglichkeiten als junge Menschen.

Gibt es in Ihrem Unternehmen ein Marketing- oder Vertriebskonzept, das sich speziell mit der Zielgruppe Best Ager beschäftigt? Falls noch nicht – warum nicht, ist es in Planung?

Nein, ein spezielles Marketingkonzept für Best Ager existiert bei uns noch nicht. Für den Jugendmarkt gibt es ein Zielgruppenkonzept – für den 50plus-Markt nicht. Es gibt Finanzkonzepte zur ganzheitlichen Beratung und auch Überlegungen bezüglich der älteren Zielgruppen im Hinblick auf neue Anlageformen. Wir sind als Sparkasse in Zukunft aber gefordert, die Kunden über weitreichendere Themen wie zum Beispiel Reisen und Wellness anzusprechen und ans Unternehmen zu binden.

Wie sprechen Sie Best Ager in der Werbung/Kommunikation konkret an? Gibt es Beispiele und exemplarische Kampagnen?

Wir haben keine spezielle Kampagnen und Flyer für die Best Ager, allerdings führen wir zum Teil Kundenveranstaltungen speziell für Kunden 50plus durch.

Wo sehen Sie Nachholbedarf und „offene Baustellen" in der Zielgruppenansprache 50plus?

Das Thema „Beziehungsmanagement" wird wichtiger und rückt zunehmend in den Vordergrund. Hier müssen wir im Unternehmen einiges tun und uns noch weiter verbessern, etwa mit entsprechender Beratung und persönlicher Kundenbetreuung, aber insbesondere auch mit Kundenveranstaltungen.

Wie begeistert Ihr Unternehmen insbesondere Best Ager und was machen Sie konkret, um Kunden 50plus als Stammkunden zu halten und zu gewinnen?

Es reicht nicht, unsere Sparkassenkunden nur zufriedenzustellen – das erwarten sie ohnehin. Freundlichkeit und fachliche Kompetenz sind selbstverständlich und werden einfach vom Kunden vorausgesetzt. Man erwartet von uns – insbesondere die älteren Kunden – intensive Beratung und Begleitung bei den Finanzgeschäften. Empfehlungsmanagement wird immer wichtiger – gerade bei der Zielgruppe 50plus. Die Wechselbereitschaft beim Kunden ist vergleichsweise mit anderen Branchen doch relativ gering. Man möchte aber auch als Bankkunde 50plus Dinge erleben, mit denen man nicht rechnet. In der Art und Weise der Beratung, im gesamten Lebenszyklus, man sucht in guten wie in schlechten

Zeiten im Bankberater eine Art Lebensbegleiter und „Kundenversteher" für die eigene finanzielle Performance im dritten Lebensabschnitt.

Sind Beratung und Verkauf im Bereich der Best Ager anders zu gestalten als für jüngere Zielgruppen?

Grundsätzlich nicht. Die Leitlinien für die Kundenberatung der Sparkasse Kraichgau gelten für alle Kunden – altersunabhängig. Aber unser großes Alleinstellungsmerkmal liegt in der Prozessgestaltung im Beratungsprozess. Werden beispielsweise vom Vertriebsmitarbeiter Folgetermine mit dem Kunden vereinbart, werden interne Vorgaben für das Beratungsgespräch an der Vertriebsbasis auch tatsächlich eingehalten und gelebt, und wie verläuft die Gesprächsqualität, der Beziehungsaufbau mit dem einzelnen Kunden? Auch der Führungskompetenz innerhalb des Bankvertriebs kommt eine enorm hohe Bedeutung zu – ob die Führungskraft ihre Mitarbeiter motivieren, begeistern und mitreißen kann, oder ob sie nur auf Margen und Provisionen schielt.

Wird Ihr Vertriebsteam für die neuen Herausforderungen dieser anspruchsvollen Klientel 50plus sensibilisiert und trainiert?

Nein noch nicht. Sollten wir aber tun.

Wie wirkt sich der demografische Wandel auf die Produktportfolio-Struktur in Ihrem Unternehmen aus?

Er wirkt sich noch nicht wirklich aus, da wir immer schon eine umfassende Produktpalette anbieten. Unsere Alleinstellungsmerkmale im Vergleich zu den Wettbewerbern sind ein dichtes Filialnetz mit höchstmöglicher Kundennähe, die persönliche Beratung und ein optimales Gesamtpaket – das alles hat sich gerade in den jetzigen Krisenzeiten bestens bewährt.

Wie wirkt sich der demografische Wandel auf die Personalentwicklung in Ihrem Unternehmen aus?

Bisher haben wir noch nicht so darauf geachtet – aber wir sollten es unbedingt tun. In den nächsten fünf bis zehn Jahren rechnen wir mit einer höheren Mitarbeiterfluktuation aufgrund der Berentung von älteren Mitarbeitern. Daher haben wir dieses Jahr bewusst fünf Auszubildende mehr eingestellt, um diese Lücke zu schließen. Zukünftig wird es meines Erachtens schwieriger, guten und qualifizierten Banknachwuchs zu finden und zu halten. Der Mensch wird als Ressource immer wichtiger – insbesondere im demografischen Wandel. Wir achten bereits jetzt schon nachhaltig auf eine gute Personalentwicklung, auf soziale und emotionale Kompetenzen bei neuen Mitarbeitern und vor allem auf deren Beziehungsverhalten, um nicht zuletzt auch anspruchsvollere ältere Kunden zu überzeugen und zu begeistern. Wir stellen beispielsweise verstärkt und mit großem Erfolg auch WiedereinsteigerInnen (40plus) zum Beispiel als Filialleitungen ein. Die Vorteile liegen auf der Hand: weniger Personalrotation, Kontinuität für den Kunden vor Ort, Erfahrung und Sensibilität für die Kundenbelange nicht zuletzt aufgrund eigener Lebenserfahrungen usw. – meines Erachtens ein großer Benefit für die Kunden und für uns als Unternehmen.

Ihre Vision zum Thema „Marktmacht 50plus"?

Wir möchten die Kunden – nicht nur die Best Ager, aber die besonders – noch besser an uns binden, sie für unsere Sparkasse begeistern und davon abhalten, sich über einen Bankwechsel überhaupt nur einen Gedanken zu verschwenden. Optimierungsbedürftig scheint mir, die jetzt 30- bis 40-Jährigen noch nachhaltiger als bisher für unser Unternehmen zu gewinnen und zu behalten. Diesen „Badewannen-Effekt", wie wir intern sagen, gilt es zu optimieren. Auch die Kontaktquote im Vertrieb zum Beispiel mittels E-Mail, SMS oder persönliches Gespräch muss weiter erhöht und verbessert werden und nicht zuletzt muss der Kanalvertrieb über die Filiale hinaus mithilfe von zum Beispiel Online-Banking ständig weiterentwickelt werden.

Interview-Partner

Bernhard Firnkes, Jahrgang 1953, seit 1970 bei der Sparkasse, seit 1988 im Sparkassen-Vorstand und stellvertretender Vorsitzender des Vorstands der Sparkasse Kraichgau, ist unter anderem verantwortlich für Vertrieb und Marketing. Die Sparkasse Kraichgau ist das größte selbstständige Kreditinstitut der Region Nordbaden in Baden-Württemberg. Heutiger Sitz des Institutes ist Bruchsal. Die Sparkasse Kraichgau betreibt als Sparkasse das Universalbankgeschäft. Sie ist Marktführer in ihrem Geschäftsgebiet. Die Sparkasse Kraichgau hatte im Geschäftsjahr 2009 eine Bilanzsumme von 3,321 Milliarden Euro und verfügte über Einlagen von 966 Millionen Euro. Gemäß der Sparkassenrangliste 2009 liegt sie nach Bilanzsumme auf Rang 83. Sie verfügt über 63 Filialen und 800 Mitarbeiter.

www.sparkasse-kraichgau.de

6 Immobilien und Wohnen

Die Wohnungs- und Immobilienwirtschaft wird im Zusammenhang mit den Zielgruppen 50plus interessanter und lukrativer. Menschen über 50 mieten in der Regel nicht die erste Wohnung in ihrem Leben. Auch nach dem fünfzigsten Lebensjahr wollen überraschend viele Menschen ihre Wohnsituation verändern, lassen sich scheiden, beginnen neue Lebensmodelle, suchen nach neuen Wohnformen, die ihnen auch im späteren Alter Kontakte zu Gleichgesinnten ermöglicht und ein selbstbestimmtes Leben ermöglicht – ohne Verpflichtungen, ohne Rücksicht auf Kinder und Enkelkinder.

In den folgenden drei Beiträgen erfahren Sie, wie die „größte Immobilien-Käufergruppe 50plus" tickt, wohin es sie am meisten zieht, welche Grundrisse und Ausstattungsmerkmale sie bevorzugt, welche Lebensformen künftig im Trend liegen und boomen werden. Er zeigt an einem Mainzer Beispiel, wie generationsübergreifendes Wohnen im Quartier erfolgreich platziert und angenommen wird. Mit einem „Knigge für Beratungs- und Verkaufsgespräch mit Best Agern" bekommen Sie als Leser ganz konkrete Handlungsempfehlungen an die Hand, um zukünftig im Immobilien-Boom-Markt – und nicht nur da – zu punkten.

Das Potenzial der Boom-Branche auf einen Blick

| Bauen \| Wohnen \| Renovieren Rund um Haus & Garten | ■ Wohnungswirtschaft (Bauträgergesellschaften, Wohnungseigentümer, Immobilienbetreiber und Makler, Anbieter von barrierefreiem Wohnen, Investoren …)
■ Architekten und Innenarchitekten → Design und Ausstattung
■ Handwerker (Gewerke rund ums Haus, Garten- und Landschaftsbauer …)
■ spezialisierte Umbauunternehmen
■ Baumärkte → Umbau, Modernisierung, Sanierung
■ Möbel- und Bäderhersteller sowie Wohn- und Einrichtungsanbieter → Wohnkonzepte und Beratung rund um Schlaf- und Wohnzimmer, Küche, Holz, Parkett, Dielen, Treppen, Türen …
■ Möbeldesigner
■ Intelligent bauen → Anbieter von Komfort-, Passiv- und Energiesparhäusern
■ Nachhaltig bauen und heizen: Fenster, Solartechnik, Wärmepumpen, Blockheizkraftwerke |

Immobilien und Wohnen

	■ Anbieter von Komfortprodukten wie Multimedia-Geräten, Sicherheit, Alarmanlagen u.v.m
	■ Immobilien-Dienstleistungen via Internet und persönliche Beratung
	■ Netzwerk-Wohnprojekte und urbanes Wohnen
	■ Facility-Management rund um die Immobilie (Verwaltung, Pflege, Sicherheit)
	■ Altersgerechtes generationsübergreifendes Servicewohnen und Quartiersgestaltung für spezielle Mikro-Zielgruppen wie zum Beispiel Homosexuelle 50plus

Fakten:

■ Jeder Vierte zwischen 50 und 60 will noch umziehen.

■ Pro Jahr ziehen in Deutschland rund 800.000 Menschen 50plus um.

■ Gründe für Umzug von Menschen über 50:
- 30 Prozent möchten sich Wohnwünsche erfüllen.
- 26 Prozent sind mit dem Wohnumfeld unzufrieden.
- 22 Prozent wollen mit zunehmendem Alter näher bei ihren Kindern wohnen.
- 16 Prozent möchten in der Nähe von Freunden und Gleichgesinnten wohnen.
- Nur 8 Prozent der umzugswilligen Menschen 50plus ziehen es in Betracht, mit Freunden in einer Wohngemeinschaft zu leben. Sie werden sich fragen: Warum nur so wenige? *(Anmerkung: Vielleicht weil es zu wenig gute Angebote hierfür gibt oder weil es angstbesetzt ist ...? In Gesprächen wollen dies zwar viele älter werdende Menschen, wenn aber eine Entscheidung ansteht, machen viele einen Rückzieher.)*

■ Riesen-Potenzial für die Wohnbau-Branche:
- Jeder dritte Best Ager bewohnt über 100 qm Wohnfläche.
- 13 Millionen Best Ager sind an Wohn-Informationen interessiert.
- 11 Millionen Best Ager sind bereit, viel Geld für ihr Haus zu investieren.
- Barrierefreiheit wird als Standard bereits vorausgesetzt.
(LBS-Report, 2009)

■ Wer sind die Gewinner und Profiteure im Zukunftsmarkt Wohnen und Immobilien 50plus?
- Wohnungswirtschaft (Bauträgergesellschaften, Wohnungseigentümer, Immobilienbetreiber und Makler, Anbieter von barrierefreiem Wohnen, Investoren, Bausparkassen)

- Handwerker, Architekten, Innenarchitekten, spezialisierte Umbauunternehmen
- Möbeldesigner, Einrichtungshäuser, Bäderhersteller, Baumärkte

Prognosen:

■ Die Generation 50plus ist und bleibt die größte und **lukrativste Immobilien-Käufergruppe** der Gegenwart und der nahen Zukunft – mit großem Boom-Potenzial, wenn Unternehmen ihre Marketing-Hausaufgaben richtig machen.

■ Immobilienkunden und Bauherren/Baudamen 50plus sind detailverliebt, anspruchsvoll, bunt, liebenswert, sensibel ...

■ **Trends:** Stadt- und Mehrgenerationenhäuser (generationsübergreifendes Wohnen und Arbeiten im Quartier, ökologische Komforthäuser und Penthäuser.

■ „Ebenerdige Häuser und Bungalows werden wieder beliebter – ideal für ältere Menschen und Familien mit Kindern – aber auch für anspruchsvolle Bewohner, die ihren Wohnraum im Sommer stilvoll nach draußen erweitern möchten ..." (*Süddeutsche Zeitung, 7.1.2011, Monica Hillemacher*)

■ **50plus wechselt oft früher in kleinere, kompakte** und in tendenziell eher urbane Eigentums- oder Mietwohnungen, um sich von den lästigen Pflichten in ihrem bislang größeren Haus und Garten zu befreien.

■ Menschen über 70 wollen **im Alter nicht mehr Eigentum kaufen, sondern eher verkaufen,** sich verkleinern und neu mieten, sich entpflichten und entlasten von Besitz und Eigentum – um wieder freier zu werden.

■ **Umbau-Zielgruppe 50plus:** Pro Jahr planen etwa 800.000 Menschen 50plus, ihre Wohnung oder ihr Haus zu modernisieren, sanieren und umzubauen.

■ **Marketingtipp: Richten Sie Ihren Fokus auf Mikro-Zielgruppen 50plus** – zum Beispiel:
- Führungskräfte mit wenig Zeit, aber hohem Einkommen
- Empty Nesters: Das sind Menschen mit „leeren Nestern", mit neuen Lebensinhalten, neuen Zielen, neuen Sehnsüchten und Träumen, die man sich in diesem Alter gönnen und verwirklichen möchte
- Vermögende Singles 50plus
- Weibliche Singles 50plus
- Die wichtige Impulsgeber- und Kaufentscheider-Zielgruppe Frauen 50plus
- DINKS – double income no kids (doppeltes Einkommen, keine Kinder)
- Anspruchsvolle Genießer
- Qualitätsbewusste Etablierte
- Komfortorientierte Individualisten

Marktmacht 50plus in der Immobilienwirtschaft

Lars Binckebanck, Nordakademie Elmshorn

„König Kunde" bekommt Falten – und die Immobilienwirtschaft gehört zu den Branchen, die von der Marktmacht 50plus in besonderem Maße profitieren kann. Denn zum (Un)Ruhestand gehört neben Kultur, Reisen und Wellness vor allem auch gutes Wohnen. Das Wohnen im Alter betrifft, neben der Immobilie, insbesondere auch die Architektur, den Grundriss, die Ausstattung und das Wohnumfeld. Gesundheit, Sicherheit und selbstständiges Handeln sind die grundlegenden Bedürfnisse. Nicht die klassische Familie mit zwei Kindern und Hund ist die größte Immobilien-Käufergruppe, sondern die Generation 50plus. Jedoch ist diese hier zu differenzieren:

Zurück in die Stadt

Singles und Ehepaare zwischen 50 und dem Ruhestand mit Mitte 60 zieht es im Rahmen eines zweiten Aufbruchs vielfach zurück in die Stadt. Man hat sich den Traum vom Haus im Grünen erfüllt und die Kinder in diesem Umfeld aufgezogen. Sobald diese das Nest verlassen haben, zieht es die Eltern dorthin, wo die Wege kurz sind, wo das Leben pulsiert und wo es maßgeschneiderte Angebote für sie gibt, etwa im kulturellen oder im Dienstleistungsbereich. Vom Verkauf des zumeist abbezahlten Hauses lässt sich dann auch in den teureren Metropolen so mancher Wohntraum finanzieren. So ist die Marktmacht 50plus nicht zufällig die Hauptzielgruppe bei Wohnungsprivatisierungen. Jedoch korrelieren die Ansprüche an die Immobilie mit der Kaufkraft: Erstklassige Verkaufsberatung, hoher Substanz- und damit Wiederverkaufswert, hochwertige Inneneinrichtung, gesuchte Lagen und nicht zuletzt die Vorsorge für den Pflegefall (Stichwort: barrierefreies Wohnen) sind häufig weitaus entscheidendere Kaufgründe als der Preis.

Sinkende Umzugsbereitschaft ab 65

Ab 65 dominiert dann allerdings meist der Wunsch, im eigenen Heim alt zu werden, die Umzugsbereitschaft sinkt. Die Erfüllung dieses Wunsches setzt allerdings voraus, dass das Zuhause die Sicherheit bietet, im Pflegefall nicht in ein Altenheim eingeliefert werden zu müssen. Entsprechend ist die altersgerechte Modernisierung von Bestandswohnungsbau, die es älter werdenden Menschen ermöglicht, im vertrauten Umfeld zu bleiben, ein Wachstumsmarkt. Jährlich setzen 900.000 über 50-Jährige eine Bestandsoptimierung um, das heißt größere Modernisierungsmaßnahmen ab 10.000 Euro *(LBS, 2006)*. Auch für Bestandshalter führt die demografisch bedingte geringere Nachfrage nach Wohnungen, die nicht altersgerecht sind, zu Modernisierungsbedarf, wenn Mietminderungen vermieden werden sollen.

Ein Umzug in eine neue Wohnung wird ab einem gewissen Alter nur dann in Erwägung gezogen, wenn eine Modernisierung nicht möglich ist (zum Beispiel aus technischen Gründen, wenn etwa der Einbau eines Aufzugs aus Platzmangel unmöglich ist, oder aus finanziellen Gründen, wenn etwa der Umbau zu teuer ist) und es Angebote gibt, die eine

Alternative zum herkömmlichen Pflegeheim bieten oder als Vorsorge diesen, um nicht zu einem späteren Zeitpunkt in ein Pflegeheim umziehen zu müssen. Jährlich ziehen immerhin 800.000 über 50-Jährige um *(LBS, 2006)*.

Klassische Grundrisse sind passé

Anbieter altersgerechter Häuser, wie etwa der Fertighaushersteller Kampa-Haus aus Minden, verzichten auf den klassischen Grundriss mit zwei Kinderzimmern und betonen stattdessen das Leben zu zweit. Gefragt sind Wohnen auf einer Ebene, offene Küchen- und Wohnbereiche, getrennte Schlafzimmer, großzügige Bäder und hochwertige Elektronik und Klimatechnik. Auf Treppen wird verzichtet, oder sie werden so großzügig angelegt, dass später ein Treppenlift nachgerüstet werden kann. Die Bäder sind meist mit bodengleichen Duschkabinen oder Badewannen ausgestattet und die Türen so breit, dass auch Rollstühle hindurch passen. Der Haushersteller Okal aus Simmern hat beispielsweise ein Konzept mit abgeschlossenem Gästebereich mit eigenem Bad, Flur und Schlafzimmer entwickelt. Dieser Bereich kann später auch vom Pflegepersonal oder durch Familienangehörige genutzt werden.

Universal Design ist sexy

Bei der Konzeption solcher Angebote ist jedoch darauf zu achten, dass vor lauter Vorsorge für alle denkbaren Unwägbarkeiten keine „Krankenhausatmosphäre" aufkommt. Hilfreich ist bei der Planung der folgende Grundsatz: Produkte, die Senioren die Selbstständigkeit im Alter ermöglichen, sollten gleichzeitig auch für jüngere Menschen mehr Komfort, Luxus und Bequemlichkeit im Alltag bedeuten. Dies führt zum Ansatz des Universal Design (etwa: Design für alle), nachdem Gebäude und Wohnungen (wie auch sonstige Produkte) so konzipiert sein sollen, dass sie in allen Altersstufen benutzbar sind. So sind etwa ästhetisch gestaltete Rampen, breite Türen und überdachte Eingangsbereiche für Ältere mit Rollator genauso geeignet wie für Mütter mit Kinderwagen. Eckhard Feddersen, der sich als einer der wenigen Architekten auf das häufig als „unsexy" angesehene altersgerechte Wohnen spezialisiert hat, berichtet, dass ein Haus, das von Anfang an Kriterien des Universal Design berücksichtigt, entgegen vieler Vorurteile aus der Immobilienbranche nur rund drei Prozent teurer sei als ein herkömmlich gebautes Haus. Demnach entstehen Mehrkosten primär durch den Einbau von breiteren Türen, Fenstern und Sanitärmöbeln *(Welt am Sonntag vom 19. Februar 2006)*.

Der Grundgedanke des Universal Design lässt sich auch auf Generationen übergreifende Wohnformen anwenden. Neue Untersuchungen belegen, dass schon jüngere Ältere immer häufiger in gemeinschaftliche Wohnprojekte ziehen und dort als Einzelne unter vielen ein selbst organisiertes und selbstständiges Leben führen wollen. Daher werden auch Wohnkonzepte für ältere Menschen, bei denen die soziale Komponente Berücksichtigung findet, zunehmend für die Wohnungswirtschaft relevant und interessant. Folgende Lebensformen finden sich in der Praxis *(LBS, 2006)*:

1. **Wohnen von Jung und Alt im Familienverbund**

   Eigenständiges oder gemeinsames Wohnen in Haus-/Nachbarschaftsgemeinschaften mit der Familie

2. **Wohnen mit Älteren im Freundesverbund**

   Eigenständiges oder gemeinsames Wohnen in Haus-/Nachbarschaftsgemeinschaften mit Freunden/Gleichgesinnten

3. **Wohnen von Jung und Alt im Mehrgenerationenverbund**

   Gemeinschaftliches Wohnen in Mehrgenerationennachbarschaften oder im Mehrgenerationenhaus

4. **Wohnen mit Älteren in altengerechten Wohnanlagen**
   - Eigenständiges Wohnen in altengerechten Wohnanlagen mit und ohne professionelle Dienstleistungen
   - Gemeinschaftliches Wohnen in Wohngruppen

Beispiel Generationenübergreifendes Wohnen im Quartier der *Wohnbau Mainz GmbH*:

Nähe durch Distanz – so lässt sich das Prinzip des preisgekrönten Mainzer Wohnprojekts zusammenfassen. 55 Wohnungen bieten Raum für das Zusammenleben unterschiedlichster Bewohnergruppen: Ältere Menschen finden hier ebenso eine passende Bleibe wie junge Familien, Behinderte, Alleinerziehende und Singles. Das Projekt ist zweigeteilt: Neben barrierefreien Wohnungen für Senioren ist eine Gasse mit familienfreundlichen Wohneinheiten für die Jüngeren entstanden. Die räumliche Trennung kommt den spezifischen Bedürfnissen der Bewohner entgegen und hilft, Konflikte zu vermeiden. Treffpunkt und Bindeglied ist ein Gemeinschaftshaus mit Café und Laden. Ein grüner Innenhof schafft Raum für ein aktives Zusammenleben der Generationen im unmittelbaren Wohnumfeld.

Solche Konzepte dürften im deutschsprachigen Kulturraum auf mehr Akzeptanz stoßen als etwa die amerikanischen *Sun Citys* – so bezeichnet werden „Rentner-Ghettos", die in den vergangenen 40 Jahren vorwiegend in Florida entstanden sind, und die hierzulande zumeist abschreckend beurteilt werden. Auch Absetzbewegungen in das zumeist südländische Ausland werden sich wohl zukünftig in Grenzen halten. Viele Ältere, die es sich leisten können, überwintern zwar gerne etwa auf den Kanarischen Inseln, aber nur wenige verzichten auf einen festen Wohnsitz in Deutschland. Die Gründe hierfür sind sicherlich vielfältig und reichen vom beschränkten kulturellen Angebot im Ausland über Sprach- und Kulturprobleme bis hin zu suboptimaler ärztlicher Versorgung im Vergleich zur Heimat.

Besondere Ansprüche erfordern neue Immobilienkonzepte

Trotz der evidenten Vorteile des Immobilienstandorts Deutschland muss sich die Immobilienwirtschaft mit den besonderen Ansprüchen der Zielgruppe jenseits der 50 auseinandersetzen. Im Mieterbereich etwa gilt es für die Hausverwaltung in diesem Kontext, auch eine Rolle als „Seelenpfleger" älterer Mieter zu übernehmen. Sei es, um die Einsamkeit der Mieter zu erleichtern, sei es um Konflikte zu bereinigen. Vor allem in Objekten, in denen unterschiedlichste aktive Senioren oder neben Senioren viele Kinder und Jugendliche wohnen, kommt es immer wieder zu Reibereien, die sich an Kleinigkeiten entzünden und von der Hausverwaltung großes Fingerspitzengefühl und diplomatisches Geschick erfordern.

Knigge für Beratungs- und Verkaufsgespräche mit Best Agern

Für den Käufermarkt zeigen Erfahrungswerte, dass Verkaufsgespräche mit Älteren etwa ein Drittel länger als im Durchschnitt dauern, da alles genau erklärt werden muss. Dabei ist neben Geduld auch eine Sensibilität im Umgang mit der Marktmacht 50plus gefordert – dies gilt für den Verkauf ebenso wie für das Marketing. Folgende Aspekte sollten Beachtung finden:

- **Der Informationsbedarf ist hoch.** Aufgrund langjähriger Erfahrungen mit Werbung, Verkäufern und Werbemitteln ist die Zielgruppe aber entsprechend vorsichtig. Bunte Bilder (Marketing) und fadenscheinige Argumente (Verkauf) werden durchschaut und führen unmittelbar zur Abkehr vom Objekt.

- **Interessenten jenseits der 50 schätzen es, wenn sich Verkäufer und Berater in ihre Situation hineinversetzen, sich Zeit lassen, respektvoll nach ihren Bedürfnissen und Wünschen fragen.** Zu stark demonstrierte Abschlussorientierung wirkt kontraproduktiv. Auch der Wechsel von Ansprechpartnern sollte vermieden werden, um den Aufbau eines Vertrauensverhältnisses nicht zu gefährden.

- **„Komfort", „Bequemlichkeit", „Hochwertigkeit" und „Service" sind Worte mit einer hohen Anziehungskraft für ältere Zielgruppen.** Dagegen ist das Wort „Senior" tabu. Ältere Menschen wollen nicht als solche angesprochen werden. Wer sie ansprechen will, muss die unbewusste Angstbarriere vor dem Altern überwinden.

- **Daher sind auch Begriffe wie „barrierefrei", „seniorenfreundlich" und „behindertengerecht" in der Kommunikation problematisch,** weil sie mit Behinderung und Krankheit assoziiert werden. „Großzügig", „komfortabel" und „bequem" kommt besser an.

- **Qualität ist wichtiger als der Preis** oder Ausstattungsgimmicks.

- **Spezielle Dienstleistungsangebote** (Concierge-Service, 24-Stunden-Sicherheitsdienst, Einkaufsservice, Haushaltshilfe, Gartenpflege, Fahrdienste, Fitnesskurse, Wellness, ständige ärztliche Versorgung, Gemeinschaftsreinrichtungen wie Bar- und Restaurantbetriebe, Musik und Veranstaltungen usw.) bieten ein beachtliches Potenzial für die Immobilienwirtschaft. Es ist aber zu beachten, dass die älteren Zielgruppen solche Services zwar schätzen, aber sie gelegentlich nicht offen wahrnehmen wollen. Diskretion kann wichtig sein!

- **Für das Marketing und die Gestaltung von Werbemitteln gilt:** Schriftgröße und sprachliche Klarheit von Prospekten und Annoncen sind entscheidend. Anglizismen sind zu vermeiden. Ältere reagieren auf Bilder mit attraktiven Senioren bzw. Generationen übergreifend von Großeltern mit Kindern/Enkeln gut. Gleiches gilt für Bilder, in denen Ältere als Ratgeber dargestellt werden. Der Begriff „Kinderzimmer" sollte aus den Grundrissen verschwinden.

- **Mediennutzung:** Ältere haben mehr Zeit für den Dialog. Mailings, Broschüren und Zeitungen finden Aufmerksamkeit (jedoch nicht die Rubrik „Seniorenimmobilien"), das Internet als zeitgemäßes Medium aber zunehmend auch.

Der Autor

Prof. Dr. Lars Binckebanck ist Professor für Marketing und International Management an der Nordakademie in Elmshorn. Nach dem Studium der Betriebswirtschaftslehre in Lüneburg, Kiel und Preston (CH) promovierte er am Institut für Marketing an der Universität St. Gallen. Seit 1997 war er in leitender Funktion als Marktforscher, Unternehmensberater und Vertriebstrainer tätig, bevor er zuletzt als Geschäftsführer bei einem führenden Münchener Bauträger für Verkauf und Marketing verantwortlich zeichnete. Prof. Binckebanck ist als Partner, Unternehmensberater und im wissenschaftlichen Beirat von Pompe Marketing tätig.

www.nordakademie.de

www.pompe-marketing.com

Das beste Öko-Marketingkonzept mit dem Zielgruppenfokus 50plus – eine prämierte Erfolgsgeschichte

Josef L. Kastenberger, JK Wohnbau AG München

Mit dem *Projekt „nido – natürlich in Karlsfeld wohnen"* wird derzeit die Idee eines ökologischen Dorfes realisiert. Auf einem ca. 154.000 Quadratmeter großen Areal am Ortsrand von Karlsfeld, einer Gemeinde am nordöstlichen Stadtrand von München, entstehen insgesamt 574 Wohneinheiten bestehend aus Wohnungen und Häusern („Nido" ist das italienische Wort für Nest).

Alleinstellungsmerkmal des Bauvorhabens ist das zugrunde liegende innovative ökologische Gesamtkonzept, das auf vier Säulen basiert und die Aspekte Energiesparen, Verwendung regenerativer Energien und Nachhaltigkeit gleichermaßen berücksichtigt.

■ **Säule Nr. 1 – Energiesparen**

Sämtliche Häuser entsprechen dem KfW-70-Standard, sämtliche Wohnungen dem KfW-85-Standard. Auf Wunsch können die Reihenhäuser auch als Passiv- oder Nullenergiehäuser ausgeführt werden. Weitere individuell zubuchbare Module, zum Beispiel für Photovoltaik, Regen- oder Grauwassernutzung senken den Energiebedarf zusätzlich.

■ **Säule Nr. 2 – Einsatz regenerativer Energien**

Für Heizung und Warmwasserbereitung werden nachwachsende Rohstoffe verwendet, hier konkret Holzpellets. Damit setzt das Projekt auf zukunftsfähige regenerative Energien und die komplette Abkoppelung von den immer knapper und damit teurer werdenden Öl- und Gas-Reserven. Langfristige Pläne von Seiten der Gemeinde, die Wärmeversorgung mittels Geothermie zu lösen, wurden ebenfalls berücksichtigt.

■ **Säule Nr. 3 – DEKRA-Nachhaltigkeitszertifikat**

Das Gesamtprojekt wird von der DEKRA bewertet und erhält das DEKRA-Nachhaltigkeitszertifikat. Dieses Gütesiegel bewertet nicht nur die ökologische, sondern auch die ökonomische und soziale Nachhaltigkeit des Bauvorhabens. Darüber hinaus führt der TÜV Süd das baubegleitende Qualitätscontrolling durch.

■ **Säule Nr. 4 – Ökologische Produktmehrwerte**

Eine Reihe weiterer ökologischer Zusatzservices sowie eine am ökologischen Leitgedanken ausgerichtete Freiflächenplanung vervollständigen das Angebot. In Planung sind Angebote wie Car-Sharing, ein Fahrradpool und Kooperationen mit Lieferanten von Bio-Lebensmitteln und ökologisch hergestellten Möbeln.

Für dieses innovative ökologische Gesamtkonzept wurde „nido" bereits zwei Mal ausgezeichnet. 2009 gewann es die „Goldene Immo Idee" – ausgelobt von „AIZ – das Immobilienmagazin" und „immonet.de". 2010 wurde es mit dem „Immobilien Marketing-Award" prämiert, verliehen durch die Hochschule für Wirtschaft und Umwelt Nürtingen-Geislingen in Zusammenarbeit mit dem Fachmagazin „Immobilienwirtschaft". *(Weitere Infos unter: www.jkwohnbau.de/presse)*

Zielgruppen

Als Hauptzielgruppen konnten im Rahmen von verschiedenen Zielgruppenanalysen insbesondere *Starter und junge Familien*, aber auch das *Kundensegment 50plus* identifiziert werden.

Reifere Kunden wollen Unabhängigkeit und Selbstständigkeit bis ins hohe Alter, am liebsten in der eigenen Immobilie. Ihr Handeln ist geprägt von hohem Verantwortungsbewusstsein auch im Umgang mit natürlichen Ressourcen. Und vor allem rückt das Thema Gesundheit immer mehr in den Fokus. Damit zeigen sie eine überdurchschnittlich hohe Affinität für eine ökologisch korrekte und gesunde Lebensweise. Dies, einhergehend mit einer guten Finanzkraft, macht sie zu attraktiven Zielkunden für ökologische Produkte. Denn bei all dem darf nicht vergessen werden, dass die Einhaltung überdurchschnittlich hoher ökologischer Standards natürlich auch eine gewisse Investitionsbereitschaft fordert.

Auch der Standort macht das Projekt für die *Generation 50plus* attraktiv. Am Ortsrand gelegen, sind Wanderungen in die umliegenden Wälder bequem zu Fuß möglich. Im Rahmen der Freiflächenplanung ist zusätzlich ein ca. 30.000 Quadratmeter großer Park im Zentrum des Areals entstanden, der zu Spaziergängen einlädt.

Die S-Bahn-Haltestelle liegt etwa fünf Gehminuten vom Wohngebiet entfernt. Damit ist die Erreichbarkeit auch unabhängig vom Auto gewährleistet. Das kulturelle Angebot der nahen Großstadt ist damit ebenfalls bequem nutzbar.

Produktkonzeption

Bei der Produktkonzeption wurde darauf geachtet, eine bunte Vielfalt an Wohnungsgrößen und -schnitten anzubieten, um den individuellen Bedürfnissen der verschiedenen Zielgruppen gerecht zu werden. Die junge Familie mit Kindern wird sich eher für die Doppelhaushälfte entscheiden. Das ältere Ehepaar bevorzugt die großzügige, barrierefreie 3- bis 4-Zimmerwohnung, die über einen Aufzug einfach zu erreichen ist. Die Grundrisse sind großzügig, damit auch der Golfbag oder das Surfbrett genügend Stauraum finden. Für gute Lichtverhältnisse sorgen großflächige, bodentiefe Fenster.

Die Bäder sind individuell, altersgerecht gestaltbar, zum Beispiel durch den Einbau schwellenloser Duschen oder unterfahrbarer Waschtische. Dabei erfolgt eine professionelle Beratung in der JK Wohnwelt, dem hauseigenen Beratungs- und Bemusterungszentrum. Kompetente und qualifizierte Mitarbeiter stehen hier in ruhigem, gehobenem Ambiente mit Rat und Tat zur Seite, wenn es um die Auswahl der individuellen Inneneinrichtung geht. Damit wird eine gute Betreuung auch nach dem Kauf durch einen persönlichen Ansprechpartner sichergestellt.

Bei der Bauausführung wird großer Wert auf Qualität gelegt. Deshalb wird das Objekt in der Bauausführung sowohl von der DEKRA als auch vom TÜV Süd begleitet. Das zu Recht kritische Kundensegment 50plus kann sich also sicher fühlen, hohe Qualität zu kaufen.

Kommunikationsstrategie

Auch für eine erfolgreiche Kommunikation ist es wichtig, die verschiedenen Zielgruppen adäquat zu erreichen. Somit erfolgte keine reine Ausrichtung auf das Kundensegment 50plus. Hierbei kommt zugute, dass dies von der Zielgruppe auch nicht gewünscht wird. Zudem lehnen es reifere Menschen ab, in einem Gebiet zu leben, das überwiegend von Senioren bewohnt wird. Eine gut durchmischte Umgebung ist für sie deutlich attraktiver. Bei der praktischen Ausgestaltung der verschiedenen Kommunikationskanäle wurden die Anforderungen eines älteren Kundenklientels jedoch sehr wohl berücksichtigt. Beispielsweise wurde mit „nido" ein Markenname gewählt, der eingängig, einfach auszusprechen ist und bewusst nicht mit Anglizismen arbeitet.

Die Verkaufs- und Beratungsgespräche finden in einer ruhigen, zuvorkommenden Atmosphäre mit wenig Nebengeräuschen statt, bei der sich die Berater für die Wünsche der Interessenten ausreichend Zeit nehmen. Deshalb wurde anfangs ein eigens entwickelter Verkaufspavillon installiert. Inzwischen finden die Gespräche in einem Musterhaus vor Ort statt, in dem man sich das zukünftige Wohnumfeld noch plastischer vorstellen kann. Die Verkaufsberater wurden vor Verkaufsstart entsprechend geschult.

Bei sämtlichen Kundeninformationen wird auf eine gut strukturierte, hierarchische Informationsaufbereitung mit klarer Nutzenfokussierung geachtet. So finden sich beispielsweise auf einer Seite des Exposés *„Zehn gute Gründe, die für ‚nido' sprechen"* zusammengefasst.

Zudem wurde auf eine gute Lesbarkeit der verwendeten Schriften sowohl was Schriftart als auch Schriftgrad anbelangt Wert gelegt. Es mag banal klingen, aber die wichtigen Informationen sollen auch ohne Lesebrille gefunden und schnell erfasst werden. Große Illustrationen helfen, sich ein Bild vom zukünftigen Zuhause zu machen und unterstützen die räumliche Vorstellungskraft.

Unser Ziel war und ist immer, eine dauerhafte Wohn- und Lebenszufriedenheit bei gleichzeitig hoher Qualität des räumlichen und sozialen Umfelds zu schaffen. Gemäß unserem Motto: „Wir bauen nur Häuser und Wohnungen, in denen wir uns selbst wohlfühlen würden." Damit werden wir auch den Erwartungen unserer kritischsten Verbraucher gerecht, nämlich dem Kundensegment 50plus.

Der Autor

Dr. Josef L. Kastenberger ist Gründer und Vorstandsvorsitzender der JK Wohnbau AG in München. Nach dem Studium der Betriebswirtschaftslehre mit den Schwerpunkten Marketing, Produktentwicklung, Markenbildung und Subventionspolitik an verschiedenen deutschen und europäischen Hochschulen sowie Promotion war er mehrere Jahre erfolgreich auf Direktoren- und Vorstandsebene in der Lebensmittelbranche beschäftigt. 1990 wechselte er in den Immobilienbereich und legte mit der Gründung der JK Wohnbau AG in 1995 den Grundstein für den weiteren Aufbau der JK Unternehmensgruppe.

Er war zehn Jahre Vorsitzender des Bauträgerausschusses von IVD Süd und BFW Bayern, sechs Jahre lang Präsident des BFW Bayern und gleichzeitig Vorstandsmitglied des BFW Bund in Berlin. Des Weiteren ist er Mitbegründer der ABI (Arbeitsgemeinschaft der Bayerischen Immobilienwirtschaft).

Die JK Wohnbau AG wurde 1995 gegründet und hat sich zu einer der führenden Immobiliengesellschaften in München entwickelt. Mit einer notariellen Verkaufsleistung von knapp 125 Millionen Euro in 2009 ist sie einer der Top-Wohnungsbauträger in München. Durch die klare Fokussierung auf qualitativ hochwertige Objekte mit Konzepten für gehobene Zielgruppenansprüche konnte sie sich als führende Marke auf dem Münchner Wohnimmobilienmarkt positionieren. Bei Themen wie beispielsweise Energieeffizienz und Ökologie, Feng Shui oder „Kunst am Bau" werden dabei Maßstäbe gesetzt.

www.jkwohnbau.de

Wie man Wohnen als Lifestyle-Produkt bei der Zielgruppe 50plus vermarktet

Experten-Interview mit Hans-Joachim Reinhard, Reinhard-Bau Zuzenhausen (Baumeister Haus)

Sind Kunden über 50 für Ihr Unternehmen relevant und wenn ja, warum?

Kunden 50plus sind auf jeden Fall und aus mehreren Gründen für unser Unternehmen sehr interessant. Diese Kunden haben im Verlauf ihres Lebens Eigenkapital angespart, haben schon die eine oder andere Wohnung/Immobilie gebaut oder gekauft. Und wir haben im sogenannten Bauträgergeschäft festgestellt, dass da eine wichtige Nische vorhanden ist. Wir bauen immer zentral, meistens nicht in Großstädten, oft eher in kleineren Gemeinden, Objekte mit zehn bis zwölf Wohnungen mit folgenden Bedingungen: gleiche Ausstattung, anspruchsvolle Lage von der Infrastruktur her – das heißt, Rathaus, Einkaufsmöglichkeiten, Apotheke, Zugverbindung, gesellschaftliches Leben usw. sollen in der fußläufigen Nähe sein und die Ausstattung sollte folgendermaßen sein: immer mit Fahrstuhl, breiten Ein-Meter-Türen, Fußbodenheizung, höherem Standard bei Details, schwellenfrei soweit es möglich ist, die Bäder immer so groß, dass sie rollstuhltauglich sind. Wir bauen die Wohnungen nie von Beginn an behindertengerecht. Wir haben einige solcher Projekte in dieser Richtung gebaut. Wir stellen fest, dass die Zielgruppe 50plus, die wir ansprechen genau darauf großen Wert legt. Leute im Vorrentenalter oder Rentenalter, die im Hinblick auf die Altersvorsorge kaufen oder bauen, wollen nicht mehr länger ihren großen Garten pflegen müssen, sondern wollen sich die Welt anschauen, verreisen und bevorzugen Immobilien auf einer Etage. Für diese älteren Zielgruppen sind Sicherheitsbedürfnisse wie zum Beispiel Türkamera, stabile Wohnungsabschlusstüren etc. extrem wichtig und gehören mittlerweile zu deren Grundausstattungswünschen.

Stellen Sie einen gewissen Trend der Kunden 50plus in Richtung Stadt oder in Richtung Land fest?

Je älter die Kunden werden, umso mehr zieht es sie wieder in ihre Heimat zurück, da, wo ihre Wurzeln waren und sind, da hin, wo sie sich geborgen fühlen.

Sie wollen dann allerdings in altersgerechte Projekte und nicht in irgendeine Altbauwohnung in der Stadt in der fünften Etage, das kommt gar nicht in Frage. Aber auch im Einfamilienhausbereich kommt es immer wieder vor, dass uns Interessenten ansprechen und sagen, ich habe ein großes Haus oder ein Reihenhaus mit mehreren Etagen und ich möchte einen Bungalow auf einer Etage haben aber dennoch ein Einfamilienhaus. Das ist ein weiterer Trend in dieser Altersklasse.

Gibt es in Ihrem Unternehmen ein Marketing- oder Vertriebskonzept, das sich speziell mit der Zielgruppe Best Ager beschäftigt?

Ja, das gibt es. Zum einen, wenn wir Objekte ganz speziell bewerben und zum anderen, weil wir wohl durchdacht die Attribute der Zielgruppe 50plus gezielt ansprechen und hervorheben: Schwellenfreiheit, Fahrstuhl, mitten in der Stadt oder im Zentrum des Lebens und Ähnliches mehr. Es wird dabei niemals vom Alter, vom Rentner, vom Behinderten gesprochen, nur vom Nutzen, von den Vorteilen für die Kunden im reiferen Alter.

Wie sprechen Sie Best Ager in der Werbung, in der Kommunikation nach außen konkret an?

Wir sprechen unsere Kunden in erster Linie über PR an, zum Beispiel vom Spatenstich in einem neuen Projekt oder über zufriedene Kunden, die uns weiterempfehlen. Werbung läuft projektbezogen.

Wo sehen Sie Nachholbedarf und „offene Baustellen" in der Zielgruppenansprache 50plus?

Es gibt das große Feld des betreuten Wohnens und der Alten- und Pflegeheime, die allerdings nicht zwingend die Zielgruppe 50plus, sondern eher 70plus ansprechen. Hier sind wir noch nicht gut aufgestellt. Es fehlt uns noch an guten Kontakten zu Investoren und Betreibern im Seniorenmarkt. Wir kennen das Geschäft zwar als Auftragnehmer, wir haben Alten- und Pflegeeinrichtungen gebaut. Hier sehen wir in der Wertschöpfungskette des Bauens und des Immobilienmarktes für uns noch ein reizvolles Geschäftsfeld. Einige unserer Kollegen bei *Baumeister-Haus* nutzen Kontakte in diesem Seniorenmarkt bereits für Neugeschäfte.

Wie begeistert Ihr Unternehmen insbesondere Best Ager? Was machen Sie konkret, um Kunden 50plus als Stammkunden zu halten und gezielt zur positiven Weiterempfehlung zu nutzen und um neue Kunden 50plus zu gewinnen?

Aufgrund unserer Umfragen wissen wir, dass 70 bis 80 Prozent unserer Kunden über persönliche Weiterempfehlung kommen. Wir haben aber auch sehr viele „Mehrfachtäter", entweder der Vater oder Großvater hat schon bei uns gebaut und die Kinder wollen nun auch bauen. Oder jemand baut mehr als ein Mal mit uns, das ist durchaus realistisch und kommt häufiger vor. Wir begeistern unsere Kunden in erster Linie dadurch, dass wir konsequent Qualität liefern – nicht nur in der Ausführung, sondern insbesondere im Beratungsprozess, in der Kundenbegleitung vom ersten Kontakt bis zur Projektabwicklung und auch noch nach dem Notartermin. Unseren Aktionsradius halten wir bewusst relativ überschaubar in einem Umkreis von etwa 40 Kilometern. Wir sind da, wo wir bekannt sind, wo wir uns über 100 Jahre einen Namen gemacht haben. Das ist klare Strategie. Man kennt mich oder meinen Bruder – die Geschäftsführer von Reinhard Bau bürgen noch höchst persönlich für Glaubwürdigkeit, Seriosität, Solidität, Vertrauen. Das wird in der heutigen unruhigen Zeit immer wichtiger und ist ein wertvoller Schatz – für Kunden wie für das Unternehmen. Und für Best Ager ist das extrem wichtig. Es gibt keinen einzigen Kunden, den wir nicht kennen, mit dem wir nicht ausführlich sprechen.

Sind Beratung und Verkauf im Bereich der Best Ager anders zu gestalten als für jüngere Zielgruppen?

Etwas anders schon. Die Endfinanzierung, die immer wichtiger Hauptbestandteil beim Bauen ist, ist bei älteren Kunden nicht so entscheidend wie bei jüngeren Menschen. Unter 50 Prozent Eigenkapital gibt es bei 50plus gar nicht. In der Regel hat diese Kundengruppe über 50 Eigenkapital von 70 bis 100 Prozent zur Verfügung. Häufig spielen eher steuerliche Gründe eine wichtige Rolle. Die Finanzierung ist ein ganz anderes Thema als bei Jüngeren. Es geht mehr ums Thema Altersvorsorge und Altersperspektiven. Es geht vorwiegend darum, mit wachsendem Alter das eine oder andere in der Wohnung zu verändern bzw. den Kunden 50plus aufzuzeigen, wie einfach doch Veränderungen zum Nutzen und für mehr Wohn- und Lebensqualität möglich sind. Das Sicherheitsbedürfnis wächst im Alter. Wohnungen im Erdgeschoß beispielsweise sind dann nicht mehr ganz so einfach zu verkaufen.

Wird Ihr Beratungsteam für die neuen Herausforderungen dieser anspruchsvollen Klientel 50plus sensibilisiert und trainiert?

Ich mache in diesem Bereich vieles selbst, mache es vor. Unsere Berater haben natürlich häufig den Erstkontakt, aber sobald jemand gesteigertes Interesse zeigt, will ich, dass der nächste Termin mit mir stattfindet. Weil ich das repräsentiere, was unser Unternehmen Reinhard Bau an Qualität und Verständnis für die Kunden zu bieten hat. Das schätzen gerade unsere reiferen Kunden außerordentlich. Einen „jungen Springer" auf einen 60-Jährigen loszulassen ist nicht immer von Erfolg gekrönt. In unserem Unternehmen wird Beratung und Verkauf bewusst nicht professionell mit Externen trainiert. Ich habe sehr viele Trainings absolviert, nicht um mich zu verändern, sondern einfach nur um zu hören, was dabei rum kommt. Habe aber dabei festgestellt, dass *der erfolgreichste Verkäufer derjenige ist, der authentisch ist und bei Kunden auch authentisch rüber kommt.*

Wie konkret wirkt sich der demografische Wandel auf die Produktportfolio-Struktur in Ihrem Unternehmen aus?

Das entwickelt sich und ist einfach ein normaler Wandel, der mit dem Markt einhergeht. Wir sind sehr nah am Markt, merken was der Markt fordert und reagieren von Fall zu Fall darauf. Die Entwicklung geht im Moment ganz klar wieder in Richtung Bauhausstil – bei älteren Kunden schwellenfrei, hin zu behindertentauglichen Wohnformen mit gutem Design nach dem jeweiligen Geschmack und zu Lösungen für ein gutes Wohngefühl. Hierzu braucht man Personal, das sich in diesen Bereichen auskennt, und dazu muss man kleine Nischen für ein bestimmtes Klientel einfach nachhaltig besetzen und da sich mit zuverlässigen Leistungen hervortun. Das wird belohnt. Wir suchen uns Standorte ganz genau aus, es dürfen keine Orte sein, an dem Alten- oder Pflegeheime oder betreute Wohnanlagen sind. *Wohndesign und Inneneinrichtung ist nicht altersabhängig – es gibt modische Alte genauso wie es unmodische Junge gibt.*

Wie konkret wirkt sich der demografische Wandel auf die Personalentwicklung (Einstellungen, Schulungen, Altersdurchschnitt etc.) in Ihrem Unternehmen aus?

Es ist trotz Wirtschaftskrise und anderen Rahmenbedingungen schwieriger geworden, gutes Personal zu finden. Es trifft nicht nur den Verwaltungsbereich, sondern auch den gewerblichen Bereich. Wir haben schon sehr lange die Angewohnheit, dass wir unsere Mitarbeiter selbst heranziehen und ausbilden. Manchmal macht es aber auch Sinn, einen erfahrenen Mitarbeiter mit Erfahrung aus anderen Firmen einzustellen. Die Mischung macht es. Es kommt auf die Anlagen und die Interessen der Mitarbeiter an – darauf lässt sich aufbauen. Vom Planer oder technischen Zeichner bis zum Starverkäufer haben wir im Wandel der Zeit schon sehr gute Leute aufgebaut und weiterentwickelt. Unsere Verkäufer kommen alle aus dem technischen Bereich, also Zeichner oder Kalkulierer. Wenn der Kundenumgang passt, ankommt und authentisch ist, wenn ein Mitarbeiter vom Kunden geliebt und ihm geglaubt wird, dann kann ein Reinhard-Mitarbeiter bei uns Kundenberater und Verkäufer werden. Wichtig ist auch die Kleidung – bei uns wird keine Krawatte und kein Anzug getragen, aber das äußere Erscheinungsbild ist enorm wichtig und muss zu jeder Zeit stimmen. Wir haben keine Verkäufer aus dem Immobilienbereich. Wir machen keinerlei Kaltakquise oder Mailings, sondern beschränken uns auf Werbung über Anzeigen zu konkreten Bauprojekten, Baustellenwerbung, Pressearbeit, Tage der offenen Tür, Besichtigungen, Richtfeste und auf Mund-zu-Mund-Propaganda.

Ihre persönliche Vision und Ihre Gedanken zum Thema „Marktmacht 50plus"?

Der Markt der Älteren wird immer größer. Die Frage ist, wie die zukünftigen Alten finanziell ausgestattet sein werden. Man muss sich damit beschäftigen und der weiteren Entwicklung Rechnung tragen. Wir müssen genau beobachten, wohin der Zug mit der Generation 50plus fährt, damit wir diesem Markt nicht hinterher laufen, sondern in der Kundenansprache eher einen Schritt voraus sind und aktiv mit gestalten.

Interview-Partner

Hans-Joachim Reinhard, begeisterter Golfer und Skifahrer, ist gemeinsam mit seinem Bruder Geschäftsführer der Reinhard Bau GmbH & Co. KG in Zuzenhausen (Baden-Württemberg). Reinhard Bau, ein Partnerunternehmen von Baumeister Haus, ist seit 1898 auf dem Markt und blickt auf eine über hundertjährige Unternehmensgeschichte zurück.

www.reinhard-bau.de

Best Ager in der Immobilienbranche – Opfer oder Kunde?

Boris Neumann, Hust ImmobilienService Karlsruhe

Best Ager als Opfer? Ja, Opfer! Viele Firmen und „One-Man-Show-Dienstleister" gerade im Immobilienbereich betrachten gerade die 50plus-Generation als „leichte Opfer" wenn es darum geht, deren Immobilien zu veräußern. Wie anders ist es zu erklären, dass gerade mit diesem Personenkreis unglaubliche Geschäfte getätigt werden?

Ein tatsächlich geschehener Vorgang macht dies stellvertretend für noch viel mehr solcher Sachverhalte deutlich: Mit dem tollen Angebot, ein unbebautes Grundstück völlig kostenlos für den Verkäufer zu vermarkten, stellte sich der Makler der älteren Dame vor. Als Argument für die Preisfindung wurde nicht etwa eine Bewertung vorgenommen, sondern lediglich die langjährige Berufserfahrung angeführt. Die lapidaren Bemerkungen „vertrauen Sie mir" und „das machen wir ständig" genügten, um auch in diesem Fall von der alleinstehenden Frau den Auftrag zum Verkauf des Grundstücks zu erhalten. Der Käufer war tatsächlich schnell gefunden. Er, der Makler, selbst kaufte das Grundstück, um es nur nach wenigen Wochen mit enormem Gewinn weiter zu veräußern. Wenn Sie jetzt meinen, das sei ein Einzelfall, muss ich Sie enttäuschen. Riesige Vermögenswerte werden so verschoben. Der zu Recht schlechte Ruf der Maklerbranche rührt doch mit aus solchen Geschichten. „Der ist clever", hallte es durch die Branche. Clever? Nein, das ist nicht clever, sondern Betrug am Kunden! Hier wird ein Kunde zum Opfer. Die rechtliche Sicht lassen wir hier mal außen vor. Das gleiche Spiel gibt es bei Wohnungen, Einfamilienhäusern und Mehrfamilienhäusern. Warum diese Vorgeschichte?

Die Immobilienbranche wird auch in den nächsten 20 Jahren boomen!

Bedingt durch den demografischen Wandel werden enorme Immobilienvermögen den Besitzer wechseln. Egal, ob dies durch Erbschaft oder Verkauf geschieht, immer geht es um viel Geld und genau dort lauern viele auf ihre Chance. Zudem werden sich die Wohngewohnheiten und Aufenthaltsorte der Best-Ager-Generation stark verändern. Wohnen wie bisher, dreißig bis vierzig Jahre im eigenen Haus oder lebenslänglich zur Miete, wird es künftig nicht mehr in dieser Form geben. In der Arbeitswelt ist dieser Schritt schon vollzogen. Die letzten Dinosaurier, die 30 oder 40 Jahre in ein und derselben Firma gearbeitet haben, sind akut vom Aussterben bedroht und in den kommenden zehn Jahren nicht mehr existent.

Die festen Lebensmuster gibt es nicht mehr

Künftig wird jeder Best Ager, sicherlich unterschiedlich in Bezug auf die jeweiligen individuellen finanziellen Möglichkeiten, den Ort, die Zeit und die Wohnqualität aktiv selbst bestimmen. Der Immobilienbesitzer mit dem großen bezahlten Wohnhaus und einem wohl gefüllten Konto wird nicht mehr bis zu seinem letzten Tag in seinem Haus wohnen, sondern seine 200 Quadratmeter Wohnfläche in zwei eventuell auch drei Standorte aufteilen.

Die Wohneinheit im gewohnten sozialen Umfeld mit weniger Gartenanteil im EG oder die Penthousewohnung mit Aufzug wird die Basis bilden. Hinzu kommt die kleine schnuckelige Einheit am Ostseestrand, auf Mallorca oder dem sonst in irgendeiner Weise liebgewonnenen Urlaubsziel. Der dritte Standort wird – wenn er denn benötigt wird – regelmäßig in der Nähe der Enkelkinder sein.

Bei finanziell weniger gut gestellten Personen im besten Alter zeichnet sich doch schon jetzt der Trend ab, dass diese „noch was erleben wollen" und sich Gedanken über einen Aufenthalt im Ausland machen, wohin sie sich ihre Rente nachsenden lassen werden, weil die Lebenshaltungskosten in Deutschland im Vergleich zu zahlreichen anderen Ländern deutlich höher sind. Die Meldeadresse in Deutschland wird ein Briefkasten oder ein kleines (Miet-)Appartement sein.

Eines haben alle Personen aus diesem Kreis gemeinsam: den Gedanken, was passiert, wenn es mal gesundheitlich schlecht geht oder der Partner den weiteren Lebensweg alleine weiter gehen muss. Der ideale „Notfallplan" sieht hier ein schönes, ruhiges Zimmer mit kompletter Versorgung und Betreuung vor.

Was heißt das für die Immobilienbranche?

Meine Prognose: Um das Leben im Alter zu genießen werden sich die Eigentümer leichter von ihren Objekten trennen, als dies bislang der Fall war. Wohnhäuser, Wohnungen und Grundstücke werden nicht mehr wie Jahrzehnte zuvor für die nächste Generation aufgespart. Allein aus diesem Grund wird sich die Zahl der Verkaufsobjekte erhöhen. Gekauft wird gleichfalls mehr, da aus dem Erlös des einen in zwei Objekte investiert wird.

Lebensbegleiter für Zukunftsvisionen der Best Ager

Wir haben unser Unternehmen so ausgerichtet, dass wir die neue Generation von lebenslustigen und aktiven Menschen im besten Alter auf ihrem Weg, die eigenen Zukunftsvisionen zu verwirklichen, begleiten. Nicht das schnelle Geschäft oder der einmalige Verkauf einer Immobilie ist unser Anspruch, es geht uns darum, dem Kunden bei all seinen Überlegungen und Fragen zu Immobilienbewertungen, Immobilienstandorten, Immobilienwünschen etc. als nachweislich kompetenter und anspruchsvoller Experte zur Seite zu stehen. Wir sehen uns in der Rolle als Immobilien*berater* und nicht als Immobilien*makler*. Ein Arzt beispielsweise wird seinen Patienten nicht regelmäßig operieren wollen oder wünscht ihm eine schlimme Krankheit, nur um ihn dann zu heilen. Nein, ein Medizinexperte zeichnet sich dadurch aus, dass er beratend und behandelnd zur Seite steht, wenn es um den Check-up, die Diagnose oder den Erhalt der Gesundheit geht. Dass er in letzter Konsequenz auch die Behandlung bzw. eine Operation vornimmt und hierbei dem Kunden seine Dienstleistung mit all seiner Qualifikation, dem Know-how und seinen Erfahrungswerten als Spezialist entgeltlich zur Verfügung stellt, ist dann nur die logische Folge des bestehenden beiderseits angenehmen persönlichen Kontakts.

Jeder Marktteilnehmer, der diese anspruchsvolle aber auch verständnisvolle Generation 50plus nicht auf ein einzelnes Geschäft reduziert und nicht versucht, den maximalen Ertrag aus einem Geschäft zu generieren, wird wie wir schnell feststellen, dass gerade dieser Personenkreis gerne bereit ist, für eine fundierte, fachlich richtige, ansprechende Dienstleistung im Immobilienbereich angemessen zu bezahlen.

Wie sagte vor Kurzem eine 82-jährige Verkäuferin einer großen Immobilie so vielsagend zu mir:

„Wissen Sie, mit zunehmendem Alter trifft man nicht gerne Entscheidungen. Im Gegenteil zu früher spielt man nicht mehr durch, wie toll das alles wird, sondern man macht sich nun nur Gedanken, was passieren kann. Ich bin so dankbar, dass ich bei meinen Entscheidungen, die ich weiterhin selbst treffen werde, objektive Argumente für und wider von Ihnen erhalten habe."

Ein schöneres Kompliment und Dankeschön kann man als Dienstleister nicht erhalten.

Der Autor

Boris Neumann, Jahrgang 1970, war als Bankbetriebswirt im Führungs- und Managementbereich eines genossenschaftlichen Kreditinstituts über 17 Jahre tätig. Seit Anfang 2009 ist er Geschäftsführender Gesellschafter der Firma HUST ImmobilienService in Karlsruhe, die mit drei genossenschaftlichen Banken exklusive Kooperationen bildet. Mit seiner eigenen Beratungsfirma Finance Mangement+Concepts Private & Business (*www.bn-finance-concepts.de*) liefert der diplomierte Sportmanager einem eng begrenzten Personenkreis individuelle Finanzierungskonzepte und Lösungen. Als qualifizierter und vor allem unabhängiger Ratgeber im Immobilien- und Finanzierungsbereich hat er sich nicht nur im regionalen Bereich einen Namen gemacht. Der Name Hust steht in Karlsruhe seit über 15 Jahren für Zuverlässigkeit im Immobilienbereich. Die Hust ImmobilienService OHG ist inhabergeführt und unabhängig. Das Unternehmen ist bewusst kein Maklerbüro, sondern ein Servicedienstleistungsunternehmen im Immobilienbereich.

www.hust-immobilienservice.de

7 Gesundheit und Pflege

Vor allem Hersteller von Produkten und Dienstleistungen rund um das Thema Gesundheit, Pflege, Senioren werden von der Marktmacht 50plus und den demografischen Veränderungen logischerweise am stärksten profitieren – eine Parade-Boom-Branche sollte man meinen. Aber selbst hier werden nur *die* Anbieter und Unternehmen auf dem Markt überleben, die sich mit einem Alleinstellungsmerkmal beim Kunden profilieren und durchsetzen können und sich frühzeitig entscheiden, ob sie sich auf den Premium- oder Billigmarkt konzentrieren wollen. Denn die Konkurrenz wird auch hier weltweit immer stärker, die Angebote immer vielfältiger, verrückter, unüberschaubarer. Über Erfolg oder Misserfolg wird entscheiden, wer es schneller und intelligenter versteht, künftige Kundenwünsche der jetzt noch 40- bis 50-Jährigen aber älter werdenden Generation zu antizipieren, sein Dienstleistungsportfolio und seine Produktpalette zu modifizieren und zu emotionalisieren.

Ein Anstieg der Lebenserwartung korrespondiert mit besserer Gesundheit, mit fast grenzenlosen medizinischen Therapiemöglichkeiten. Nicht umsonst setzen Elektronikriesen wie *Siemens* oder *Philips* ganz auf Medizintechnik als Zukunftsfeld. Gebraucht werden in Zukunft nicht nur die herkömmlichen Angebote von Krankenhäusern, Senioren- und Pflegeeinrichtungen, sondern viel stärker als bisher werden Hilfen und Serviceangebote im täglichen Leben, im Wohnumfeld der älter werdenden Generation gebraucht, bevor sie Tagespflege, ambulante oder stationäre Pflege benötigen. Die Wirtschaft und die Industrie haben die Thematik der alternden Welt nicht nur unter den Aspekten Gehhilfen, Rollstühle, Pflegebetten, Treppenlifte etc. zu diskutieren, sondern müssen den Fokus viel stärker als bisher auf die kompetenteren Älteren richten, auf die Grauzonen zwischen Ressourcen erhalten und Hilfen zum täglichen Leben anbieten, bevor jemand ins Seniorenheim muss, bevor er chronisch krank wird, bevor er von einer Institution abhängig und die Kosten nicht mehr selbst bewältigen kann.

Probleme könnten zum Beispiel **Kranken- und Gesundheitskassen** bekommen. Im April 2011 meldete die erste öffentliche deutsche Krankenkasse, die City-BKK mit 150.000 Mitgliedern, wegen zu viel älterer Mitglieder Insolvenz an. Man kann sich mit gesundem Menschenverstand schon fragen, wozu wir in unserem Land über 200 Krankenkassen brauchen, die alle in schönsten Gebäuden, mit teurem Headoffice etc. logieren. Vielleicht brauchen wir hier mehr Kundenorientierung und weniger Bürokratie-Apparat – gerade jetzt im demografischen Wandel?

Auch **Krankenhäuser, Reha-Kliniken, Kurkliniken der herkömmlichen Art,** die sich nicht spezialisieren und für neue Märkte öffnen, sind existenzgefährdet. Laut *Süddeutscher Zeitung* stehen in Deutschland nach Einschätzung des Wirtschaftsweisen *Christoph Schmidt* 200 Kliniken vor dem Exitus und unmittelbar vor der Schließung. Gründe: steigende Kosten im Gesundheitswesen und der demografische Wandel. Von den etwa 2.000 Kliniken drohe jeder Zehnten das Aus – besonders auf dem Land, wie der Präsident des *Rheinisch-Westfälischen Instituts für Wirtschaftsforschung (RWI)* dem *ZDF-Morgenmagazin* sagte. Er forderte deshalb, Kliniken zusammenzulegen und zu schließen. (*Süddeutsche Zeitung, 6.5.2011*) Das Gleiche könnte man auch für den Verwaltungsapparat in der Gesundheitsindustrie fordern ...

Das Boom-Potenzial der Branche auf einen Blick

Gesundheit | Prävention	<ul><li>Schönheitsfarmen – Schönheitskliniken – Day-Spas</li><li>Privatarztpraxen mit Spezialisierung auf sanfte Medizin – Naturmedizin – Alternativmedizin – Akupunktur – chinesische Medizin ...</li><li>Wellness-Zahnarztpraxen mit Wochenend-Öffnungszeiten auf Fünf-Sterne-Niveau</li><li>Augenoptiker (Brillen, Kontaktlinsen ...)</li><li>Hörakustiker (Hörgeräte)</li><li>Orthopädietechniker</li><li>Gesundheitsvorsorge und Gesundheitsberatung</li><li>Psychologische und psychotherapeutische Beratung</li><li>Hotelkliniken, Privatkliniken → für Gesundheit und Schönheit</li><li>Gesundheitsportale im Internet</li><li>Entschleunigungs-Angebote und -Dienstleistungen</li><li>Medikamente und OTC-Produkte → Apotheken oder Internet-Apotheken</li><li>Designer-Gehstöcke, Designer-Gehwagen und -Rollstühle ...</li></ul>

Fakten:

- Für Gesundheitsprodukte geben Menschen 50plus in Deutschland etwa **sechs Milliarden Euro** pro Jahr aus – das sind mehr als die Hälfte der Gesamtausgaben für Gesundheit in Höhe von ca. zwölf Milliarden Euro.

- **Menschen werden immer älter**, holen sich immer mehr ambulante Dienstleistungen ins eigene Haus.

- Politisch werden **ambulante Betreuung und Pflege forciert**, da preiswerter und manchmal auch durchaus optimaler für die persönliche Lebensqualität im gewohnten Wohnumfeld.

- **Öffnung des europäischen Arbeitsmarktes seit Mai 2011:** Europäisches und insbesondere osteuropäisches und asiatisches Leihpersonal sind nicht nur in der Pflege und Betreuung von älteren kranken Menschen ein Thema mit hoher gesellschaftspolitischer Brisanz.
- Eine Zwei-Klassen-Medizin wird immer spürbarer zur Realität. Die Schere Arm – Reich öffnet sich immer dramatischer.

Prognosen:

- **Prävention und alternative Heilmethoden** sind angesagt – und werden stark zunehmen.
- **Kooperationen:** Einzelne Branchen und Nischen innerhalb des Gesundheitsmarkts werden im Sinne des Kunden miteinander synergetisch vernetzt und verbunden, zum Beispiel Kliniken mit Hotels oder mit ambulanten Einrichtungen und Rehabilitationseinrichtungen.
- **Gesundheit und Lifestyle:** Urlaub, Wellness, Fitness und Gesundheitsangebote wachsen stark zusammen zum Beispiel Entspannung im Heu, Fastenwandern, Meeralgen-Therapie, Wellness-Törns, Wellness für Männer 50plus, Wellness-Bauernhof etc.
- **Gesundheits-Tourismus** ist der stark boomende Markt der Zukunft – von Ost nach West, von West nach Ost/Süd, von Süd nach Nord im internationalen Drehrad – zum Beispiel Billig-Zahnarzt in Tschechien – aber auch im Inland wird sich diesbezüglich eine Menge Neues entwickeln.
- **Homecare-Bereich:** Heimservice und mobile Dienstleistungen rund um ambulante Pflegeleistungen, Gesundheit, Hauswirtschaft, Ernährung, soziale Betreuung.
- **Gesundheitsangebote auf Fünf-Sterne-Niveau:** Spezialisierte Privatkliniken mit Serviceleistungen und vielen Details als Alleinstellungsmerkmal auf hohem Vier- bis Fünf- Sterne-Hotelniveau werden sich signifikant vermehren.

Der Pflege- und Seniorenmarkt der Zukunft

„Nie zuvor wurden in diesem Land so viele Menschen alt. Frauen, die in diesen Tagen ihren 80. Geburtstag feiern, begehen aller Wahrscheinlichkeit auch noch den 89., Männer den 87. Geburtstag. Die Zahl der Pflegebedürftigen wird sich in vierzig Jahren auf 4,4 Millionen verdoppelt haben, die der Demenzkranken auf 2,5 Millionen. Einmal Sachsen, einmal Brandenburg. So lauten die Prognosen ... Das Geld aus der Pflegeversicherung reicht – ohne eine Beitragserhöhung – noch etwa bis zum Jahr 2014. Vier Millionen Menschen kümmern sich derzeit um ihre alten Angehörigen – das entspricht 5 Prozent der deutschen Gesamtbevölkerung. Die Zahl der Ehrenamtlichen steigt. Zwei Drittel der Pflegenden sind Frauen, obwohl der Männeranteil inzwischen leicht steigt ..." (*Der Spiegel, 11.4.2011, Auszüge aus dem Buch „Vaters Zeit" von Katja Timm*)

„Die Gerontologie-Expertin *Prof. Dr. Ursula Lehr* aus Heidelberg schlägt vor, das Kantinenessen an die alt gewordenen Eltern ihrer Mitarbeiter liefern zu lassen und sie kann sich Seniorentagesstätten vorstellen, die an ein Unternehmen angebunden sind, analog einem Betriebskindergarten ... Die Lieblingsidee von Ursula Lehr – ein Gemeinschaftsraum in jedem Familienhaus: ausgerüstet mit Tisch, Stühlen, Kühlschrank für Bier, Wein, Saft, Sprudel und einer Schreibtafel, wo man alltägliche Mitteilungen wie nachfolgende tätigen könne: „Morgen kaufe ich ein, wem soll ich etwas mitbringen?; ich muss am Samstag drei Uhr zum Zug, fährt jemand in Richtung Bahnhof?; mir fehlt Glühbirne im Deckenlicht, kann mir die jemand einschrauben? ..." *(Der Spiegel, 11.4.2011, Auszüge aus dem Buch „Vaters Zeit" von Katja Timm)*

Das Boom-Potenzial der Branche auf einen Blick

Seniorenwirtschaft und Pflegemarkt (70plus)	■ Seniorenwirtschaft – die Silver-Economy – eröffnet neue Marktchancen ■ Neue Wohnformen der „weichen Übergänge" wie zum Beispiel intergeneratives Wohnen, Senioren-Wohngemeinschaften (WG) ■ Pflegemarkt – gepaart mit intelligenten Mikro-Dienstleistungen und Wohlfühlvarianten für Individualisten und gehobenes Klientel – zu unterscheiden nach Leistungsangebot und Preis: Premium-Anbieter im Vier- bis Fünf-Sterne-Bereich ■ Discount-Anbieter im Ein- bis Drei-Sterne-Bereich ■ Betreute Pflege zu Hause ■ Vernetzte Gesundheitszentren mit Pflegeangeboten von Premium- bis Niedrigpreisqualität (ein bis fünf Sterne analog Hotellerie) mit gesamtem Spektrum von ambulanter, stationärer Diagnostik, Therapie, Pflege, Hospiz ...

Fakten:

■ So viele Menschen werden in Deutschland in Zukunft pflegebedürftig sein – defensive Prognose *(destatis.de, 2011)*:

2015   2,64 Millionen

2025   2,90 Millionen

2030   3,37 Millionen

2050   4,50 Millionen

■ **Immer mehr Pflegebedürftige – nicht nur in Deutschland.** Viele alte Menschen brauchen Pflege rund um die Uhr. Die Betreuung übernehmen häufig Familienangehörige oder ausgebildete Pflegekräfte in den Heimen.

- **Wachsendes Pflegerisiko – der Bedarf steigt:** 2030 wird Schätzungen zufolge über eine Million Menschen mehr pflegebedürftig sein als heute. Kein Wunder: Die Lebenserwartung steigt, die Gesellschaft wird immer älter. Zwei Drittel der rund 3,4 Millionen Betroffenen sind 2030 dann 80 Jahre und älter.
- **Immer älter:** Das Durchschnittsalter in der stationären Pflege liegt heute bei 84 Jahren; im betreuten Wohnen bei 79 Jahren. Die Tendenz der Durchschnittsalter wird in allen Segmenten gravierend steigen – die Menschen werden immer später, immer hochaltriger und in einem immer morbideren Zustand gepflegt und betreut – ambulant wie stationär.
- **Steigende Lebenserwartung aufgrund medizinischer Kompetenz.**
- **Zunehmende Vergreisung, Singularisierung und Vereinsamung.**

Prognosen:

- Die „**Reichtums-Armuts-Schere**" wird drastisch auseinandergehen, daher werden wir mehr Premium-Produkte und Angebote im Niedrigpreis-Segment brauchen und bekommen.
- **Wohnformen der weichen Übergänge:** Neue Wohn- und Lebensformen und generationsübergreifende Konzepte im Quartier oder im urbanen Umfeld mit adäquater Infrastruktur werden von Menschen 50plus erwünscht und künftig nur noch akzeptiert werden.
- Der **Trend zur Pflege daheim** wird gravierende negative Auswirkungen auf stationäre bzw. auf konzeptionell schwach aufgestellte Unternehmen haben. Aus Kostengründen wird immer mehr mit osteuropäischen Billig-Pflegekräften statt mit deutschen Pflegediensten gearbeitet.
- „**Well-Feeling-Communitys**" werden boomen: Innovative, pfiffige Mehr-Generationen-Verbundkonzepte wie zum Beispiel „Gesundheitszentren mit abrufbarem Hotelservice", alternativen, ganzheitlichen Heilmethoden. Unternehmen, die sich auf Krankheiten/Insuffizienzen des Alters spezialisiert haben, mit Wohlfühl-Charakter gegen die Vereinsamung, mit Erlebnis-Charakter, mit Fitnesskomponenten, mit Lifestyle-Orientierung, mit Wein- und Champagnerkeller, mit Sicherheits-Hightech, mit individuell abrufbarem Service und mit Pflegeversprechen, werden die Nase vorn haben und boomen.
- **Bisherige statische und wenig reizvolle Senioren- und Pflege-Angebote** wie oben beschrieben **werden an Bedeutung verlieren** – zugunsten der Branchen Gesundheit, Immobilien, Lifestyle, Hotellerie, Heimservice und Wellness/Fitness, die immer mehr Einfluss in die Pflegebranche bekommen werden, weil Best Ager von heute nicht mehr zufrieden sein werden mit satt-sauber-sicher-abgestellt-abgeschrieben.
- **Die Silver-Economy wird immer mehr zum Mega-Markt der Zukunft** für Investoren, Betreiber, Bauträger, Versicherungen und Dienstleistungen unterschiedlichster Ausprägungen.

- **Key-Trends:** Hospiz, Sterben zu Hause, aktive Sterbehilfe im benachbarten Ausland (Schweiz, Holland ...)

Die „Seniorenwirtschaft" ist *der* boomende Markt des 21. Jahrhunderts. Die Chancen, aber auch die Risiken sind aufgrund des demografischen Wandels hoch. Die steigende Zahl älterer und vor allem hoch betagter Menschen kann die große Chance der neuen Dienstleistungsgesellschaft sein. Aber ob es gelingt, dieses Potenzial für Beschäftigung, Wachstum und Innovation auszunutzen, ist fraglich. Die hemmenden Faktoren sind stark: Gesetzliche Vorgaben und starre bürokratische Systeme, aber auch das Negativimage einiger stationärer Einrichtungen bremsen neue intelligente Konzepte auf dem Wohn- und Pflegemarkt für den dritten Lebensabschnitt und zeigen eher einen – politisch gewollten – Trend zu ambulanten Versorgungskonzepten, modular abrufbar und bezahlbar.

Die Trends auf diesem Markt hin zu generationsübergreifenden Konzepten, zu Gesundheitszentren mit Hotelservice, zur Privatisierung, zur häuslichen Pflege, zur Internationalisierung, zur steigenden Bedeutung des Standorts und des cleveren Marketingkonzepts mit Mehrwert und Kundennutzen, zur Integration der Wertschöpfungskette und vieles mehr bescheren diesem Markt künftig hohe Zuwachsraten und spannende Gestaltungsmöglichkeiten. Aber nur hervorragende innovative Konzepte haben Chancen auf Überleben, auf gute Renditen und eine nachhaltige Akzeptanz beim Kunden.

In den nächsten Jahren wird es zur großen Marktspaltung kommen. Die Mitte wird zunehmend verschwinden, Einrichtungen mit mittlerem Preisgefüge und mäßigem Service haben wohl eher keine Zukunft. Preiswerte „Discount-Einrichtungen" im Ein- bis Drei-Sternebereich oder Luxus-Premium-Anbieter im Vier- bis Fünf-Sternebereich mit Top-Service, Wellness- und Erlebnisangeboten – aber auch mit akzeptablen, transparenten, fairen Preisen – werden wirtschaftlich erfolgreich sein.

Neue intergenerative Wohnformen werden die einstmaligen Residenzen, Altenstifte, Altenheime und Betreutes Wohnen ersetzen oder mit ihnen konkurrieren. Bedingung aus Kundensicht: Sie müssen alle ein ernst zu nehmendes Betreuungs- und Pflegeversprechen bis zum Lebensende gewährleisten. Die möglichen Alternativen für die Zukunft sind:

- **Mehr-Generationen-Service-Wohnen**, integriertes Wohnen oder generationsübergreifendes Wohnen mit „Doorman", 24-Stunden-Rezeption, Gärtner, Rundum-Sorglos-Paket.
- **Wohnanlagen im „Universal Design"** zum Wohlfühlen für Bewohner aller Generationen.
- **„Gated Communitys"** – bewachte Appartement- und Villensiedlungen in urbanen Top-Lagen mit hohen Sicherheitsvorkehrungen.
- **Lebensabschnitts-Wohnungen** mit Wahlwohnsitzen an unterschiedlichen Standorten im In- und Ausland. Ziel: flexibles Wohnen an schönen, spannenden Locations für ein gutes Lebensgefühl.
- **Trend Globalisierung:** internationale, finanzstarke Pflege-Konzerne, Hotelketten, Versicherungskonzerne, Immobilienkonzerne und Privatklinikbetreiber werden für eine Bereinigung des Pflege- und Seniorenmarktes sorgen.

- **Mit der Überalterung zunehmende Demenz-Erkrankungen:** beschützende, aber dennoch pulsierende, attraktive Pflege- und Erlebniszentren mit kleinen persönlichen Wohneinheiten und innovativer, hoher Pflegekompetenz, abgestuft nach finanziellen Möglichkeiten von preiswert bis premium.
- **Trend Privatisierung und Fusionen bzw. Verschmelzungen der Unternehmen aus der Senioren- und Gesundheitsbranche:** Private Anbieter werden dramatisch wachsen, kommunale Betreiber werden zunehmend investiv überfordert sein, wenige große Anbieter werden die Preise diktieren, die Gesundheits- und Seniorenbranche sowie stationäre mit ambulanten Angeboten werden verschmolzen.
- **Trend Urbanität:** Gewünscht sind attraktive, urbane Orte der Begegnung, der Kommunikation, des Wohlfühlens, der Geborgenheit, der Sicherheit; stimulierende Infrastruktur, Top-Lage (Mikro- und Makrostandort), keine peripheren Standorte im Grünen, überzeugende Konzepte von seriösen Betreibern mit hohem Image, begeisternden Mitarbeitern und hervorragenden Managern in der Einrichtung selbst werden sich zunehmend auf dem Markt durchsetzen.
- **Trend Kontaktarmut und Singularisierung:** veränderte Bedürfnisse der zunehmenden Alleinstehenden, Unterbringungsbedarf vor Pflegebedürftigkeit
- **Trend Individualisierung:** individualisierte Lebensstile, unterschiedlichste Lebenswelten, Selbstbestimmungsdrang und persönliche Freiheit als Top-Werte; Herausforderung: Wohn- und Lebensstile gilt es, auszudifferenzieren
- **Trend Lebenskomplexität:** wachsender Wunsch der Generation 50plus bis 60plus nach Entlastung und Entpflichtung von alltäglichen Aufgaben
- **Trend zu Lebensqualität und Lebenslust:** Schönheits- und Wellness-Boom, Forever-young-Bedürfnisse wachsen, Megatrends sind Anti-Ageing, Prävention, bewusste Ernährung und Fitness
- **Trend zur Reduktion und Vereinfachung:** Wunsch nach „Weniger ist mehr", aber auch hin zu einer **„Nur-das-Beste-ist-gut-genug-für-mich-Mentalität",** Hinwendung zu den wirklich wichtigen Dingen des Lebens ist angesagt, „... eine intakte innere Mitte und der innere Friede werden deshalb zum Inbegriff des wahren Luxus werden ... Parallel dazu brauchen einige von uns ein paar wirklich exzentrische Dinge, die für absolute Exklusivität und Fantasie stehen", schreibt die niederländische weltweit anerkannte Trendexpertin *Li Edelkoort.* (Li Edelkoort, www.edelkoort.com)
- **Trend zur Entdeckung persönlicher Potenziale, Wissensdurst zur Selbstverwirklichung, zur persönlichen Neuorientierung:** Konzepte für altersgerechte Häuser und Städte müssen endlich jünger, attraktiver, intergenerativer, serviceorientierter, mutiger werden – kein Altenghetto, auch nicht für die Pflege

Insolvenzen werden in diesem Marktsegment nicht ausbleiben – die Mikro-und Makro-Lage, das bessere Konzept, die Betreiberseriosität, ein kompetentes Management von Kundenbeziehungen und eine effiziente Vermarktung werden *die* alles entscheidenden Erfolgsfaktoren der Zukunft sein. Und auch die Fähigkeit der Unternehmen, auf veränte Kundenbedürfnisse und Lebenswelten Lösungen und Antworten zu bieten, muss *bezahlbar und begeisternd* sein.

Zahnheilkunde, Augenoptiker und Apotheken

Die Generation 50plus wird ein immer lukrativeres Privatklientel für zahnärztliche Sonderleistungen außerhalb der immer stärker reglementierten Kassenvergütungen. Die Sehnsucht nach Optimierung der eigenen Lebensbalance und Lebensqualität nimmt einen enorm hohen Stellenwert in unserer Gesellschaft ein. Hierzu zählen insbesondere gesunde Zähne, ein strahlendes Lächeln – ohne sich „outen" zu müssen, Gebiss- oder Implantatträger zu sein. Menschen über 50 lieben das „Erste-Klasse-Gefühl", modulare Wahlmöglichkeiten und Komfort.

Themen wie Anti-Ageing, Schönheit und vor allem Zahnimplantate stehen bei der Generation 50plus ganz weit oben. Sie stehen hochwertigen Gesundheits-Dienstleistungen wie zum Beispiel beim Zahnarzt, Arzt oder im Krankenhaus aber auch alternativen Heilmethoden sowie Schönheitsoptimierungen sehr positiv gegenüber und sind bereit, dafür viel Geld auszugeben.

40 Prozent der Frauen über 60 würden sich laut einer aktuellen Forsa-Umfrage einer Schönheitsoperation unterziehen. Sie möchten den Traum der ewigen Jugend nicht nur träumen, sondern aktiv erleben. Das Selbstwertgefühl in Zusammenhang mit blendend weißen Zähnen, körperlicher Agilität und Attraktivität sind mit zunehmendem Alter zentrale Themen. Man will begehrt sein, nicht aufs Abstellgleis geschoben werden – beruflich wie privat.

Für die Zahnärzteschaft gilt es, sich schnell auf den dramatischen demografischen Wandel und auf das gigantische Potenzial der Selbstzahler-Klientel 50plus für wahrlich goldene Aussichten konsequent einzustellen. Zahnmediziner sollten den Blick viel stärker als bisher auf älter werdende Kunden/Patienten richten und sich fragen, wie man deren Lebensqualität, Kompetenzen und Ressourcen erhalten und optimieren kann. Man denke nur an das Kauen und Beißen von Obst bei Problemzähnen, an die Mundhygiene (Thema Mundgeruch), an entzündliche Kiefererkrankungen als Nebendiagnose bei ernsthaften Grunderkrankungen, an die Möglichkeiten mit Zahnprothetik und Zahnimplantaten für eine nachhaltige Schönheit und Ästhetik zum Wohle des Patienten.

Auch die Augenoptiker sind Nutznießer der Demografie. Sie werden aufgrund des härter werdenden Marktes sicherlich nicht zu sprunghaftem Umsatzwachstum kommen und sich goldene Nasen verdienen. Aber Kunden 50plus sind eine wichtige Kernzielgruppe für das Augenoptik-Business. Die Gründe liegen in den zunehmenden altersgemäßen Insuffizienzen wie nachlassende Sehkraft, Sonnenschutz bei Freizeit und Sport, Bildschirmarbeit, Augenoperationen etc. Hier hat man als Augenoptiker durchaus die Chance, sich auf einen Nischenmarkt zu spezialisieren und dort der absolute Experte für zum Beispiel anspruchsvolle Best Ager und deren Familienangehörigen und Freunde zu sein.

Dass es auch ohne Spezialisierung exzellent funktionieren kann, zeigt das folgende Beispiel eines renommierten Augenoptikers aus der Schweiz, der mit vielen außergewöhnlichen Details des Andersseins seine Kunden begeistert und verführt – und der hier im Buch gerne anonym bleiben möchte:

Best Practice: Das Augenoptik-Unternehmen K. aus B.

In der Schweiz gibt es ein Augenoptik-Geschäft, das mir bei einer Vortragsreise positiv aufgefallen ist. Das Unternehmen – gerade 50 Jahre Jubiläum gefeiert – und sein Inhaber möchten aus persönlichen Gründen hier nicht namentlich genannt sein – nennen wir es einfach das Unternehmen K. aus B.. Der Inhaber Herr U. B. (selbst 50plus) erzählt mir in einem Gespräch, wie er **mit Understatement und Authentizität seine Kunden begeistert**. Er leitet das Unternehmen in der dritten Generation, am Namen des Unternehmens wurde niemals gerüttelt. Der Chef kommt von der Basis und ist gelernter Augenoptiker. Die **Kernzielgruppe ist 40plus**.

„Mit 50plus ist man noch gefestigter und sesshafter geworden. Wir nehmen uns viel Zeit für die Kunden. Bei uns sind keine Computer sichtbar. Die Kundenberater schreiben noch klassisch und stilvoll mit Füllfederhalter auf Papier – und tippen Kundendaten nicht in einen PC rein, sondern auf Papier während des Gesprächs. Oberste Maxime ist, sich auf die Kunden einzulassen, authentisch bleiben, ehrlich und immer zugunsten des Kunden handeln. Unsere Berater haben keine Kleidervorschriften – sie sind nicht uniformiert. 50 Prozent der Berater sind Männer über 40, die sich hauptsächlich um weibliche Hauptkunden kümmern. Denn Frauen erneuern häufiger ihre Sehhilfen als Männer. Außenwerbung – gibt es nicht.

Die Erfolgsfaktoren vom Unternehmen K. aus B. in Kürze – aus dem Mund von Herrn U. B.:

- Strategie: „Brillen sind nicht sichtbar" (seit 30 Jahren schon als Strategie)
- Alle Brillen sind in Schubladen verpackt – „wir beraten ja und haben keinen Labelverkauf ..."
- „Wir haben Marken, zu denen man wunderbare Geschichten erzählen kann ..."
- Preise: im oberen Mittelfeld
- Klientel: „gut verdienende Klientel, die sich eine oder mehrere Brillen leisten wollen"
- Typischer Kunde: „Mittelschicht, Akademiker bis Handwerker, Familie, Ausländer ..."
- Wettbewerber: Reisebüro, Autohäuser ... und nicht die Augenoptiker vor Ort „wenn Kunden zu Fielmann gehen, haben wir vieles falsch gemacht ..."
- Kunden-Events finden keine statt: „Wir haben feine tolle Kunden, die regelmäßig bei uns kaufen, alle drei Monate, alle sieben Jahre, man tritt keinem Wettbewerber auf die Füße ..."

- Empfehlungsverstärker für Kunden: Sehtest, preisliche Abrundung beim Kauf, zum Beispiel mit familiengebundener Rabattierung oder mit einer Überraschungseinladung statt Preisnachlass.

- Alle sechs bis sieben Wochen wird das Schaufenster neu gestaltet." Anmerkung: Das Schaufenster ist kreativ-genial, sehr ansprechend und ein echter USP. Themen wie zum Beispiel „Liebe und Erotik" werden als Lebenswelt humorvoll mit dem guten Aussehen und Sehen zu einer Geschichte über die vier bis fünf Schaufenster entlang der Straße verschmolzen – man bekommt wirklich Lust ins Geschäft rein zu gehen, sich beraten und verführen zu lassen.

Ein Musterbeispiel, wie man Best Ager faszinieren und verführen kann!

Gesundheits-Dienstleister wie Augenoptiker, Hörgeräteakustiker, Apotheken etc. müssen sich mit den Billiganbietern, Internetangeboten, mit der Schnelllebigkeit, Austauschbarkeit und Anonymität im Geschäftsleben auseinandersetzen und sind einem harten Verdrängungswettbewerb ausgesetzt. Umso wichtiger sind für diese Branchen die auf Qualität, Service, Nachhaltigkeit, Zuverlässigkeit setzenden erfahrenen Kunden im besten Alter.

Vernetzte Vielfalt – Neue Heime braucht das Land: Pflegeeinrichtungen der fünften Generation

Stefan Arend, KWA – Kuratorium Wohnen im Alter München

Die aktuellen Branchenmeldungen der Altenhilfe offenbaren ein widersprüchliches Bild: Vor dem Hintergrund drastisch steigender Zahlen an Pflegebedürftigen werden ehrgeizige Projekte euphorisch verkündet, in allen Teilen der Republik entstehen neue Pflegeheime und offensichtlich drängt weiterhin viel, sehr viel Kapital in den Markt. Gleichzeitig erreichen uns Nachrichten über notleidende Einrichtungen, nicht belegte Betten und sogar über Insolvenzen ganzer Betreiberketten. Darüber hinaus kennzeichnen konzeptionelle Extreme den Markt. Weitgehend standardisierte, uniforme Einrichtungen „auf der grünen Wiese" stehen Häusern gegenüber, die auf Individualität und Alltagsorientierung setzen und sich bewusst in gewachsene Siedlungsstrukturen und Wohnräume einpassen.

Die Zahl der Pflegeheime ist allein in den Jahren zwischen 2005 und 2007 von 10.424 um 5,8 Prozent auf 11.029 Heime gestiegen, insgesamt weisen die Heime in Deutschland 765.736 verfügbare vollstationäre Pflegeplätze auf. Allerdings lebten in der vollstationären Dauerpflege im Jahr 2007 lediglich 671.080 Personen. Das heißt, dass zum Stichtag im Dezember 2007 exakt 94.656 Plätze gar nicht oder fehl belegt waren. Geht man von einer durchschnittlichen Größe von 100 Plätzen pro Einrichtung aus, dann standen rechnerisch also fast 1.000 Einrichtungen in Deutschland leer. Das bedeutet, dass allein der demografische Wandel und der stetige Anstieg von Pflegebedürftigkeit noch lange nicht den Erfolg jeder vollstationären Pflege- und Betreuungseinrichtung garantieren und dass deutlich über den aktuellen Bedarf hinaus Kapazitäten geschaffen wurden.

Doch die Zahl der Pflegebedürftigen wird weiter ansteigen. Selbst vorsichtige Berechnungen gehen davon aus, dass der Wert von derzeit 2,25 Millionen Menschen, die auf Hilfe und Unterstützung angewiesen sind, auf rund 3,0 bis 3,3 Millionen im Jahre 2030 und dann auf rund 4,0 bis 4,5 Millionen Pflegebedürftigen im Jahre 2050 ansteigen wird. Dies wird – so die Vermutungen – zu einem gewissen „Heimsog" führen. Aber auch gesellschaftliche Entwicklungen werden für eine wachsende Nachfrage nach Heimplätzen sorgen: Die Anzahl von Einpersonenhaushalten steigt weiter an, familiäre Strukturen, auf denen bis heute die Mehrzahl von Pflegearrangements beruht, wirken deutlich geschwächt, und die Zahl potenzieller Pflegepersonen, die in der Lage und willens sind, unmittelbare Pflegeaufgaben zu übernehmen, nimmt kontinuierlich ab. Unter solchen Vorzeichen allein auf ambulante Versorgungsformen setzen zu wollen, wäre töricht. Stationäre Einrichtungen werden auch künftig gebraucht. Wer glaubt, Heime abschaffen zu können, irrt also gewaltig. Aber wie sehen die Heime der Zukunft aus? Was macht eine moderne, innovative Einrichtung aus, die sich künftigen Herausforderungen erfolgreich stellen kann? Welche Dienstleistungen muss sie anbieten? Welche Konzepte werden von den Menschen akzeptiert?

Pflegeeinrichtungen der fünften Generation

Die moderne Einrichtung strebt zunächst nach Vernetzung mit der Umwelt. Auf der einen Seite öffnet sie sich Angehörigen, bürgerschaftlichem Engagement sowie dem Ehrenamt. Dabei versteht sich Ehrenamt nicht als Lückenbüßer, sondern ist vielmehr für viele Menschen ein persönliches Bedürfnis und sinnstiftend für den Einzelnen. Auf der anderen Seite ist die Einrichtung in die kommunalen Gegebenheiten und Strukturen, also auch in das öffentliche Leben eingebunden. Verbindungen und Kooperationen mit anderen Marktteilnehmern (Kliniken, Therapeuten, Ärzte oder Ähnliches) oder zu Bildungseinrichtungen, Schulen, Hochschulen sind ebenfalls von großer Bedeutung.

Gleichzeitig werden Einrichtungen den Umfang der angebotenen Dienstleistungen genau zu prüfen haben. Danach wird man Einrichtungen, die lediglich eine Dienstleistung (zum Beispiel vollstationäre Pflege) aufweisen, von Häusern unterscheiden, die zwei oder mehrere Dienstleistungen zur Verfügung stellen (zum Beispiel vollstationäre neben ambulanter und teilstationärer Pflege). Denkbar sind auch Kombinationen von (Betreutem) Wohnen, Notruf, ambulante Pflege, Seniorenurlaub, Kurzzeitpflege und medizinisch-rehabilitative Leistungen. Der Gesetzgeber hat dieser Idee von vielfältigen Leistungen unter einem Dach in der jüngsten Pflegereform (und anderen gesetzlichen Änderungen) Rechnung getragen. Man denke nur an den Gesamtversorgungsvertrag, die integrierte Versorgung und den Heimarzt.

Das Fundament einer jeden Einrichtung wird durch das Leitbild, die Konzeption, das Qualitätsmanagement sowie durch interne wie externe Qualitätssicherungsmaßnahmen gebildet. Der Anspruch in jeglicher Hinsicht „state of the art" muss durch entsprechende Handlungen verdeutlicht werden. Nicht nur die gesetzlichen wie leistungsrechtlichen Grundlagen müssen erfüllt werden, darüber hinaus gilt es, einrichtungsspezifische Besonderheiten, Schwerpunkte und Spezialitäten zu entwickeln und zu beschreiben und für einen kontinuierlichen Theorie-Praxis-Transfer zu sorgen. So ist auch ein unerlässlicher, immerwährender Innovationsprozess gewährleistet. Diese neue Art von Einrichtungen, die wir in Anlehnung an das traditionelle KDA-Vier-Generationen-Modell nunmehr mit „fünfter Generation" sprachlich kennzeichnen, hat nichts mehr mit der Institution Pflegeheim alter Prägung zu tun, aber auch nichts mit dem nicht vernetzten Heim auf der grünen Wiese. Vor allem die Einbindung in die kommunalen Strukturen erhält mit Blick auf zukünftige Aufgaben eine besondere Rolle. Einrichtungen werden sich zusammen mit den Kommunen und den Mitbürgern sozialen Aufgaben widmen (müssen). Diese Überlegungen rücken die Ideen der vergangenen Jahre wieder ein wenig zurecht, die von einer weitgehenden Ökonomisierung der Altenhilfe ausgegangen sind. Die Erkenntnis reift, dass Pflege eine gesamtgesellschaftliche Aufgabe ist und sich nicht „wegdelegieren" lässt. Zugleich wird die alte Trennung zwischen ambulanter Hilfe und stationärer Versorgung konsequent durchbrochen.

Abbildung 7.1: Einrichtung

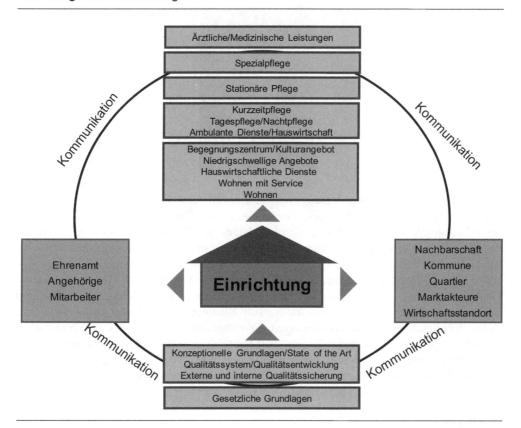

Die schon jetzt gelegentlich spürbaren gesellschaftlichen Veränderungen erfordern ein radikales Umdenken im Betreuungs- und Pflegeangebot für Senioren. Eine Vielzahl von Konzepten wird notwendig sein, um das soziale Gefüge unserer Gesellschaft im Lot halten zu können. Altenhilfe wird (wieder) zu einer gesamtgesellschaftlichen, vor allem zu einer Aufgabenstellung im unmittelbaren Nahbereich werden. Die stationäre Einrichtung, die optimal, nämlich symmetrisch vernetzt und qualitätsgesichert aufgestellt ist und dabei eine umfangreiche Dienstleistungsvielfalt aufweist, wird eine bedeutende Rolle spielen. Solche neuen Heime braucht das Land, um die künftigen Aufgaben lösen zu können.

Der Autor

Dr. Stefan Arend studierte Management von Sozial- und Gesundheitseinrichtungen in Kaiserslautern und Witten/Herdecke sowie Geschichte, Sprachwissenschaft, Germanistik und Pädagogik in Marburg/Lahn. Er promovierte am Forschungsinstitut für deutsche Sprache. Er war viele Jahre alleiniger Geschäftsführer der Unternehmensgruppe Mediana. In dieser Zeit konzipierte und verantwortete er mehrere bemerkenswerte und innovative Pflege- und Wohnprojekte: Hausgemeinschaften, ambulant betreute Wohngruppen, ein Mehrgenerationenquartier sowie ein Fachpflegezentrum für Schädel-Hirn-Verletzte und Menschen im Wachkoma. Für diese innovativen Konzepte erfuhr Arend zahlreiche öffentliche Würdigungen und Auszeichnungen. Er publiziert regelmäßig zu sozialpolitischen und kulturhistorischen Fragestellungen. Seit September 2008 ist er zusammen mit Horst Schmieder Vorstand von KWA Kuratorium Wohnen im Alter mit 18 Einrichtungen, darunter 14 Altenwohnstifte, eine eigene Klinik für Neurologische und Geriatrische Rehabilitation und das KWA Bildungszentrum mit diversen staatlich anerkannten Schulen.

www.kwa.de

Wovon träumen Babyboomer im Alter?

Erfolgreich im Job - fit in die Rente - positiv das Alter erleben!

Detlef Friedrich, contec GmbH Bochum/Berlin

Als ich vor 15 Jahren in Seminaren mit Leitungskräften aus der Altenpflege gefragt habe, ob sie sich in ihren Pflegeheimen schon auf die 68´er eingestellt haben, erntete ich nur fragende Blicke. In der sich anschließenden Diskussion wurde deutlich, dass der „Kampf gegen das Establishment" der 68´er– sich als Jimmy Hendrix gegen Oberkrainer in den Heimen niederschlagen würde. Sitz-Flipper und rollstuhlgeeignetes Pool Billard gegen Stuhlgymnastik und Bastelnachmittage!

Ob diese Vision überhaupt eintreffen wird, bleibt fraglich. Denn in den letzten 15 Jahren hat sich schon so viel gewandelt, sodass dieses Aufeinandertreffen der Generationen in Heimen nicht mehr stattfinden wird. Die Babyboomer werden sich ihre Service- und Pflegesituationen anders und möglichst selbst gestalten. Wir diskutieren über Wohngemeinschaften im Alter, weil die Babyboomer die Wohngemeinschaften kennen, hassen und lieben gelernt haben. Sie sind ein Produkt dieser Generation. Mit den heutigen Ansprüchen und Möglichkeiten werden die Angebote für Service und Pflege anders aussehen als die Wohngemeinschaften in der Jugend der Babyboomer. Gut gepflegt – das bedeutet für die Best Ager schon heute nicht mehr Pflege in der klassischen, heute oftmals negativ besetzten Form, sondern eine Unterstützung der Selbstständigkeit im Alter mit allen möglichen Mitteln und Wellness. Hierzu gehören sowohl technische Lösungen als auch Robotic-Lösungen sowie eine kulturelle Offenheit. „Lieber eine Wellness-Waschroboterdusche mit Massage als eine unfreundliche Pflegekraft" ist eine der Aussagen, mit denen die Anspruchshaltung der Generation beispielhaft beschrieben werden kann.

Fehler bei der Produkt- oder Servicequalität führen bei dieser Generation schneller zu einer negativen Haltung. „Protest und Idealismus" als Wertehaltung bestimmt das Selbstbewusstsein dieser Generation. Diese führt dazu, dass entweder gute Serviceangebote genutzt werden oder diese selbst gestaltet werden. Die heutigen Best Ager haben die Forderung von den Jungen übernommen, wonach nicht sie zum Markt, sondern der Markt zu ihnen passen muss. Die Zielgruppe der über 50-Jährigen verfügt zudem nicht nur über eine große Kaufkraft, sie ist auch fit und vital, altert gesünder, ist besser gebildet und hat mehr Zeit, um sich nach neuen, attraktiven Angeboten umzusehen, als die Generationen vor ihr.

Obwohl sie kritische Konsumenten sind, lassen sich Babyboomer stark vom Bauch und von ihren Gefühlen leiten. Sie sind «Eindrucksmenschen». Wohnen, Reisen, Kultur, Sport und Genuss sind die Kernthemen der Generation, die aber nicht als „die" Babyboomer beschrieben werden dürfen. Denn innerhalb der Babyboomer gibt es Unterschiede. So gelten diejenigen unter ihnen, die zwischen 1946 und 1954 geboren wurden, aufgrund des Vietnamkrieges, der chinesischen Kulturrevolution und der 68er-Bewegung als politischer und kritischer. Vor dem Hintergrund des Gefühls, alles sei machbar, haben sie gesellschaftliche Grenzen überschritten – was ihnen heute zum Teil auch vorgeworfen wird.

Die jüngeren Babyboomer (Jahrgänge 1954 bis 64), auch Best Ager genannt, sind weniger politisch interessiert, dafür individualistischer und konsumorientierter. Beim Start ihrer beruflichen Karriere erlebten sie die ersten ernsten wirtschaftlichen Nachkriegsturbulenzen und wurden mit dem großen Konkurrenzkampf innerhalb der eigenen Kohorte in einem rückläufigen Arbeitsmarkt konfrontiert. Weil sie etwas ruhiger sind als die älteren Babyboomer, drohen sie zunehmend in Vergessenheit zu geraten. Eine Verallgemeinerung der Babyboomer greift zu kurz: Die jüngeren und älteren unter ihnen sollten in der Vermarktung von Produkten bewusst unterschieden werden. Das bedeutet eine Veränderung der Dienstleistungsangebote, in denen die klassische Pflege eine untergeordnete Rolle in Zukunft spielen wird. Je älter sie werden, desto höher schätzen sie den Wert des Lebens ohne Krankheit. Und selbst da, wo nach Jahrzehnten Körper oder Geist einmal nicht mehr voll mitspielen, dominiert der Wunsch, die Folgen und Einschränkungen möglichst klein zu halten.

Die finanziellen Rahmenbedingungen und die Wünsche werden allerdings zu einer weiteren Spaltung der Kundenwünsche führen. Gibt es in Zukunft eine Wellness- und Pflege-Flatrate?

Was heißt das für die heutige Pflege? Investoren haben noch vor wenigen Jahren von einem Boom an Pflegeheimen gesprochen. 800.000 fehlende Pflegeplätze wurden prophezeit – ohne sich die kommende Generation mal im Hinblick auf ihre Erwartungen anzuschauen und die Wohnungswirtschaft sowie technologische und gesellschaftliche Entwicklungen mit zu beachten. Der Traum ist ausgeträumt!

Für Babyboomer ist das Internet eine der neuen Freiheiten geworden. Das iPad erfreut sich bei vielen Babyboomern steigernder Beliebtheit. Einfach zu bedienen, Universal Design – kein Senioren-PC! Genau das ist es, was es sein soll. Welches Bild wird von der Zukunft gezeichnet? Hier zwei Beispiele:

> *„Pflegeheime heutigen Standards hinsichtlich personeller und baulicher Ausstattung gibt es nicht mehr. Wer Angehörige hat, wird von diesen zu Hause versorgt, soweit es dem Laien möglich ist. Kinderlose teilen sich Wohnungen und Häuser. Angehörige der Mittel- und Oberschicht, die keine Erben haben, können sich von ihrer kleinen Rente und dem Ersparten noch am ehesten Hilfe durch Pflegekräfte leisten. Heime gibt es als „Sammellager" für „die Masse" und als elitäre Einrichtungen für die wenigen, die sich noch alles leisten können. Luxuspflegeheime der Baujahre um 2005/2010 stehen weitgehend leer bzw. sind Bauruinen, sofern sie nicht rechtzeitig dem gesunkenen Niveau angepasst wurden durch Umwandlung von Einzel- in Zweibettzimmer. Der Lebensstandard für die breite Masse der Bevölkerung ist in Deutschland erheblich gesunken. Das Niveau zwischen jetzigen Wohlstandsstaaten und Schwellenländern hat sich angenähert. Die billigen Pflegekräfte aus dem Osten gibt es deshalb nicht mehr. Die Pflege in der Familie – sofern vorhanden – ist wieder Standard, mit professioneller Unterstützung, wenn man es sich noch leisten kann."* (http://bevoelkerungsrueckgang-demografie.blogspot.com/p/gesundheitswesen-und-altenpflege.html)

> *„Die Menschen, die jetzt ins Rentenalter kommen, haben vor gar nicht langer Zeit noch vor Wasserwerfern gegen Kernkraftwerke oder den Nato-Doppelbeschluss demonstriert. Die Zielgruppe*

> *von ID 55 sind wir selbst. Wir gehören alle zur sogenannten „Babyboomer"-Generation und sind aufgewachsen in einer Zeit des Aufbruchs und der Rebellion. Es gehört zu unserem Leben, dass wir anders leben, lieben und lernen wollten als die Generationen vor uns. Deshalb suchen wir auch neue Antworten auf die Fragen, wie wir selbst alt werden wollen, wie wir unser Berufsleben beenden möchten oder welche Art der Pflege wir uns wünschen. Meine Generation hat gelernt, dass wir die Gesellschaft verändern können, wenn wir uns engagieren. Mit diesem Wissen machen wir uns auf, auch den demografischen Wandel zu gestalten."* (www.id55.de)

So sehen die Szenarien auf der einen Seite aus. Die Babyboomer werden ihre Zukunft – soweit sie es können – selbst gestalten. Ein Beispiel für dieses Engagement ist eine Initiative, die mit indischen Pflegekräften den sogenannten demografischen Pflegenotstand überbrücken möchte. Triple-Win Migration heißt der Ansatz, der auch einen Austausch von Know-how als Ziel hat. Flapsig gesprochen steht hinter diesem Ansatz die Sehnsucht der 68'er nach dem Ashram, die Affinität der Best Ager nach Yoga und Ayurveda und eine Begegnungskultur, die das Alter und das Lernen respektiert und die Gesundheit in den Mittelpunkt stellt. Pflegende, die in Indien ausgebildet werden, durchlaufen eine berufspraktische Lernphase in Deutschland und kehren mit dem hier erworbenen Know-how nach Indien zurück, um dort Pflegestrukturen aufzubauen. Denn die Pflege in Indien ist einer der stark wachsenden Märkte, da auch die indische Bevölkerung immer stärker altert.

Wer heute Produkte für diese Zielgruppe entwickeln möchte, wird gut daran tun, diese zukünftig *gemeinsam* mit den Zielgruppen zu entwickeln und nicht mehr für diese. Co-Engineering – die gemeinsame Entwicklung von Produkten – wird auch im Bereich von Service- und Dienstleistungsstrukturen verstärkt gelebt werden müssen. Das „Universal Design" von Dienstleistungen und Produkten, einfache und klare Produkte, die „guten alten Dinge" (Manufactum), verbunden mit einer hohen Servicequalität, werden sich durchsetzen. Pflege wird nur ein kleines Teilsegment einer Dienstleistung sein, um selbstbestimmt zu leben. Das meiste wird entweder selbst organisiert oder regional als Dienstleistung im Rahmen eines Care-Managements angeboten werden müssen. Die Babyboomer werden ihr Geld nicht an die nachfolgende Generation in der Form der Kriegsgeneration vererben, sie werden selbst davon leben und Produkte wie Reisen, Sport, Ernährung und Wellness kaufen – angepasst an den Grad der Selbstständigkeit. Und wenn es nicht anders geht, gehört auch Pflege zu den Wellness-Leistungen. Wer in reine Pflegeprodukte investiert, hat in der Zukunft fehl investiert. Der Blick muss breiter werden.

Der Autor

Detlef Friedrich, Jahrgang 1959, ist geschäftsführender Gesellschafter der contec GmbH. Nach Ausbildung, Studium und praktischer Leitungstätigkeit gründete er 1988 die contec als Management und Unternehmensberatung für die Gesundheits- und Seniorenwirtschaft. Die Zukunftsgestaltung der Gesundheits- und Sozialwirtschaft sind seine Schwerpunktthemen: *www.zukunftpflege.de*. Als Geschäftsführer des IEGUS – Instituts für europäische Gesundheits- und Sozialwirtschaft mbH in Berlin www.iegus.eu hat er auch den europäischen Fokus.

www.contec.de

Wie man Apothekenkunden 50plus richtig anspricht

Experten-Interview mit Margot Haberer, A-plus Service GmbH

Sind Kunden über 50 für A-plus Apotheken relevant und warum?

Der größte Teil der heutigen Stammkunden in Apotheken sind Menschen im Alter über 50 Jahren. Mit steigendem Alter wachsen die Gesundheitsprobleme und auch die Anforderungen an Beratung und Service. Die Aktions- und Beratungsthemen der A-plus Apotheken und auch die Serviceangebote sind auf die Probleme und Wünsche der Stammkunden ausgerichtet und orientieren sich damit überwiegend an den Bedürfnissen der älteren Zielgruppe.

Gibt es in Ihrem Unternehmen ein Marketing- oder Vertriebskonzept, das sich speziell mit der Zielgruppe Best Ager beschäftigt? Falls noch nicht – warum nicht? Ist es in Planung?

Wir bieten mit unseren Marketing- und Beratungskonzepten Problemlösungen für die Apothekenkunden an. Gesundheitsprävention, Arzneimittelberatung und Beratung zum Umgang mit Gesundheitsproblemen und Krankheiten stehen im Mittelpunkt. Dabei entwickeln wir keine Spezialkonzepte für Best Ager – diese sind sozusagen unsere „Kern-Zielgruppe".

Wie sprechen Sie Best Ager in der Werbung, in der Kommunikation nach außen konkret an?

Wir sprechen die Apothekenkunden mit unseren Vorschlägen zur Problemlösung an. Selbstverständlich legen wir sowohl im Wording als auch in Visualisierung und Grafik Wert auf eine „zielgruppenaffine" Gestaltung. Das heißt: wir zeigen Menschen aus der Altersgruppe 50plus, keine Model-Typen, sondern Menschen „wie du und ich", die wir auf der emotionalen Ebene erreichen wollen. Wir verwenden „Laiensprache", keine wissenschaftlichen Erklärungen, große, leicht lesbare Schriften ...

Abbildung 7.2: Vier Beispielkampagnen „Anti-Ageing-Sommer, Vital bleiben, Diabetes, Gesund im Urlaub"

Wo sehen Sie Nachholbedarf und „offene Baustellen" in der Zielgruppenansprache 50plus?

Ich sehe in unserem Markt weder Nachholbedarf noch offene Baustellen, was auch daran liegt, dass wir umgehend reagieren und Konzepte entwickeln, wenn wir einen Bedarf dafür erkennen. Natürlich lassen sich nicht alle Bedürfnisse der älteren Zielgruppe lösen, oder besser gesagt: nicht alle Lösungsangebote sind bezahlbar.

Wie begeistert Ihr Unternehmen insbesondere Best Ager? Was machen Sie konkret, um Kunden 50plus als Stammkunden zu halten und gezielt zur positiven Weiterempfehlung zu nutzen, und um neue Kunden 50plus zu gewinnen?

Die A-plus Service GmbH stellt ihren Mitgliedern Dienstleistungs- Marketing- und Schulungskonzepte zur Verfügung, um die Qualität und Leistung der Apotheke und ihrer Mitarbeiter sichtbar und erlebbar zu machen. Unser Credo ist „... sich um die Patienten zu kümmern und gemeinsam mit ihnen die bestmögliche Problemlösung zu erarbeiten". Es gibt viele Beispiele für begeisterte ältere Kunden, die immer wieder in „ihre" A-plus Apotheke gehen, weil man sich dort Zeit nimmt, Lösungsvorschläge macht und auch individuellen Service anbietet. Die Loyalität der Kunden zu ihrer Apotheke und die positive Weiterempfehlung spielen dabei eine große Rolle.

Sind Beratung und Verkauf im Bereich der Best Ager anders zu gestalten als für jüngere Zielgruppen?

Unsere Mitglieds-Apotheken bestätigen immer wieder, dass für ältere Kunden das individuelle Beratungsgespräch und die menschliche Zuwendung eine wichtige Rolle spielen, neben Beratungskompetenz und Service. Ältere Menschen wünschen das Gespräch unter vier Augen in vertrauensvoller Umgebung, während jüngere Zielgruppen eher durch die „anonymen" Kommunikationsformen im Internet oder am Telefon anzusprechen sind. Und auch die Qualitätsorientierung ist bei Älteren tendenziell stärker ausgeprägt. „Anbieter vor Ort" haben also eine große Chance, ältere Menschen durch eine direkte, empathische und serviceorientierte Ansprache zu erreichen und zu begeistern.

Wird Ihr Beratungsteam für die Herausforderungen dieser anspruchsvollen Klientel 50plus sensibilisiert und trainiert?

A-plus bietet ein spezielles Qualitätsprogramm für die Qualifizierung der Mitgliedsapotheken. Die Apothekenmitarbeiter werden mehrmals jährlich zu unterschiedlichen Beratungsthemen geschult und besonders im Hinblick auf Freundlichkeit und Service immer wieder trainiert und auch in unserem internen Kundenzufriedenheits-Check getestet. Die Schulungsinhalte sind zwar nicht speziell auf die Kundenzielgruppe 50plus ausgerichtet, treffen durch die Themenschwerpunkte in der Apotheke aber besonders die Bedürfnisse der älteren Kunden.

Wie konkret wirkt sich der demografische Wandel auf die Produktportfolio-Struktur in Ihrem Unternehmen aus?

Der Anstieg der Altersgruppe 50plus führt auch zu einem Anstieg der altersbedingten Krankheiten und Gesundheitsstörungen. Wir gehen also davon aus, dass unsere heutigen Produkt- und Dienstleistungsangebote in Zukunft noch wichtiger werden und das Engagement und Problemlösungspotenzial unserer Mitgliedsapotheken hier weiter steigen wird.

Wie konkret wirkt sich der demografische Wandel auf die Personalentwicklung (Einstellungen, Schulungen, Altersdurchschnitt etc.) in Ihrem Unternehmen aus?

Hier sehen wir keine konkrete Auswirkung. Wir sind ein junges Team und haben nicht vor, den Altersdurchschnitt anzuheben.

Ihre persönliche Vision und Ihre Gedanken zum Thema „Marktmacht 50plus"?

Die Bedürfnisse der Altersgruppe 50plus im Sinne von Qualität, Service und Nachhaltigkeit sind mir sehr sympathisch. Ich hoffe, dass sich die „Macht" dieser Bedürfnisse durchsetzt im Gegensatz zu Trends wie Preis-Discount, Fastfood, Anonymität und Schnelllebigkeit.

Interview-Partnerin

Margot Haberer, Diplom-Betriebswirtin (FH), ist nach zwanzigjähriger Berufserfahrung und einigen Stationen im Marketing der Kosmetik- und Pharmaindustrie 2004 in das zu diesem Zeitpunkt neu gegründete Unternehmen A-plus Service GmbH als Geschäftsführerin eingetreten. Die A-plus Service GmbH betreut die A-plus Kooperation – die Gemeinschaft der A-plus Apotheken in Deutschland, zu der mehr als 250 Apotheken in vielen Regionen Deutschlands gehören. A-plus Apotheken sind die Apotheken mit dem ServicePlus, die ihren Kunden Beratungswochen, Messaktionen, Beratungsbroschüren, Treue-Angebote und viele weitere Serviceleistungen bieten. Die Apotheken werden von der A-plus Service GmbH durch zahlreiche Dienstleistungen wie Qualitätsprogramme (Mitarbeiterschulungen, Kundenzufriedenheits-Checks), Marketing- und Kundenbindungskonzepte, Organisation von regionalen Aktivitäten und Netzwerken sowie bundesweite Öffentlichkeitsarbeit unterstützt und gestärkt. Dabei können die A-plus Apotheken die Angebote der A-plus Service GmbH individuell, je nach Bedarf und Wettbewerbssituation nutzen.

www.apothekeplus.de

DocMorris - ein neues Angebot für eine „alte" Zielgruppe

Jörg Elfmann, Grey Worldwide Düsseldorf

Die Einstellung der reiferen Zielgruppe zum Thema Gesundheit hat einen spürbaren Wandel erfahren. Heute wird sie als Zustand vollständigen physischen, geistigen, sozialen und sogar spirituellen Wohlbefindens verstanden. Nicht mehr nur das reaktive Treibenlassen in den natürlichen, unaufhaltsamen Alterungsprozess. Vom Vermeiden von Krankheiten zur aktiven Gestaltung der eigenen Gesundheit. Länger jung wird zum neuen Credo. Damit verbunden wächst die persönliche Verantwortung.

So löst sich der blinde Glauben und das gottergebene Vertrauen an die Allwissenheit der Spezialisten in Weiß auf. Die Generation 50plus blickt auf einen großen Erfahrungsschatz zurück. Sie haben den Wechsel zwischen den verschiedensten Handelsformen am eigenen Leib erlebt. Tante Emma gehört für sie genauso zu ihren persönlichen Erlebnissen wie die Bestellung bei www.otto.de. Damit wachsen auch die Ansprüche an die Qualität des Angebots und die Qualität des Dialogs, der persönlichen Ansprache. Mehrwert und Sinnstiftung werden zum entscheidenden Kriterium.

Der Konsument verabschiedet sich von seiner passiven Patienten-Haltung und nimmt die Gesundheit in die eigenen Hände

Mit Hilfe der neuen Technologien und unbegrenzter Zugänge zu Informationen sucht er sich selbstbewusster das Beste für sich und hinterfragt Therapien und Medikamente und Kompetenzen. Der netdoktor.de wird zunehmend zur zweiten Meinung konsultiert, und das durchaus sogar vor dem eigentlichen Hausarzt-Besuch. Das Verhältnis zu den jahrzehntelang gleichen Ansprechpartnern und die starren Kauf- und Verwendungs-Rituale werden in Zukunft weiter aufgebrochen.

Dies ist ein massiver gesellschaftlicher Wendepunkt, der dem Handel im Gesundheitsmarkt neue Perspektiven eröffnet. Wer zukünftig erfolgreich sein will, kann nicht mehr in alten Autoritäten und Verkaufsmechaniken denken. Der Kunde hat die Macht. Die Marke muss zum Kunden kommen und ihn, den neuen Entscheider, nach Kräften unterstützen.

Ihre jahrhundertealte Tradition erweist sich für die Apotheken zunehmend als Bürde. Die konsequente Positionierung auf Kompetenz und Wissen entpuppt sich als Hypothek für den Start in eine neue Zukunft: die berühmten „Apotheken-Preise" oder das Image der „verstaubten Schubladenzieher" bieten weniger Attraktivität für den modernen 50plus-Jährigen.

Darum gibt es nahezu wöchentlich Markt-Neueintritte, die mehr wollen, als sie rechtlich heute dürfen: durch Drogerie-Märkte wie dm und Discounter wie Aldi bis hin zu branchenfremden Anbietern mit erweiterten „Gesundheitsangeboten" (zum Beispiel Reiseveranstalter).

DocMorris ist die zeitgemäße Antwort auf diese Herausforderungen

Der Direkt-Vertrieb war der erste, richtige Schritt zur damaligen Zeit. Einfach unkompliziert für die aufgeklärt-souveräne Zielgruppe, die Entlastung in ihren Alltagsroutinen suchen. Jetzt gilt es, die mittlerweile aufgebaute einzigartige Leistungsvielfalt für unterschiedlichste Bedürfnisse auf sympathische Art zu kommunizieren und erlebbar zu machen, um DocMorris zugänglich zu machen.

Der „Pillenversender" braucht nicht nur die guten Gründe, sondern auch ein zeitgemäßes Gesicht. Um die Einstellung der Kernzielgruppe zu spiegeln, lassen wir die Geschichten mitten im Leben spielen. Eine Hausgemeinschaft der unterschiedlichsten Menschen, mit all ihren Wehwehchen, Problemchen und Ideen rund um das Thema Gesundheit.

Lebendig inszeniert und sympathisch transportiert durch Gyde und Folke die beiden „Gesundheitszwillinge" als Mitbewohner des Hauses. DocMorris findet dort wie selbstverständlich statt, als Versender, als Empfehler oder als Apotheke um die Ecke. Damit kommt DocMorris mitten ins Leben der Kernzielgruppe, trifft ihre Erwartungen und teilt ihre Werte. So wird DocMorris zur zeitgemäßen Antwort oder wie der Claim sagt: „Meine neue Apotheke"

Abbildung 7.3: Werbung älterer Herr mit Zwillingen

Quelle: DocMorris

Der Autor

Jörg Elfmann startete seine berufliche Karriere nach dem Studium 1978 in der Marketingberatung verschiedener lokaler renommierter Agenturen. Dabei sammelte er nicht nur praktische Erfahrungen in den verschiedenen Marketingdisziplinen und Markentechniken, sondern auch in den unterschiedlichsten Geschäftsfeldern, wie zum Beispiel Handel, Luxusgüter, Süßwaren, pflegende Kosmetik und dem breiten Feld von Gesundheitsangeboten – und das auch auf Industrieseite. Seit 1989 bringt er dieses Wissen bei der international agierenden, zweitgrößten Agenturgruppe Deutschlands, der Grey Worldwide, ein. Für und mit DocMorris entwickelten er und sein Team diese erfolgreiche Kampagne.

www.grey.de

www.docmorris.de

Voltaren Joy of Movement-Kampagne

Alexander Boppel, Novartis OTC Deutschland, in Kooperation mit Saatchi & Saatchi Germany

Schmerz ist eine Sinneswahrnehmung, denn ähnlich wie der Mensch Temperatur oder Berührung empfindet, kann er auch Schmerzen wahrnehmen. Plötzlicher Schmerz ist in der Regel ein Warnsignal des Körpers und kann eine Verletzung oder Ähnliches anzeigen. Laut der **International Association for the Study of Pain** bezeichnet Schmerz „… ein unangenehmes Sinnes- und Gefühlserlebnis, das mit aktueller oder potenzieller Gewebeschädigung verknüpft ist oder mit Begriffen einer solchen Schädigung beschrieben wird".

Schätzungen zufolge leiden in Deutschland 13 Millionen Menschen unter chronischen Schmerzen. Jeden Tag haben durchschnittlich etwa vier Millionen Deutsche Kopfschmerzen und etwa zwei Drittel der Bevölkerung leidet mindestens ein Mal im Leben unter Rückenschmerzen. Zur Linderung leichter und mittelschwerer Schmerzen können schmerzstillende Mittel rezeptfrei eingesetzt werden.

Anfang 2004 gab es in diesem Bereich keinen eindeutigen Marktführer, und Voltaren war nur eine von mehreren Marken, die von Ärzten in Deutschland für die Behandlung von körperlichen Beschwerden verschrieben bzw. in der Selbstmedikation eingesetzt wurde. Doch die Marke hatte Großes vor. Ergänzend zu Voltaren Schmerzgel, das bereits seit 1999 rezeptfrei in der Apotheke erhältlich war, wurde 2004 mit dem rezeptfreien Voltaren Dolo nun auch ein Voltaren Schmerzmittel zum Einnehmen eingeführt. Mit diesen Produkten setzte sich Voltaren das Ziel, zur ersten Wahl bei Körper- und Bewegungsschmerz im sogenannten Over-The-Counter (OTC-) Bereich zu werden.

Herangehensweise und kommunikative Strategie

Um diese Herausforderung erfolgreich zu bewältigen, suchte sich die Marke einen Partner mit einer starken Philosophie: Saatchi & Saatchi, die Lovemarksagentur, die daran glaubt, dass jede Marke liebenswert sein kann. Und das im wörtlichen Sinne. Nur wer sein Produkt im Herzen der Verbraucher verankern kann, hat langfristig Erfolg. Nur dann kann eine Marke zur sogenannten „Lovemark" werden. Um eine emotionale Bindung zum Verbraucher jenseits der Vernunft aufzubauen, muss man den Menschen näher kommen und muss ihre individuellen Bedürfnisse, Wünsche oder Ängste verstehen.

Doch 2004 waren davon alle Marken weit entfernt. Es herrschte eine rein rationale Übermittlung von faktischen Eigenschaften vor. So warb ein Wettbewerber von Voltaren damit, „Schmerzsubstanzen genau da, wo sie entstehen" zu hemmen. „Egal ob Kopf, Rücken, Muskeln oder Gelenke." *(Printanzeige Bayer – Aspirin erschienen am 11.05.2005 in der Zeitschrift „Freizeit Revue").* Ein anderer Konkurrent versprach Wirkung von „mindestens acht Stunden bei konstant 40 Grad." *(Printanzeige ThermaCare erschienen am 21.10.2004 in der Tageszeitung „Bild Leipzig").* Außerdem fokussierten die Wettbewerber in ihrer Kommunikation die Darstellung von jungen Männern in Situationen extremer, körperlicher Anstrengung – zum Beispiel beim Sport oder im Dienst bei der Feuerwehr, um so die effektive Wirksamkeit ihrer Produkte zu unterstreichen.

Eine groß angelegte qualitative Studie, die das Unternehmen Novartis 2004 in Auftrag gab, räumte mit einigen dieser vorherrschenden Vorstellungen auf. Es wurde nachgewiesen, dass Frauen genauso häufig von Körper- und Bewegungsschmerz betroffen sind wie Männer. Die wichtigere Erkenntnis war allerdings, dass es sich bei der größten Gruppe der Betroffenen nicht um beispielsweise verletzte Sportler oder junge Feuerwehrmänner handelt, sondern um Menschen im Alter von 50 Jahren und älter, die eher unter wiederkehrenden statt akuten Schmerzen leiden. Hauptgrund für den Kauf von schmerzstillenden Mitteln sind also nicht konkrete oder vorübergehende Beschwerden, sondern alltägliche, teilweise immer wieder auftretende Schmerzen. Darüber hinaus stellte man fest, dass diese Produkte von älteren Menschen erworben werden, die sich aufgrund ihrer Beschwerden in ihrem Alltagsleben eingeschränkt fühlen, weil sie gewisse gewohnte Dinge einfach nicht mehr tun können.

Auf Basis dieser Erkenntnis definierte die Marke in Zusammenarbeit mit Saatchi & Saatchi eine **neue kommunikative Strategie**:

- Statt wie bisher Schmerz und Wirksamkeit der Produkte sollte zukünftig die Linderung der Schmerzen und die damit einhergehende wieder gewonnene Freude am uneingeschränkten Leben thematisiert werden.

- Statt Schmerz universell und vom Menschen losgelöst darzustellen, sollten in der neuen Kampagne zielgruppenspezifisch alltägliche und individuelle Situationen thematisiert werden. Denn Schmerzen und die Schmerzerfahrung sind sehr persönlich und um mit der Kampagne die verschiedensten Menschen relevant anzusprechen, sollten möglichst viele unterschiedliche Alltagssituationen dargestellt werden.

- Statt Bilder von extremen Schmerzen zu zeigen, steht der Moment der Erholung vom Schmerz im Vordergrund der Kommunikation.

Voltaren unterstützt den Menschen bei der Schmerzbekämpfung, damit er wieder das tun kann, was ihm Freude bringt. Die Linderung der Schmerzen und die wieder gewonnene Freude an der Bewegung rücken damit in den Mittelpunkt der Kommunikation der Marke. Voltaren macht Menschen, die an alltäglichen Schmerzen leiden, darauf aufmerksam, dass die schönsten Dinge im Leben von den kleinsten alltäglichen Bewegungen kommen. Dieser Gedanke definiert seit der Kampagne 2004 einerseits die kreative Ausrichtung der Marke und ist andererseits bis heute ihr Claim.

Abbildung 7.4: Printanzeige „Wieder Freude an Bewegung"

Quelle: Novartis OTC Deutschland

Erfolg der Kampagne

Der Erfolg gab dem strategischen Ansatz und der kreativen Idee Recht. Die weltweit in 2005 gestartete Endverbraucher-Kampagne trug dazu bei, dass, entgegen dem Branchentrend Voltaren sowohl mit dem Schmerzgel als auch mit Dolo im Jahr 2006 in Deutschland große Umsatzzuwächse erreichen konnte. (Wachstumsrate Voltaren Schmerzgel sechs Prozentpunkte im Vergleich zum Vorjahr, Voltaren Dolo neun Prozentpunkte im Vergleich zum Vorjahr). *(IMS Health, PharmaTrend Sprinter, 2006)*

Aber nicht nur kurzfristig, sondern auch auf lange Sicht konnte sich Voltaren durchsetzen.

Innerhalb von nur elf Jahren wurde die Marke zum Marktführer in der Kategorie Bewegungsschmerz und setzte zudem ein Exempel in der Art und Weise, wie in der Branche kommuniziert wurde und wird. Sie bewies, dass es lohnend ist, die Motive und Bedürfnisse der Zielgruppe ernst zu nehmen und sich auf sie einzustellen.

Der Autor

Alexander Boppel ist Marketingleiter von Novartis OTC Deutschland. Vor seinem Wechsel zu Novartis war Boppel über zehn Jahre in verschiedenen leitenden Positionen im Marketing des Konsumgüter-Konzerns Procter & Gamble tätig, wo er unter anderem für das Segment Fine Fragrances, für die Tiernahrungssparte Iams und die Marken Bounty und Pringles verantwortlich zeichnete. Dieser Beitrag entstand in Kooperation zwischen Novartis Consumer Health Deutschland und der Agenturgruppe Saatchi & Saatchi Frankfurt unter der Federführung von Elke Schmailzl.

www.novartis-consumerhealth.de

www.saatchi.de

8 Fitness und Freizeit

Der Jugendwahn bestimmt immer noch und in Zukunft noch viel stärker als bisher unsere Gesellschaft – auch wenn wir das nicht so wahrhaben wollen. Jung bleiben, jung wirken, jung aussehen, koste es was es wolle, als jung und vital wahrgenommen zu werden, das wird die nächsten Dekaden das beherrschende Thema unserer Gesellschaft, der Wirtschaft, der Märkte, unserer täglichen Begegnungen und Beziehungen sein. Ganzheitliche Vitalität, Fitness, Entspannung, Entschleunigung, sinnvolle Gestaltung der zunehmenden Freizeit bei gleichzeitig höherer Lebenserwartung – das sind die Motive, die das Heer von Wellness- und Gesundheitsjüngern künftig mehr denn je umtreiben wird.

Aber auch die Suche nach dem Glück, nach dem seelisch-körperlichen Gleichgewicht werden alte und neue Märkte dieses Segments in ungekannte Dimensionen treiben und die Umsatzzahlen vieler Branchen und Unternehmen, die sich diesem gigantischen Boom-Markt kreativ und intensiv widmen, explodieren lassen. Man denke nur an das Folgegeschäft von spezieller Kleidung und Produkten rund um die Fitness, aber auch Firmen wie zum Beispiel *Kamah*, die mit geschmackvoller, auch für Freizeit, Reisen und Leisure-Time alltagstauglicher Yoga-Bekleidung einen riesigen Zukunftsmarkt entdeckt haben. Ergänzend dazu gibt es inzwischen Yoga-Urlaub, Yoga-Communitys, Yoga-Expos, also Messen und Konferenzen rund um Yoga & Style. So sehen Zukunftsmärkte in einer alternden, aber sich jung fühlenden Gesellschaft aus!

Der boomende Nischenmarkt **Yoga** ist ein gutes Beispiel: Es macht mir deshalb so viel Spaß, darüber zu schreiben, weil ich vor wenigen Monaten einen Yoga-Schnupperkurs geschenkt bekommen habe. Inzwischen ist Yoga zu meiner großen Leidenschaft geworden. Als Mann gilt man immer noch als Yoga-Exot, obwohl viele berühmte Yoga-Männer weit über 50 Jahre alt sind. „Wie kann ein Mann einen Hokuspokus ernst nehmen, der ihn zur Brezel verknotet, der ihn vor einer ihm körperlich überlegenen Weiberschar blamiert und am Ende nichts als Schmerzen im Gesäß hat", schreibt *Michael Zirnstein in der Beilage „Wohlfühlen" der Süddeutschen Zeitung im Februar 2011.*

Weiter heißt es in diesem amüsanten und gleichzeitig Mut machenden Artikel von *Zirnstein*, dass sich der führende Münchener Yoga-Lehrer und Psychologe *Dr. Patrick Broome* die männliche Yoga-Verweigerung hierzulande damit erkläre, dass „das ja im Westen lange eher ältere Tanten mit Wollsocken in der Volkshochschule gemacht haben". In Indien gaben über Jahrtausende hinweg männliche Gurus ihr Geheimwissen an männliche Schüler weiter, bis in den Vierzigerjahren die einflussreiche Lettin *Indira Devi* Yoga nach Hollywood brachte. Mit weitreichenden Folgen: In Deutschland betreiben etwa vier Millionen Frauen und nicht einmal eine Million Männer Yoga – doch sie werden mehr, insbesondere in den Altersgruppen 40plus und 50plus. *(„Wohlfühlen" – Beilage der Süddeutschen Zeitung, 2-2011, Michael Zirnstein)*

Es heißt, dass Yoga aus der Beobachtung der Natur entwickelt wurde. Durch die Nachahmung von Tierhaltungen oder Naturformen erlangen wir die Möglichkeit, eine tiefere Verbindung zu unserer Umwelt zu entwickeln. Doch Yoga ist nicht nur ein Weg nach innen, wie viele denken. Yoga rüstet auch für die Welt draußen. Durch Yoga wird der ganze Körper gestrafft und mit Sauerstoff versorgt. Stoffwechsel, Hormonhaushalt, Kreislauf und Zellregeneration optimieren sich. Yoga ist jedoch kein reines Gesundheits- oder Anti-Ageing-Programm, sondern eine Lebenseinstellung.

Das Boom-Potenzial der Branche auf einen Blick

Fitness | Entspannung | Entschleunigung | Freizeit	<ul><li>Fernöstliche Entspannung, Entgiftung und Prävention (zum Beispiel Yoga, Tai Chi, Qi Gong, Reiki, Ayurveda ...)</li><li>Ganzheitlich aufgestellte Fitness-Wellfeeling-Zentren</li><li>Entschleunigungsangebote und -dienstleistungen (Stresslinderung)</li><li>Medical-Spa-Markt</li><li>Sport- und Fitnessmarkt</li><li>Moderne Sportvereine, die den Zeitgeist erkennen</li><li>Freizeit-Communitys zur Kontaktpflege und Selbstverwirklichung</li><li>Begleitservices, Eheanbahnungsinstitute, Partnervermittlungen</li><li>Sexualität und Erotik</li><li>Kontaktparty-Veranstalter</li><li>Konzertveranstalter</li><li>Musical-Theater, kleine Bühnen, Locations und Arenen für Großereignisse mit Musik, Kunst, Sport, Shows</li><li>Entertainment, Erlebnisgastronomie, Clubs ...</li></ul>

Fakten:

- Menschen 50plus geben für Freizeitgestaltung, Ausgehen, Kultur, Sport und für alles Schöngeistige einen Großteil ihres Geldes aus – wenn das Angebot anders als üblich, ihren Interessen adäquat und in der Darreichung/Präsentation attraktiv ist.

- 40 Prozent aller deutschen Sportler sind Best Ager – das sind über 13 Millionen Aktive. Allein für **Sportbekleidung** geben sie jährlich weit über **9 Milliarden Euro** aus. Allerdings werden davon nur rund 90 Prozent im einschlägigen Sportfachhandel realisiert, sondern übers Internet oder Discounter – ergo bleibt ein zusätzliches Verkaufspotenzial im Wert von über 900 Millionen Euro pro Jahr allein im Bereich Sportbekleidung.

- Wachsende Popularität fernöstlicher, homöopathischer und psychosomatischer Heilmethoden sowie neuer Formen von Entschleunigung und Entspannung.

- Hohe Grauzonen, also keine konkreten Zahlen von Menschen 50plus, die Entspannung und Kontakte suchen – ich schätze die Zahl bei 50plus auf mindestens jeden Dritten.

- Jede dritte Ehe scheitert – gerade auch bei Menschen über 50. Tendenz: stark steigend. In einem Jahrzehnt wird – so schätzen Zukunftsforscher – jede zweite Beziehung in die Brüche gehen – nach vielen Ehejahren und auch noch nach der silbernen Hochzeit.

- Verlust des Partners durch Scheidung, Trennung, Krankheit, Tod nimmt in den Jahren nach dem 50. Geburtstag ebenfalls dramatisch zu.

- Zahl der Menschen zwischen 50 bis 54 Jahren, die gerne Popkonzerte besuchen, stieg von 6 Prozent in 1996 auf 21 Prozent in 2010.

Prognosen:

- Sinnliche, abwechslungsreiche Freizeiterlebnisse sind gefragt.

- Sehnsucht nach Zweisamkeit wird bei zunehmender Singularisierung der Gesellschaft gravierend wachsen.

- Immer mehr Menschen 50plus suchen nach funktionierenden tragfähigen Partnerschaften und Beziehungen.

- Angebote auch für Menschen in festen Beziehungen/Ehen fehlen – und werden boomen, wenn sie den Zeitgeist, die Bedürfnisse und die Sehnsüchte der Menschen erkennen.

- Ungezwungene Kennenlern-Events in Wohnzimmer-Ambiente oder Club-Atmosphäre für zum Beispiel spezielle Premium-Zielgruppen wie kultivierte Unternehmer, Akademiker und VIPs sind gefragt.

- Angebote für Menschen 50plus mit ähnlichen Interessen und Leidenschaften boomen.

- Communitys als Ersatz für fehlende familiäre Strukturen oder für Religionen werden zunehmen – virtuell und real!

In außergewöhnlichem Umfeld und Ambiente (modern vs. retro, urban vs. ländlich, verrückt vs. nostalgisch) verbunden mit besonderem Erlebnis-Charakter – in Verbindung mit einer Kontaktplattform zur Pflege von persönlichen Beziehungen – werden folgende Angebote insbesondere von Menschen 50plus zukünftig besonders stark nachgefragt:

- **Retro-Trend:** Musik von früher – Musik, die man kennt und liebt, mit der man schöne Erinnerungen verbindet und wieder auffrischen kann, Open air–Veranstaltungen, Musical und Dialog-Theater.

- **Renaissance der Tanzkultur:** Tanzen wird wieder in Mode kommen – die gute alte Tanzschule für Best-Ager-Kurse zum Beispiel lateinamerikanische Tänze, intergenerative Tanz-Events.

- **Ü50–Partys in Wohnzimmeratmosphäre:** analog Ü30-Generationenpartys, die so aber nicht heißen sollten!
- **Kleinkunst-Kabarett mit Mitmach-Modulen:** regionaler Touch mit Mundart, zur Erheiterung, Abwechslung und Entspannung vom Alltag, dargeboten mit Geist, Witz und Charme.
- **Club-Events:** mit erlesenem handverlesenem Publikum.
- **Musik:** Genre-übergreifende Musikrichtungen wie zum Beispiel Swing, Pop, Klassik, Schlager werden beliebter (kommentierte Darbietungen mit hohem Nutz- und Unterhaltungswert).
- **Alte Werte – neue Werte:** Synthese zwischen moderner und traditioneller Musik/ Kunst/Kulinarik etc.
- **Musik und Fitness/Wellness,** Musik und spirituelle Angebote, Musik und Mystisches/ Märchenhaftes.
- **Musik und Kulinarik:** generationsübergreifende Abenteuer für alle Sinne mit Darbietungen junger Nachwuchskünstler.
- **Musik und Fortbildung** – als neues Format für lebenslanges Lernen gepaart mit Spaß und Lebensstil.
- **Außergewöhnliche Backstage-Angebote** von Kulturveranstaltern werden boomen.
- **Event-Kompositionen:** themenorientierte Degustationen mit Wein, Musik und Kunst ...

Partnersuche 50plus

> Für Frauen ab 50 ist es meist schwer, ein neues Glück mit einem gleichaltrigen Mann zu finden. Wichtigster Hinderungsgrund: Männer im entsprechenden Alter suchen oftmals nach jüngeren Frauen. Das bestätigt auch *Christa Appelt*, Inhaberin einer Partneragentur, in der Frauenzeitschrift *FÜR SIE*. „Tatsächlich orientieren sich meine Herren altersmäßig zunächst gerne nach unten." Wenn die Chemie stimme, sei der Altersunterschied aber nicht mehr wichtig. Dennoch scheinen einige Damen klar im Vorteil zu sein.
>
> „Witwen sind beliebt, weil kein Ex auftauchen kann", so Appelt. „Geschätzt wird auch eine Frau mit Stil, Wärme und glücklichem Naturell – Männer suchen das anschmiegsame Weib." Tatsächlich waren Frauen über 50 nie so attraktiv und jung wie heute. Zugleich nehmen sie sich in diesem Alter die Freiheit, ihr Leben und Lieben nach eigenen Wünschen zu gestalten. „Frauen stehen jetzt nicht mehr unter dem Druck, eine Familie zu gründen", analysiert die Beziehungsforscherin *Dr. Wiebke Neberich*. „Viele Zwänge, die eine frühe Beziehung bestimmt haben, gibt es nicht mehr."
>
> Die langjährige Erfahrung macht entschiedener, aber auch toleranter. Laut einer Studie des Onlineportals *Parship* sind weibliche Singles 50plus sehr großzügig, was Äußerlichkeiten angeht, und sehen auch die sexuelle Treue nicht mehr so eng. Stattdessen geht es um eine Beziehung auf Augenhöhe und darum, sich Freiräume zu bewahren."
>
> *(Frauenzeitschrift FÜR SIE 03/2009)*

Kontaktsehnsüchte, Sex und Erotik im Alter?

Zu diesem gesellschaftlichen Tabuthema – das ich hier ganz bewusst beleuchte, weil es meines Erachtens eine Boom-Nische mit hohen Zuwachsraten und hohem Marktpotenzial geben wird – möchte ich einen längeren Auszug aus der Berliner Zeitung vom 14.2.2011 zitieren, der meines Erachtens prägnant und realistisch das brisante und gesellschaftlich weitestgehend verbrämte Thema „Sex, Kontaktsehnsüchte und Erotik im Alter" aufgreift:

> „Mehrere Dutzend Prostituierte in Berlin kümmern sich ausschließlich um ältere Freier. Yasmin ist eine von ihnen. „Einer ihrer treuesten Stammkunden heißt Karl-Bruno*. Er ist 43 Jahre älter als Yasmin (24) und bestellt sie immer am letzten Tag des Monats auf sein Zimmer im Altenheim. Dann wird die Rente ausgezahlt. Die Prostituierte aus Neukölln hat sich spezialisiert auf Kunden über 60. Und die Nachfrage wächst. Der Bundesverband sexuelle Dienstleistungen e.V. schätzt: In jedes zweite Berliner Seniorenheim werden regelmäßig Huren bestellt. Es spricht nur niemand laut darüber.
>
> Denn Sex-Pflegerinnen in einem Altersheim zu empfangen, ist vielerorts noch ein Tabuthema. „Einige meiner älteren Kunden stellen mich als Enkelin vor, damit die Heimleitung nichts merkt", sagt Hure Yasmin vom „Hauptstadt-Escort"-Service, „in anderen Fällen kümmern sich Sozialarbeiter darum, dass ich möglichst unbemerkt ins Zimmer komme."
>
> Nach Analysen des renommierten Wiener Altersforschers Leopold Rosenmayr (86) sind in Deutschland noch bis zu 90 Prozent der Männer zwischen 60 und 70 Jahren sexuell aktiv, bei den Frauen 45 bis 55 Prozent. Im folgenden Lebensjahrzehnt sind es immerhin noch bis zu 79 Prozent der Männer, aber bei den Frauen nur noch weniger als zehn Prozent.
>
> Der Prostitutions-Selbsthilfeverein Hydra geht davon aus, dass sich in der Hauptstadt inzwischen mehrere Dutzend Huren ausschließlich um ältere Freier kümmern. In anderen Einrichtungen werden laut Hydra Fahrdienste ins Bordell organisiert. Oder Prostituierte bieten im Wohnmobil Sex an – auf dem Parkplatz vor dem Heim.
>
> „Es ist normal, dass auch ältere und alleinstehende Menschen das Bedürfnis nach Erotik haben", sagt Yasmin. „Vielen geht es gar nicht um Sex. Einige wollen nur kuscheln und gestreichelt werden. Andere möchten mit mir Fernsehen gucken oder sich unterhalten."
>
> Neben ihrer jungen Kundschaft besucht das Callgirl etwa 15 Senioren regelmäßig, nimmt im Schnitt 100 Euro die Stunde. Ihr üblicher Tarif. Auch die Ex-Prostituierte Stephanie Klee (51) hatte jahrelang ältere Kunden. Jetzt bietet sie mit ihrer Agentur „high-Lights" Seminare für „Sex im Alter" an. „Dabei soll das Pflegepersonal sensibilisiert werden", sagt sie. „Es ist doch besser, den Rentnern sexuelle Wünsche zu ermöglichen, als sie mit Medikamenten ruhigzustellen." Bei ihren Seminaren geht es auch um die Hygiene der Senioren vor einem Besuch. Und um das Einfühlungsvermögen, wenn ein Bewohner Hilfe beim Buchen einer Hure braucht. Für Yasmin ist der Liebesdienst für ältere Männer nicht ungewöhnlich. „Sie sind oft sogar höflicher als junge Kunden", so die Prostituierte. Dass der Einsatz im Seniorenheim anders enden kann, weiß sie allerdings auch. „Eine Kollegin hatte mal einen Kunden, der beim Sex einen Herzinfarkt bekam und starb", sagt sie. „Diese Vorstellung macht mir oft Angst."

In viele Altersheime werden regelmäßig Prostituierte bestellt. Die Pfleger gucken weg. Die Heimleitungen schweigen. Und die Familien dürfen nichts wissen. Nach dem BZ.-Bericht über käuflichen Sex in Senioreneinrichtungen diskutieren Experten und Politiker: Wie unmoralisch ist der Liebesservice? Oder haben alte Menschen nicht auch das Recht auf Sexualität, Intimität?

„Das strikte Tabu bröckelt, wenn auch langsam", sagt Heribert Engstler (52), Soziologe am Deutschen Zentrum für Altersfragen in Berlin. Doch immer noch müssen sich die Prostituierten verstecken, wenn sie zu den Freiern ins Altersheim kommen. „Diskretion ist besonders wichtig", sagt Yasmin. „Die Frauen müssen sich möglichst unauffällig kleiden. Lackstiefel, Ledermäntel, grell geschminktes Gesicht gehen da gar nicht. Ich trage bei Besuchen Jeans oder Stoffhosen, eine Bluse und eine Jacke." Wenn das Callgirl das Heim betritt, gibt sie sich als Enkelin aus. Dabei ist laut Pflege-Charta, in der rund 200 Experten Richtlinien für die Rechte von hilfe- und pflegebedürftigen Menschen festgelegt haben, die sexuelle Selbstbestimmung ausdrücklich verbrieft. In Artikel 3 heißt es unter anderem: „Über die Art und Weise intimer und sexueller Beziehungen und Aktivitäten entscheiden Sie selbst, soweit dadurch die Rechte anderer Personen nicht verletzt werden."

Dem Soziologen Heribert Engstler geht es vor allem um die Wahrung der Intimität. „Prostituiertenbesuch in einem Heim, in dem die Senioren auf Zweibett-Zimmern liegen, ist wohl nicht sehr angebracht", sagt der Wissenschaftler. Seine Idee: Liebesräume, in denen die Intimsphäre gewahrt bleibt. „In Gefängnissen gibt es das ja schon. Vielleicht wäre das auch ein gangbarer Weg für Seniorenheime." Auch die Sozialexpertin der Berliner Grünen-Fraktion sorgt sich um fehlende sexuelle Freiräume: Eine Unterbringung in Mehrbettzimmern sei nicht angemessen, so Jasenka Willbrandt (59). „Jegliche Intimität ist da nicht möglich. Auch Menschen in einem Seniorenwohnheim haben aber ein Recht auf Sexualität und einen persönlichen Intimbereich." Die Ex-Prostituierte Stephanie Klee (51) sagt: „Durch Extra-Räume wird der Heimbewohner stigmatisiert. Jeder weiß, dass er Sex haben will, wenn er in diesem Zimmer verschwindet." Klee berät mit ihrer Agentur „highLights" bereits zwei Berliner Altenheime, schult die Pfleger: „Es geht vor allem darum, Mythen zu demontieren, die über Prostituierte im Umlauf sind. Nicht hinter jeder steht ein Zuhälter, nicht jede ist einfach nur geldgeil."

Für Rainer Lachmayer (61), Referent für Altenhilfe beim Paritätischen Wohlfahrtsverband (rund 5.700 Heimplätze in Berlin), sind Huren in Heimen kein Problem: „Wenn der Bewohner Besuch empfängt, dann ist das seine Sache." Notwendiger als ein Liebesraum ist für ihn allerdings die Unterbringung in Einzelzimmern: „Dadurch lässt sich die Intimsphäre besser wahren." Einzelzimmer haben die meisten von Yasmins Freiern im Heim zwar. Allerdings können sie nicht abgeschlossen werden. „Mein Kunde sagt zum Pflegepersonal, er hat Besuch von Angehörigen und will die nächste Stunde nicht gestört werden", so die Prostituierte. „Doch einmal platzte ein Pfleger ins Zimmer, während wir gerade unter der Decke Sex hatten. Er ging wortlos wieder raus."

*Name geändert

(Berliner Zeitung, 14.2.2011)

Ganzheitliches Vitalitätstraining für Menschen 50plus

Erwin Drexelius, tri-dent Berlin

Vitalitätstraining kann für Menschen im fortgeschrittenen Lebensalter 50plus überlebenswichtig werden

In meinen zahlreichen Vorträgen stelle ich den Teilnehmern immer diese Frage: „Was möchten Sie im Leben erreichen? Wollen Sie gesund alt werden? Wollen Sie glücklich sein? Wollen Sie wenig Leid haben?" Die Antwort immer ein Ja. Das wollen alle Menschen. Die nächste Frage ist nun, wie diese Ziele erreicht werden können. Hier unterstützt uns das Wissen um das Gleichgewicht des Lebens. In der Natur ist alles in Balance. Es ist gut, diese Naturgesetze zu kennen und sich danach zu richten. Wenn alles in Balance ist, sind auch Gesundheit und Vitalität präsent.

Das Gleichgewicht des Lebens spiegelt sich auf unterschiedlichen Ebenen wider: körperlich – alle Organe funktionieren harmonisch miteinander, mental – das Gleichgewicht der positiven und negativen Gedanken besteht und emotional – Prüfung des Status: „Fühle ich mich glücklich oder bin ich voller Angst?" Gedanken werden in Verknüpfung mit den Gefühlen in jeder Zelle des Körpers gespeichert. Die Frage: „Sind in Ihrem Körper überwiegend lebensbejahende oder ängstliche und mutlose Gedanken gespeichert?" Menschen im fortgeschrittenen Lebensalter haben mehr Lebenserfahrungen als jüngere. Das bedeutet, es sind wesentlich mehr Informationen, kombiniert mit Gefühlen, gespeichert. Möchte ich diesen Menschen ein frisches Vitalitätsbefinden ermöglichen, ist es von großem Nutzen, die Zusammenhänge zu verstehen, anzuwenden und weiter zu reichen. Vitalitätstraining birgt fühlbare Vorteile, denn es berücksichtigt den Menschen in seiner Gesamtheit.

Ernährung im fortgeschrittenen Lebensalter

Wenn wir älter werden, verändert sich viel im Leben. Wir dürfen das Loslassen lernen, denn hierin findet sich ein wesentlicher Bestandteil, neue Vitalität zu erleben. Sehen wir uns einmal die Ernährung an. Was ist im fortgeschrittenen Lebensalter empfehlenswert? Mit fortschreitenden Lebensjahren vermindert sich der Stoffwechsel. Zum besseren Verständnis: Der Vorgang Stoffwechsel bedeutet, salopp ausgedrückt, da geht was rein in den Körper und da geht was raus aus dem Körper. Wichtig ist, dass möglichst viel Verbrauchtes den Körper verlässt, die Stoffwechselabfallprodukte, damit der Weg für neue Lebensenergie frei ist.

Wichtig ist also, dass der Stoffwechsel im fortgeschrittenen Lebensalter ganzheitlich funktioniert, also möglichst wenige Abfallprodukte im Körper verbleiben. Denn sie sind es, die uns das Leben, im Wortsinne, schwer machen. Die Ernährung soll wenig Energie beinhalten und reich an Mikronährstoffen sein. Je mehr Energie die Nahrung enthält, desto höher ist der Anteil der Stoffwechselabfallprodukte. Empfehlung: Salat, Gemüse, Obst (lebendige Nahrung mit einem eigenen Stoffwechsel) und Fabrikprodukte weitestgehend meiden.

Bewegung im fortgeschrittenen Lebensalter

Wenn wir über Bewegung sprechen, können wir nur die ganzheitlichen Bewegungsabläufe meinen. Es wäre fatal, zu glauben, dass Bewegungen nur physisch sind. Bewegung ist Leben. Das wissen wir. Doch das Verständnis der ganzheitlichen Bewegung beinhaltet ebenso den mentalen und die emotionalen Bereich der Flexibilität. Auf der körperlichen Eben berücksichtigt eine ganzheitliche Bewegung hauptsächlich die Gelenke, die Wirbelsäule, die Atmung, die Verdauung, die Muskulatur und Bänder. Mentale und emotionale Bewegung bedeutet, neue Lebensimpulse aufzunehmen und Verbrauchtes loszulassen, die Vergangenheit liebevoll zu hinterlassen und waches Interesse an Neuem. Ich bemerke sehr häufig ein Ungleichgewicht der Gedanken und Gefühle. Hinzu kommt das zunehmende Nachdenken, das Erinnern an die Vergangenheit. Die ganzheitliche Bewegung wirkt entgegen, baut nutzlose Spannungen ab und öffnet für neue vitale Erlebensebenen.

Das mentale Gleichgewicht im fortgeschrittenen Lebensalter

Das mentale Gleichgewicht, also die lebensbejahenden und lebensverneinenden Gedanken in Balance zu halten, ist eine vorrangige Aufgabe in dieser Lebenszeit. Bereits erwähnt: Gedanken werden mit Gefühlen in jeder Zelle des Körpers gespeichert. Die Frage ist also: „Was ist in überwiegendem Anteil gespeichert? Zu viele negative Gefühle und Gedanken sind für Erkrankungen verantwortlich. Gedanken haben die Tendenz, sich zu verwirklichen. Entscheidend ist das Gleichgewicht im Kopf. Von dort geht alles aus.

Wie sind diese Menschen für ein ganzheitliches Vitalitätstraining zu gewinnen?

Wir reden von lebenserfahrenen Menschen. Sie kennen sich aus. Wenn wir sie für ganzheitliches Vitalitätstraining gewinnen wollen, ist folgenden Punkten Aufmerksamkeit zu schenken:

- Selbst das Vitalitätstraining zu leben
- Klar und sauber zu fühlen und zu denken, ebenso zu reden und zu handeln
- Realistische Zusicherungen zu geben
- Bei der Wahrheit zu bleiben
- Nur zu versprechen, was eingehalten werden kann
- Ein großes Herz zu haben, speziell für diese Menschen

Verkaufen ohne zu verkaufen

Manche Verkäufer sind Profis in ihrem Tun. Sie haben viel gelernt, Seminare besucht und Strategien des Verkaufs verinnerlicht. Meine Empfehlung: Vergessen Sie das! Wenn Sie ernsthaft vorhaben, Menschen mit mehr Lebensalter zu unterstützen, ihnen einen Weg zu besserer Gesundheit und neuer Vitalität zu zeigen, dann spiegelt sich das in allen Facetten Ihres Handelns. Wenn Sie von sich behaupten ein Vitalitätstrainer zu sein, reicht das nicht aus. Entscheiden Sie sich dafür, ein wirklicher Vitalitätstrainer mit jeder Zelle Ihres Körpers zu sein. Dann werden Sie keine Strategie benötigen, um andere zu gewinnen. Sie werden verkaufen ohne zu verkaufen, denn von Ihnen kommen aus eigenem Erleben immer die passenden Argumente und Formulierungen. Und die Klarheit Ihres Herzens im Gleichgewicht mit Ihren Gedanken, wird begeistern.

Das tri-dent® Konzept

Das einmalige Patent, „Verfahren zur Steigerung des menschlichen Wohlbefindens", vom Patentamt München erteilt, hat bestätigt: Ganzheitliches Vitalitätstraining in seiner Gesamtheit macht sichtbar und erlebbar einen Unterschied. Im tri-dent® Konzept wurden die wichtigen Komponenten vereint: Kräftigung aller Hauptmuskelgruppen, 45 Minuten Herz-Kreislauftraining, ganzheitliches Beweglichkeitstraining – physisch, mental und emotional, spezielles Training der mentalen Kraft, Das Loslassen für innere Balance. Diese Bestandteile sind der Inhalt des ganzheitlichen Vitalitätstrainings. Die Schlüsselfigur ist der Vitalitätstrainer. Die Ausbildung und Zertifizierung erteilt die VitalitätsAkademie Berlin. Der zweijährige Ausbildungsgang beginnt mit einer neuntägigen Intensivausbildung. Dann heißt es: praktizieren, praktizieren, praktizieren! tri-dent® besteht aus 98 Prozent Selbsterfahrung. Nur die gereiften Trainer werden authentische Vitalitätstrainer sein. Ihr Benefit ist eine dankbare und erfüllende Lebensaufgabe und der eigene hohe Vitalitätslevel bis ins gehobene Lebensalter.

Das spezialisierte Leistungsangebot tri-dent®

Das tri-dent® Konzept wird in der Geschäftsform einer tri-dent® VitalitätsOase® oder eines Stoffwechsel-Kurzentrums umgesetzt. Ab 50 Quadratmetern Fläche kann gestartet werden, integriert in ein bestehendes Unternehmen wie Gesundheitsanbieter, Heilpraktiker, Arzt, Fitnesscenter, Physiotherapeut, Kurbad, Wellnesshotel und ähnlichen Geschäfts- oder Praxiseinrichtungen oder direkt als eigenständiges Unternehmen. Hier werden die Menschen der Zielgruppe 50plus professionell begleitet, und sie bezahlen gern einen angemessenen Preis dafür. Das Unternehmen zeigt seine Einmaligkeit mit Programm.

Fitness und Freizeit

Abbildung 8.1: Vitalitätsoase

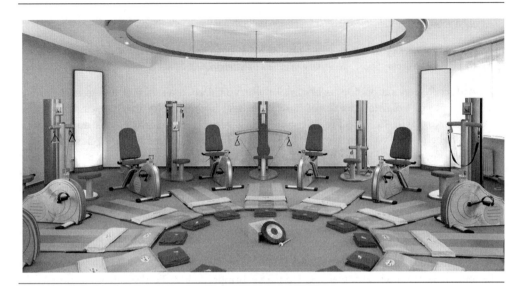

Der Autor

Erwin Drexelius, Jahrgang 1950, ist geschäftsführender Gesellschafter des Gesundheitsunternehmens tri-dent Berlin und Inhaber des ersten Patents auf ein Verfahren zur Steigerung des menschlichen Wohlbefindens. Erwin Drexelius schaut auf 30 Jahre engagierte Tätigkeit als Vitalitätstrainer zurück. Der ehemalige Deutsche Meister im Bodybuilding und Marathonläufer begeistert in einer Vielzahl von Vorträgen Menschen für ein vitales Leben. Etwa 10.000 Menschen hat er auf ihrem individuellen Weg trainiert und begleitet.

www.tri-dent.de

Freizeitwünsche der Aufbruchsgeneration 50plus

Monika Wehn, Freizeitclub Karlsruhe

> *„Wandern und Kegeln? Das reicht uns nicht. Wir wollen mehr erleben in unserer Freizeit. Heute Party, morgen Sport, übermorgen einen Städtetrip."*

Die Aufbruchsgeneration 50plus erwartet mehr vom Leben als Arbeit, Essen und Fernsehen. Sie hat viel geleistet, der Beruf läuft oder liegt bereits hinter ihr, die Kinder sind erwachsen. Nun will sie ihre Freizeit genießen, Grenzen erweitern, Neues ausprobieren, Neues erleben, Neues lernen. Sie hat Lust auf Leben. Diese Lebenslust spiegelt sich in ihrer Ausstrahlung wieder. Die Aufbruchsgeneration 50plus wirkt jünger als sie ist, was ihr im Vergleich mit ihrem Umfeld auch bewusst wird. Sie stellt im Laufe der Zeit fest, dass Gleichaltrige bequemer, unflexibler und häuslicher werden und es immer schwieriger wird, sie zu Freizeitaktivitäten zu motivieren.

Singles sind von dieser Entwicklung noch weitaus stärker betroffen als Paare. Nach einer Trennung, Scheidung oder Tod des Partners fühlen sie sich im alten Bekanntenkreis nicht mehr wohl, der Lebensrhythmus passt nicht mehr. Während Paare ihre Freizeit und Wochenenden gerne auch zu zweit zu Hause verbringen, sind Singles allein in ihrer Wohnung. In ihrer Freizeit, vor allem am Wochenende, fällt ihnen die Decke auf den Kopf. Sie wollen raus. Suchen Kommunikation, Austausch, Freizeiterlebnis. Aber was? Und mit wem? Die immer noch hartnäckige Fokussierung vieler Angebote auf die werberelevante Zielgruppe der 14- bis 49-Jährigen führt dazu, dass attraktive Freizeitangebote für aktive, unternehmungslustige Menschen über 50 fehlen. Für die Ü30-Party fühlen sie sich zu alt, für den Seniorentanztee zu jung. Und mit Kaffeefahrten, Kränzchenflechten oder Seniorennachmittagen kann man sie nicht wirklich begeistern.

Freizeitkonzepte mit Zukunft

Tanzveranstaltungen zwischen Ü30-Partys und Seniorentanztee

> *„Die ideale Party? Die ist samstags, fängt früh an, um 20 Uhr ist da schon die Tanzfläche voll. Hat ein schönes Ambiente und fetzige Musik von Rock bis Salsa. In einer angenehmen Lautstärke, sodass man sich auch unterhalten kann. Und natürlich genügend tanzfreudige Männer."*

Die Aufbruchsgeneration 50plus ist nicht nur auf Spaß ausgerichtet, sie achtet auch auf ihre Gesundheit. Deshalb geht sie gern früh weg – dann hat sie viel vom Abend, ist aber trotzdem am nächsten Tag ausgeschlafen. Deshalb stört sie sich auch an überlauter Musik, die die Ohren schädigt, Kopfschmerzen verursacht und die Stimme kaputtmacht beim Versuch, dagegen anzuschreien.

Gefragt sind Veranstalter, denen es gelingt, all diese Wünsche unter einen Hut zu bringen. Die meisten Frauen tanzen leidenschaftlich gern, Männer weniger. Und so wird es wohl die größte Herausforderung bei Partykonzepten in dieser Altersgruppe darstellen, die Männer zum Tanzen zu bewegen.

Urlaub zwischen Sonnengrill und Kaffeefahrt

"Knickerbocker-Wanderungen? Tagesfahrten mit Heizdeckenverkauf? Drei Wochen in der Sonne braten? Sorry, das ist nicht mein Ding. Meine Freizeit- und Urlaubswünsche sehen anders aus."

Keine andere Altersgruppe bucht inzwischen so viele Reisen wie die 50- bis 70-Jährigen. Sie will neue Energie tanken, Spaß haben, gemeinsam viel erleben. Und, gleichgültig, ob Tagestour, Städtetrip oder Urlaubsreise, die Aufbruchsgeneration 50plus ist anspruchsvoll. Mit langweiligen Stadtführungen, Abzocker-Kaffeefahrten oder Massen-Pauschalurlaub in der Bettenburg kann man sie nicht locken.

Erlebnis-Bausteine

Beliebt sind Themen-Wanderungen, zum Beispiel eine kulinarische Schlenderwanderung im Wald, eine Fackelnachtwanderung, eine Flussbettwanderung. Beliebt sind Erlebnisführungen, zum Beispiel eine Mitternachtsführung im Kloster, ein Nachtwächterrundgang durch eine idyllische Altstadt, eine Kammerdienerführung im Schloss. Beliebt sind Bewegungs-Events, zum Beispiel eine Kanutour im Großkanadier, ein Bogenschießturnier mit Picknickpause, ein Spaß- und Sport-Wettkampf mit anschließendem Schlemmeressen ...

Viele probieren gern mal was Neues aus. Zum Beispiel ein Quadrennen oder eine Segway-Tour, eine Ballonfahrt oder einen Helikopterflug, ein Floating im Tank oder ein Fotoshooting mit Stylingaktion – solche Events sind auch sehr beliebt als Geschenk.

Gefragt sind Eventanbieter und Tourismusbüros, die in Zusammenarbeit mit Gastronomie und Hotellerie unterschiedliche Tagestouren zusammenstellen. Ideal, wenn diese auch mit dem öffentlichen Nahverkehr erreichbar sind.

Tagestouren mit dem Bus

Bustouren sind praktisch. Man muss sich nicht um die Orientierung kümmern, ist nicht von Fahrplänen abhängig und kann bequem auch abgelegene Ziele wie Burgen und Höhlen erreichen. Und man ist in der Gruppe unterwegs, was die kommunikative Aufbruchsgeneration 50plus schätzt. Bei einer Tagestour möchte sie nicht zwei Drittel der Zeit im Bus verbringen, und eine Verkaufsveranstaltung über sich ergehen lassen. Sie will lieber ein Ziel in der Nähe anfahren, und etwas erleben. Beliebt sind auch Bus-Rad-Kombinationen, bei denen das Reiseunternehmen einen Transportanhänger für die mitgebrachten Räder mitführt und unterwegs kleinere geleitete Radtouren zu interessanten Zielen anbietet.

Gefragt sind Anbieter, die für Vereine, Schulklassen und Familien oder für Betriebsausflüge und Firmenincentives Mixed-Touren mit unterschiedlichen Erlebnis-Bausteinen zu einem attraktiven Preis zusammenstellen.

Städtetrips und Mehrtagesreisen

Bus, Bahn, Flugzeug, Kreuzfahrtschiff? Die Aufbruchsgeneration 50plus legt Wert auf freundlichen Service, gute Organisation und ein ausgewogenes Programm zwischen Erlebnis & Entspannung, zwischen Wellness & Fitness. Beliebt sind zentrale Hotels, sodass sie auf eigene Faust die Umgebung erkunden kann. In kleinen abgelegenen Orten und Hotels erwartet sie gemütliche Aufenthaltsräume mit Spielen und Büchern, eine einladende Cocktailbar mit guter Musik, lieber von CD oder einem flexiblen DJ als von einem Alleinunterhalter. Wellness- und Fitnessangebote wie Tischtennisplatten oder Leihfahrräder werden gern genutzt. Wichtig ist die Bereitstellung von genügend Einzelzimmern zum vernünftigen Preis. Es gibt in dieser Altersgruppe viele Singles, die alleine verreisen, aber auch Paare, die sich nicht gegenseitig in ihrer Nachtruhe stören wollen.

Gefragt sind innovative Busunternehmen, die ein erlebnisreiches Programm zusammenstellen für verschiedene Aktivitätsstufen und beispielsweise mit einem Anhänger die Fahrräder ihrer Gäste transportieren. Gefragt sind innovative Hotels, die verschiedene Erlebnisbausteine auf ihrer Website anbieten, sodass sich die Kunden leicht selbst ihre individuelle Tour zusammenstellen können. Interessant für Paare und Kleingruppen, die die Abende gemeinsam verbringen wollen, aber tagsüber unterschiedliche Interessen haben.

Kurzurlaub mit Lerneffekt

Die Aufbruchsgeneration 50plus hat Spaß am Lernen und Lust auf Weiterbildung. Doch der Alltag lässt oft kaum Zeit und Energie dafür. Ein Kurzurlaub mit Lerneffekt eignet sich wunderbar, um in entspannter Atmosphäre neues Wissen zu erwerben oder bereits Bekanntes aufzufrischen, das sowohl beruflich als auch privat von großem Nutzen sein kann. Zum Beispiel ein Zeitmanagementseminar oder ein Rhetorikkurs, ein Nichtrauchertraining oder ein Gedächtnistraining, ein Malworkshop oder Sprachen-Lektionen. Hotels, die eine interessante Reihe mit unterschiedlichen Inhalten anbieten, können so Einmalkunden als Stammkunden gewinnen und ihre Auslastung am Wochenende erhöhen.

Gefragt sind innovative Hoteliers, die mit Trainern und Erlebnispädagogen zusammenarbeiten. Vor allem für Businesshotels, die ihre Auslastung am Wochenende erhöhen wollen, bieten sich solche Events an.

Genuss zwischen Frittenbude und Fünf-Sterne-Hotel

> *„Schnitzel, Bratwurst, Sauerkraut? Na klar. Aber genauso gerne esse ich italienisch, griechisch indisch oder vietnamesisch."*

Die Aufbruchsgeneration 50plus hat Sinn für abwechslungsreiche Küche und geht gerne mit Freunden essen. Während die einen dabei ohne Rücksicht auf Kalorien oder Allergien bestellen können, was ihnen schmeckt, müssen andere bewusst auf die Linie und Inhaltsstoffe achten. Hilfreich wäre es, wenn es neben der Salatkarte auch eine Rubrik „leichte Genussgerichte" gäbe mit Nährwert- und Inhaltsangaben. Zunehmend beliebt sind auch Erlebnis-Dinner, bei denen „zwischen den Gängen" leichte Unterhaltung, zum Beispiel Kabarett, humoristische Lesungen, Zauberei oder phantasievolle Tänze serviert werden.

Gefragt sind innovative Gastronomen, die mit Ernährungsberatern und Apotheken zusammenarbeiten und zertifizierte leichte Genussgerichte anbieten. Gefragt sind Künstler, die in Zusammenarbeit mit Lokalen Erlebnis-Dinner anbieten.

Neue Leute kennenlernen zwischen Facebook und Verein

> *„Ich würde gern viel mehr unternehmen. Aber was? Und mit wem? Alleine weggehen macht mir keinen Spaß. In einen Verein eintreten will ich nicht. Internetbekanntschaften sind mir zu anonym. Was also kann ich tun?"*

Ein Problem, vor dem viele Menschen aus der Aufbruchsgeneration 50plus stehen. Der alte Bekanntenkreis ist zu eng und unflexibel geworden. Ein neuer Bekanntenkreis muss her. Aber wie?

Jüngere nutzen dazu gern diverse Internetplattformen, legen unbekümmert Profile an, laden Bilder hoch, chatten mit anonymen Nicknames, treffen sich zu virtuellen Spielen. Ältere nutzen zwar auch gerne das Internet, aber sie sind weitaus vorsichtiger, und anspruchsvoller. Ihnen genügt der virtuelle Kontakt nicht. Sie wollen ihre Freizeit mit realen Menschen erleben, sehen, mit wem sie sich unterhalten. Auch ein Verein genügt ihnen nicht, weil der in aller Regel nur eine Leistung bietet – man spielt Tennis oder Golf, spricht über Literatur oder Bäume schneiden, geht tanzen oder Ski fahren. Über das gemeinsame Interesse hinaus gibt es wenig Kommunikation oder Freizeiterlebnisse.

Gefragt sind Freizeitinitiativen und Freizeitclubs, die ein reichhaltiges Programmangebot organisieren, bei den Treffen für eine kommunikative Atmosphäre sorgen und das Angebot mit einer geschätzten Internet-Community verbinden.

> „Nicht die Jahre in unserem Leben zählen, sondern das Leben in unseren Jahren zählt." (Adlai Ewing Stevenson)

Die Autorin

Monika Wehn ist *Eventleiterin und Online-Redakteurin*. Gemeinsam mit ihrem zweiten Mann Diethard Wehn hat sie eine Patchworkfamilie mit vier Kindern aufgebaut. 1995 begann die gelernte Handelsfachwirtin ein Autorenfernstudium und veröffentlichte fünf Bücher rund um Kommunikation und Partnerschaft. Seit 2003 leitet sie den Freizeitclub Karlsruhe für Singles ab Mitte 40.

Der Freizeitclub Karlsruhe ist ideal für alle, die keinen Kontakt zu anonymen Nicknames suchen, sondern lieber mit echten Menschen weggehen und gemeinsam viel erleben wollen. Für sie organisiert Monika Wehn ein Freizeitprogramm in einer Vielfalt, wie man diese sonst wohl nirgends findet. Das Angebot reicht von Brunch bis Badminton, von Kanutouren bis Bogenschießen, von Tanzen bis Wandern, von Kabarett bis Ausstellungen, von Städtetrips bis Singlereisen.

www.freizeitclub-karlsruhe.de

9 Kosmetik und Beauty

„Die Zeit ist ein guter Arzt, aber ein schlechter Kosmetiker." Wer könnte die Klage des englischen Schriftstellers *William Sommerset Maugham* nicht nachvollziehen? Schönheit und Eitelkeit sind für Best Ager Themen ersten Ranges – heute und in Zukunft noch viel stärker, weil die nachrückenden jetzigen Generationen 30plus hierfür höchst affin sind. Man will spurenlos altern – knackig bis zum Tod. Wenn schon älter werden, dann bitte schön attraktiv, fit, straff, knackig, faltenfrei und eitel.

Hunderttausende Deutsche und Millionen Europäer lassen sich mit zunehmendem Alter – aber auch schon immer Jüngere – aus rein kosmetischen Gründen mit Messer, Skalpell und Laser aufpeppen. Die Zahl ästhetischer Eingriffe wie etwa Fettabsaugen, Brustvergrößerungen oder Nasenoperationen steigt exorbitant an und der Faltenkiller Botox, eine der giftigsten Substanzen überhaupt, erzielt weltweit Rekordumsätze. Wer verzichtet schon gerne auf schöne Brüste, auf ein sexy Dekolletee, auf Lust-Lippen, auf ein schönes Gesicht, auf weibliche Formen oder auf männliches Stehvermögen? Meister Ego und Großmeister Narziss lassen grüßen.

„Warum soll Schönheit ein Privileg reicher Frauen sein?"

In Paris hat jüngst der „erste Schönheits-Salon für sozial Schwache" eröffnet. Er heißt *Salon Josephine* und bietet ein komplettes Schönheitsprogramm – Haarschnitt, Make-up inklusive Peeling, Massage und Yoga- oder Pilates-Kurse – und das Ganze für den symbolischen Preis von drei Euro. Wie geht das, wie können die dabei überleben?, werden Sie jetzt fragen. Ohne zahlreiche Sponsoren und Unterstützer könnte der Salon nicht funktionieren. Damit wirklich nur Mittellose von dem Angebot profitieren, wird das Einkommen der Frauen streng überprüft. Wer zu viel verdient, muss wieder gehen. „Josephine" ist der erste französische Salon „für die Schönheit der Frauen". Philosophie: die Frauen sollen ihr Selbstwertgefühl zurück bekommen. „Ich will Frauen helfen, die nicht die Mittel dazu haben, sich schön zu fühlen," sagt *Lucia Iraci*, Gründerin des sozialen Salons", denn Selbstbild und Gemüt sind eng miteinander verbunden."

Lucia Iraci ist Friseurmeisterin und besitzt einen Edel-Salon im einem schicken Pariser Viertel. „Warum soll Schönheit ein Privileg reicher Frauen sein?", hatte sie sich gefragt und vor einigen Jahren begonnen, einmal im Monat mittellose Frauen in ihrem Salon gratis zu frisieren. Die Idee war zu gut, um klein zu bleiben. 2006 gründete *Iraci* die „Association Josephine pour la Beaute des Femmes", eine Stiftung für die Schönheit der Frauen. Sie bat Kosmetikfirmen und Modelabels um Produktspenden, rief Unternehmen und Einzelpersonen zur Unterstützung auf.

Im März 2011 eröffnete sie den „Salon Josephine", fährt für ihre Arbeit bei „Josephine" drei Mal pro Woche aus der Normandie nach Paris. Sie hat im Fernsehen eine Reportage über das Projekt gesehen, wollte unbedingt mitmachen und gab dafür ihren Salon in Nordfrankreich auf. „Mir gibt die Arbeit hier sehr viel", sagt die dreifache Mutter. „Oft kommen die Frauen mit traurigen Gesichtern hierher. Doch sie spüren schnell, wie gut der Salon ihnen tut, sie sprechen mit uns über ihre Probleme. Einen Tag lang sind sie die Prinzessinnen." *(Kurier Österreich, www.kurier.at, 3.5.2011)*

Und auch die **Kosmetikindustrie** verdient gut an den Spuren und mit den Ängsten des Älterwerdens. Man will heute mit 50 so aussehen wie mit 35 und mit 70 wie eine flotte Best-Ager-Frau oder wie ein Mann in den allerbesten Jahren – graue Schläfen reichen schon lange nicht mehr: Gesicht geliftet, ausgehende Haare ersetzt, schlaffe Haut geglättet, Manneskraft gestärkt, ohne Makel einfach schön und attraktiv – einfach unsterblich sein. Das ist der neue, beängstigende Trend. Doch auch gegenläufige Tendenzen sind spürbar und allenthalben zu beobachten: Frauen stehen bewusst zu ihren grauen Haaren, zu ihren Lebensfalten, zu Makel und Insuffizienzen – und machen das zum neuen Lebensgefühl. In seinem aktuellen Buch „Altwerden ist nichts für Feiglinge" beschreibt der ehemalige Schauspieler und Entertainer *Joachim „Blacky" Fuchsberger* witzig und pointiert die Folgen des Alterns. *Fuchsberger* möchte seinen Altersgenossen und allen Jüngeren Mut machen, locker mit diesem unvermeidlichen Vorgang im Leben umzugehen. Er verrät, warum er gerne alt ist und welche Begleiterscheinungen des Alters ihn nerven. Außerdem spricht „Blacky" darüber, wie er das Andenken seines im vergangenen Jahr verstorbenen Sohnes Thomas bewahren möchte.

Der **Naturkosmetikbereich** hat derzeit Zuwachsraten insgesamt von mehr als zehn Prozent, die asiatischen Märkte wachsen noch dramatischer. „Sehr gute Wachstumsraten erzielen Pflegeprodukte für die älteren Zielgruppen. Dem Trend folgend „Älter werden und dabei jünger aussehen" erzielen Anti-Ageing-Produkte ein deutliches Umsatzplus von 7 Prozent auf 187 Millionen Euro pro Jahr." *(Bauer Media, Best Age Report 2009)*

Auch Männer brauchen Pflege. „Echte Kerle" lassen sich verschönern. Das fördert ihre Karriere und erhöht die Chancen bei den Frauen, glauben sie. Und Männer wollen ihre Ruhe, wenn sie sich an Behandlungen versuchen, die ihnen noch vor wenigen Jahren zwangsweise das Label „metrosexuell" eingebracht hätten. Dennoch, das männliche Bedürfnis nach Pflege und Wellness scheint zu steigen – entsprechende Angebote sind auf dem Vormarsch. Davon zumindest sind die Betreiber des *Media Spa in München* überzeugt. Im April diesen Jahres eröffnete das nach eigenen Aussagen „erste reine Treatment-Spa nur für Männer". Von Peelings über Maniküre bis zur Massage gibt es hier alle möglichen Wellnessbehandlungen – nur anständige natürlich. Doch Frauen können hier höchstens Gutscheine oder Kosmetikprodukte für den Lebenspartner kaufen – die Kabinen bleiben für sie tabu. Doch braucht die Männer-Welt wirklich ihre eigenen Wellness-Tempel?

Und so sieht das *Media-Spa* in München es selbst: Männer sind anders. Männer haben andere Themen, andere Wünsche und: andere Haut. Die *MediaSpa* – treatments for men Crew verfolgt ein klares Ziel: Sie sollen gepflegt aussehen und sich wohlfühlen. Sie sind nicht die Ersten, die sich mit diesen Zielen beschäftigt. Aber die Ersten in Deutschland, die alles ausschließlich auf die Bedürfnisse und Wünsche von Männern abgestimmt hat. *(www.mediaspa.de)*

„Der Mann der Stunde cremt, peelt, waxt, epiliert, gelt, rubbelt, feilt und zupft"

„Eigenartiges passiert in unserem Land. Männer zupfen sich die Brauen, lassen sich die Zähne bleachen, tragen Bauchweg-Wäsche, verlangen nach Botox. Sie erobern auf der Badezimmerablage Zentimeter um Zentimeter für Cremetiegel ... Sie besuchen Spielplätze wie Männer-Spas und erwägen Facelifting, obwohl sie doch stets behauptet haben, dass Falten so irre attraktiv machen. Sie tun Dinge, die sehr viele Frauen lieber bleiben lassen ... Mein Haus, mein Porsche, mein Armani-Anzug – das war früher. Mein Körper, meine Fitness, mein frischer Teint – das ist heute ... Der Mann der Stunde cremt, peelt, waxt, epiliert, gelt, rubbelt, feilt und zupft ... Einer Studie zufolge verbringt ein Mann heutzutage genau so viel Zeit im Badezimmer wie eine Frau: 20 Minuten. Der Mann ist der Darling der Beauty-Industrie!" (*Süddeutsche Zeitung, 19.2.2011, „Ein Bild von einem Mann", Claudia Fromme und Tanja Rest*)

„Frauen reden von Schönheit - Männer von Vitalität"

„Männer sind nicht so selbstkritisch wie Frauen, aber eitel sind sie schon. Männer lassen sich Schweißdrüsen an den Achseln veröden, damit der Sakko keine Flecken bekommt. Sie lassen Tränensäcke straffen, weil sie so vitaler aussehen. Sie lassen sich vergrößerte Brüste verkleinern, weil sie ohne T-Shirt an den Strand wollen. Übrigens: 20 Prozent aller Männer haben vergrößerte Brüste – sogenannte Gynäkomastie. Frauen haben Reiterhosen und dicke Hintern, Männer Bäuche, Brüste und Lovehandles – Speckröllchen an der Seite. Nach Auskunft der Deutschen Gesellschaft für Ästhetisch-Plastische Chirurgie kommen Männer im Alter von 40 Jahren zum ersten Mal zum Schönheitschirurgen – 20 Jahre später als Frauen. Die Welt ist ungerecht: Die Besser-Aussseher sind allerdings auch die Besserverdiener – das ergaben internationale Studien. Und das gilt offenbar für Männer noch mehr als für Frauen. Auf 15 Prozent beziffert *Barry Harper* von der *London Metropolitan University* den Schönheitsbonus für Männer – nur 11 Prozent bei Frauen. Der Wiener Soziologe *Otto Penz* hat in seiner Studie herausgefunden, dass für Männer, die in der Hierarchiestufe nach oben wollen, das Aussehen immer wichtiger, für Frauen dagegen immer unwichtiger würde. Menschen schließen von einem netten Erscheinungsbild unbewusst auf einen guten Charakter. Gutaussehenden Menschen werde zugetraut, dass sie kompetent, zuversichtlich und selbstbewusst auftreten – und deshalb tun sie es auch. *Penz* hat auch herausgefunden, dass Frauen ein Problem hätten, über Schönheit – auch ihre eigene – zu reden. Männer hingegen sprachen über Vitalität, Gesundheit und Wohlbefinden, also über alles Mögliche, nur nicht über Schönheit. Weil dieses Thema immer noch weiblich besetzt sei." (*Süddeutsche Zeitung, 19.2.2011, „Ein Bild von einem Mann", Claudia Fromme und Tanja Rest*)

Die Erkenntnisse aus diesem – wie ich finde – exzellenten Artikel aus der *Süddeutschen Zeitung* zeigen die Boom-Märkte eindrucksvoll auf und bestätigen unsere nachfolgenden Thesen nachhaltig.

Best Ager und Fußball-Bundestrainer Joachim „Jogi" Löw, der als Testimonial bei *Nivea for men* anheuerte, verkörpert die Boom-Branche Kosmetik für Männer. Er wirbt für Feuchtigkeitscreme und revitalisierendes Augengel-Roll-on. Die Marketingleiterin beim Kosmetikriesen Beiersdorf, *Ulrike Vollmoeller*, setzt mit *Jogi Löw* auf gute Ausstrahlung sowohl auf Männer als auch auf Frauen. Das ist wichtig, weil immer noch viele Kosmetikprodukte von Frauen für die Männer gekauft werden – allerdings mit abnehmender Tendenz.

Abbildung 9.1: Fußball-Bundestrainer Joachim Löw

Quelle Foto: Beiersdorf

Das Boom-Potenzial der Branche auf einen Blick

Pharma & Kosmetik & Beauty	<ul><li>„Eitelkeits-Angebote" → Haarwuchsstimulation, Nagel- und Haarverlängerung, Lachfaltenverschönerung, schlaffe Haut beseitigen …</li><li>Zeit für sich selbst</li><li>Day-Spas und Schönheitsfarmen → inklusive deren Produktangebote</li><li>Schönheitschirurgie → Nasen, Brüste, Lippen, Intimsphäre, Penis, Bauch … – es gibt fast nichts mehr, was nicht manipulierbar wäre</li><li>Anti-Ageing/Pro-Ageing-Produkte (zum Beispiel Botox …)</li><li>Männer-Kosmetik-Produkte und -Dienstleistungen</li><li>Trend zur Naturkosmetik und Alternativmedizin</li></ul>

	■ Naturheilmittel/Homöopathie
	■ Selbstmedikation → sogenannte OTC-Produkte
	■ Ernährungs-Ergänzungsprodukte
	■ Haarfärbemittel- und Haarregenerations-Produkte
	■ Hand- und Gesichtscremes
	■ Fünf-Sterne-Friseure
	■ Fünf-Sterne-Nagelstudios

Fakten:

- 5,6 Milliarden Euro Umsatz für Gesundheitsprodukte bei 55- bis 69-Jährigen im Segment 50plus pro Jahr in Deutschland – Tendenz: steigend.
- Ausgeprägtes Gesundheitsbewusstsein der Best-Ager-Generation.
- 40 Prozent der Frauen 60plus würden sich laut einer aktuellen Forsa-Umfrage einer Schönheitsoperation unterziehen.
- Profiteure der Demografie: Der Gesundheitssektor mit neuen Medikamenten als Wachstumsmarkt – allein in den USA sind über 800 neue Medikamente in der Entwicklungs-Pipeline.
- Lifestyle- und Körperpflegeprodukte werden zunehmend zum Ausdruck eines besonderen Lebensgefühls und der Persönlichkeit gekauft.
- 50plus sind potenzielle Premiumkäufer mit starker Treue und großem Weiterempfehlungspotenzial.

Prognosen:

- **Neue Märkte** werden entstehen und genutzt aufgrund zunehmender Erkrankungen wie zum Beispiel Diabetes, Herzkreislauf, Krebs, Dialyse, Haut, Nerven, Adipositas versus Schlankheitswahn, psychische Erkrankungen aufgrund Depressionen und Vereinsamung, Burnout-Syndrome und Tinnitus aufgrund chronischer Überforderung im Beruf und Privatleben usw.
- **Herausforderung Übergewicht:** Auch ältere Menschen sind immer häufiger übergewichtig. In Österreich zum Beispiel sind über 65 Prozent der Menschen 50plus übergewichtig. Daher wird es zu einem verstärkten Trend bei Menschen 50plus zu folgenden Produkten und Dienstleistungen kommen:
  - Diätetische Produkte (Diabetes, Fettstoffwechselstörungen …)
  - Selbstmedikation
  - Ernährungszusätze
  - Anti-Ageing-Dienstleistungen und -Produkte

- Zahnimplantate
- Gerontologische Produkte
- Internet-Apotheken

■ **Zielgruppe Männer 50plus** mit neuem Körperbewusstsein, Eitelkeiten und Offenheit für zum Beispiel Hautpflege- und Haarausfall-Produkte gewinnt an Bedeutung:
- Erstes Wellness- und Kosmetikstudio nur für Männer *(Münchner Media Spa)*
- „Der Mann ist der Darling der Beauty-Industrie" *(Süddeutsche Zeitung, 19.2.11)*
- Umsatz bei Beauty- und Pflegeartikeln für Männer hat sich von 2007 auf 2008 verdreifacht – 900 Millionen Euro haben deutsche Männer im Jahr 2009 für Gesichtspflege, Aftershaves, Haarstyling und Parfum ausgeben
- Jeder sechste Mann (altersunabhängig) nutzt Anti-Ageing-Produkte – Tendenz: stark steigend
- Marketingexperten behaupten unisono, dies sei erst der Anfang. Männer drücken auf die Tube ...

■ **Frauen 50plus als Entscheider und Impulsgeber** für ihre Männer, Kinder, Freundinnen und Bekanntenkreis 50plus sowie für deren Eltern und Schwiegereltern sind eine besonders wichtige Zielgruppe in dieser Branche, der man sich intensiver widmen sollte.

■ **Naturkosmetik und Natur-Pharmaprodukte:** Aufgrund zunehmenden Allergien spielen natürliche Produkte eine immer größere Rolle. Abgrenzung zu rein medizinischen Produkten verwischt immer mehr.

■ **Beauty-Konzepte rund um die Schönheit für die Harmonie von Körper, Geist und Seele** werden insbesondere bei Kunden 50plus eine erfolgreiche Zukunft haben, sofern das Preis-Leistungs-Verhältnis akzeptabel ist.

■ **Das Wertschöpfungspotenzial im Handel und Vertrieb dieser Produkte ist längst nicht ausreichend ausgeschöpft** → Schaffung attraktiver Erlebnis- und Lebenswelten rund um die Produkte, Friseur und Gesichtspflege, Hautberatung, Pediküre und Maniküre, Empfehlung von Schönheits-Spezialisten und Schönheitsfarmen bzw. Eröffnung eigener Shops in der Wertschöpfungskette Lifestyle und Körperpflege könnten Sinn machen und großes Zukunftspotenzial haben, wenn man die Zielgruppen 50plus in all ihren Facetten und Kauflust besser verstehen und effektiver begeistern würde.

■ **„Beautyfood"** → **Lebensmittel an der Grenze zur Kosmetik werden boomen.** Es gibt sie bereits schon in Japan und USA, zum Beispiel *„Day & Night Drink"* von *Nestlé* mit dem angeblichen Faltenkiller Hyaluronsäure. In Holland schwören Frauen auf *„Collalift"*, ein Getränk, das die Haut in 42 Tagen jünger aussehen lassen soll. Die Marmelade *Norelift* des Herstellers *Noreva* wird von Französinnen und Spanierinnen aufs Baguette geschmiert, um jünger auszusehen ... Obst und Gemüse werden abgefüllt in Fläschchen wie zum Beispiel bei *„detox delight"*, *Collagen-Water* als Faltenkiller – dem Erfindungsreichtum sind keine Grenzen gesetzt.

■ **Schönheit, Agilität und langes Leben durch Anti-Ageing-Champagner?** Vielleicht gibt es schon bald „Red Bull für Best Ager", „Anti-Ageing-Champagner/Bier/Wein/Sekt für Best Ager – für noch mehr Schönheit und Vitalität" mit Wirkstoffen, die im Körper Jagd auf schädliche „freie Radikale" machen und für ein besseres Lebensgefühl sorgen sollen? Man darf gespannt sein, was sich die Getränkeindustrie so alles einfallen lässt ...

Die Entstehung eines Kosmetikprodukts für die Zielgruppe 50plus

Inge-Maren Risop, Juvena of Switzerland (La Prairie Group/Beiersdorf)

Welche spezifischen Bedürfnisse hat die Zielgruppe 50plus, wenn es um die Gesichtspflege geht? Das folgende Fallbeispiel der Kosmetikmarke Juvena of Switzerland zeigt auf, was es zu beachten gilt und wie der Produktentwicklungsprozess gestaltet ist.

Die Traditionsmarke Juvena of Switzerland

JUVENA of Switzerland gilt seit 1954 als Pionierin der Hautforschung und als Expertin für Anti-Ageing-Kosmetik. Und damit ist die Schweizer Kosmetikmarke ungefähr genauso alt wie die Konsumentin 50plus, deren Bedürfnisse sie erfüllt. Das ist ein Zufall. Nicht jedoch ihr Produktangebot, Anti-Ageing-Cremes, das ist Programm. Denn der Name Juvena geht aus dem lateinischen „juvenalis" – Jugendlichkeit – hervor und ist zugleich Vision und Versprechen.

Abbildung 9.2: Kommunikation der Einführung der Creme JUVELIA in den 50er Jahren

Quelle: Juvena of Switzerland

Und um diese Jugendlichkeit geht es, denn diese möchte die Konsumentin eben möglichst lange erhalten. Deshalb sind Anti-Ageing-Produkte generell gesehen eine Art „Antidepressivum", das man kauft, um die Angst vor der Vergänglichkeit, die Angst nicht mehr begehrt zu werden, zu bekämpfen und natürlich um jünger auszusehen.

Wie entsteht ein Kosmetikprodukt für die Zielgruppe 50plus?

Bei JUVENA wird ein interdisziplinäres Team – im Rahmen eines klar strukturierten Innovationsprozesses – zusammengestellt, mit dem Ziel eine innovative Produktidee für die Frauen 50plus zu entwickeln.

Das Team besteht aus Formel- und Verpackungsentwicklern, Inhaltsstoffspezialisten, Marketingexperten und einem Produktmanager, der dann auch die Projektleitung übernimmt. Für spezielle Fragestellungen werden Experten hinzugezogen wie zum Beispiel Lieferanten für Verpackungen und Wirkstoffe, Parfümhäuser, Handelspartner, Trendforscher oder Marktforschungsinstitute.

1. **Kreativität: Phase 1 (Idee & Briefing)**

   Den Auftakt des Projektes bildet das Briefing, in dem die Idee, das Ziel, der Umfang, Inhalt und der zeitliche Rahmen des Projektes sowie die Verantwortlichkeiten und definiert werden. Generelle Erwartungen des Produktmanagers, wie zum Beispiel Umsatzziele, mögliche Linieneinordnungen oder Nutzung exklusiver Technologien sind genauso darin enthalten wie die Festlegung der Zielgruppe, Analyse des Wettbewerbs oder besondere Markttrends. Bevor es richtig losgehen kann, müssen die Projektteammitglieder grundlegende Informationen aus ihrem Wissensbereich beschaffen. Hier die wichtigsten Themenfelder für ein Kosmetikprodukt für die Zielgruppe 50plus:

   – **Verbraucherbedürfnisse 50plus heute und morgen:**

   Es werden Werte- und Einstellungen der Zielgruppe 50plus analysiert. So kristallisiert sich die Persönlichkeit der Frau heraus, für die das Produkt dann kreiert wird.

   Psychologische Komponente. Die Frauen 50plus haben bereits etwas bewegt: Sie haben die die 68er erlebt, die Emanzipationsbewegung vorangetrieben und damit die Welt verändert. Diese Frauen wollen auch weiterhin etwas schaffen, sie sind gerade jetzt in Aufbruchstimmung, wagen gerne noch einmal einen Neubeginn. Dies ist auch möglich, da die Jahre jenseits der 50 heute, die Jahre der totalen Selbstbestimmung der Frau sind. Die 50plus Konsumentinnen legen Wert auf Respekt, Toleranz, Ehrlichkeit und Verantwortungsbewusstsein. Sie pflegen einen Lebensstil, in dem Qualität von Materialien, Produkten und der Pflege eine große Rolle spielt. Gewünscht werden Produkte die „up-to date" sind und authentische Botschaften haben. Alles in allem sind die heutigen 50plus smarte Frauen, für die Schönheit kein Alter hat und Falten ein Ausdruck ihrer gemachten Erfahrungen sind. Gleichzeitig gibt es aber auch weniger positive Empfindungen wie zum Beispiel der Körperwandel durch die Menopause, der drohende Verlust der Attraktivität, „das Unsichtbarwerden". Und deshalb möchten diese Frauen in erster Linie gepflegt altern und auch weiterhin „frisch" aussehen, um ihre innerlich junge Haltung nach außen hin ausstrahlen können und weiterhin am gesellschaftlichen Leben teilhaben zu können.

   Die Hautpflegebedürfnisse. Von ihrer Hautpflege erwarten die Frauen 50plus, dass diese ihnen das Frischegefühl zurück gibt, mattiert, die Falten und dunkle Schatten im Gesicht reduziert und die Haut vor Umwelteinflüssen schützt. Ein weiterer wichtiger Parameter ist der Duft, der entscheidend dazu beiträgt, ob das Produkt gefällt oder nicht. Basierend auf den Resultaten von Trendanalysen wichtiger Parfümhäuser werden die Hauptfamilien „Floral" und „Floriental", das heißt warme weiche pudrige blumige Düfte, die durch fruchtig oder frische Noten angereichert sind, bevorzugt. Das Duftbild soll der klassischen Kosmetik entsprechen und die

Duftintensität höher sein als die für jüngere Konsumentinnen. Haptik und Sensorik spielen ebenfalls eine große Rolle. Wie in der Mode, wo Cashmere, Seide und andere hochwertige Materialien bevorzugt werden, ist es in der Kosmetik für die Zielgruppe 50plus die seidig, pudrig-weiche Konsistenz.

- **Die Haut mit 50plus**

  Die wichtigsten Aspekte der Haut mit 50plus werden ergründet und zusammengefasst.

  Alterungsprozess der Haut. Generell unterscheidet die Forschung zwischen der sogenannten intrinsischen und der extrinsischen Hautalterung. Intrinsische Ursachen sind die genetische Veranlagung, der chemische Verschleiß der Zellen und hormonelle Ungleichgewichte. Von außen wird die Hautalterung durch Photoageing (UV-Licht), aber auch durch persönliches Verhalten wie Ernährung und der allgemeine Lebensstil beeinflusst. Generell wird mit zunehmendem Alter die Epidermis dünner und erscheint bleicher und durchsichtiger, die Talgproduktion nimmt vor allem bei Frauen nach der Menopause ab, die Haut wird trockener. Die Hautelastizität wird geringer, die Fettschicht dünner und die Haut ist weniger gut „gepolstert". Es entstehen Falten. Die Anzahl Melanozyten nimmt ab und sie werden größer, Altersflecken in sonnenexponierten Hautarealen nehmen zu.

  Forschung und Entwicklung. Aus der Perspektive von Forschung und Entwicklung bedeutet dies, dass ein 50plus-Produkt in erster Linie Prävention, Schutz und Wiederherstellung des natürlichen biologischen und chemischen Gleichgewichts in der Haut bieten muss. Die Konsumentin setzt diese Leistungsparameter voraus und erwartet darüber hinaus eine sofortig sichtbare Verbesserung der Hautqualität. Insgesamt erscheint die Haut mit 50plus ungleichmäßiger, wirkt erschöpft und abgespannt. Besonders sichtbar werden diese Müdigkeitserscheinungen, wenn sich auf den Gesichtspartien kleine Schatten bilden, die der Haut die Strahlkraft nehmen. Ein Hautzustand, der von der Konsumentin in diesem Alter häufig bemängelt wird.

- **Die Verpackungseigenschaften für 50plus**

  Es werden die zentralen Aspekte der Verpackungsentwicklung für diese spezifische Zielgruppe zusammengetragen.

  Verpackung, Emotion und Funktion. Zu den emotionalen Eigenschaften von Produktverpackungen, die für 50plus Konsumenten besonders wichtig sind, gehören die Wiedererkennbarkeit und die Unterstreichung der Hochwertigkeit des enthaltenen Produktes. Frauen möchten „... ein kleines Schmuckstück". Wichtige funktionale Eigenschaften sind: die gute Lesbarkeit von Informationen, das Produkt sollte leicht zu öffnen sein und sich problemlos aus der Verpackung entnehmen lassen. Die Produkte sollte intuitiv zu bedienen sein und keiner großen Erklärungen bedürfen. Alle Parameter aber möglichst subtil, ohne den Eindruck einer „seniorengerechten" Verpackung zu erwecken.

- **Kaufverhalten der Zielgruppe**

  Das Kaufverhalten der Zielgruppe wird genau analysiert.

  Preisgefüge und Qualitätsanspruch. Die Zielgruppe 50plus konsumiert heute mehr als früher, sie sind erfahrener und damit kritischer als jüngere Konsumenten. Es handelt sich um eine sehr anspruchsvolle Zielgruppe, die aber bereit ist, für mehr Qualität auch mehr Geld auszugeben. Das heißt, die Leistung des Produktes muss halten, was diese verspricht – Anti-Ageing – und die Anmutung der Verpackung muss qualitativ hochwertig sein. Wenn dann auch noch der Effekt des Produktes sichtbar ist, wird auch gerne investiert und der Preis spielt eine untergeordnete Rolle.

2. **Kreativität: Phase 2 (Konzept)**

   In einem Kreativ-Workshop werden die einzelnen Themenbereiche vorgestellt und erste Ideenplattformen entwickelt. Daraus entstehen komplette Konzeptideen. Diese werden durch den Produktmanager im Laufe des Kreativprozesses immer weiter verfeinert, bis das finale Konzept für das neue Produkt steht.

   Bei JUVENA liest sich das Konzept für die 50plus-Zielgruppe dann folgendermaßen:

   Für erfahrungsreiche, aufgeweckte Frauen, die den Tag über viele Dinge in die Tat umsetzen und immer wieder aufs Neue in Aufbruchstimmung sind. Aber sie stellen fest, dass ihr frisch-gepflegtes Gefühl und Ihre Ausstrahlung im Laufe des Tages nachlassen und Sie müder und abgespannter aussehen, als sie sich fühlen. Make-up und Puder verbessern die Situation nicht unbedingt ...

   On-The-Move-Cream von Juvena, *die erste Anti-Ageing Gesichtspflege zum Mitnehmen setzt Ihre Haut ins rechte Licht. Die seidig weiche Creme reduziert Linien, Falten und kleine Schatten sofort und gibt der Haut ein frisch-gepflegtes Gefühl.*

   Für einen Neubeginn zu jeder Tageszeit – immer und überall.

   Der Name On-The-Move symbolisiert zum einen die Welt der Frauen 50plus, die immer noch in Bewegung sind, zum anderen den Produktnutzen – die Pflege für unterwegs. Das finale Konzept und erste Umsetzungsideen werden in einer qualitativen Marktforschung mit der 50plus-Zielgruppe anschließend getestet und ausgewertet.

3. **Realisierung: Phase 3 (Entwicklung)**

   Nach Abschluss der Kreativphase und der Abschätzung der finanziellen Tragfähigkeit des Produktkonzeptes beginnt die Realisierung.

   Formel. Auf den Wünschen der Konsumentin und Ergebnissen der Marktforschung wird eine seidig, pudrige Formulierung entwickelt. Sie basiert auf der Juvena exklusiven SkinNova SC Technology, die die hauteigene Stammzellaktivität unterstützt und die Hautqualität von Grund auf und von innen heraus verbessert. Kombiniert wird diese mit einem innovativen Light-Shadow Equalizer, einem Wirkstoff, der die Haut von innen heraus aufpolstert und die Balance von Licht und Schatten auf und in der Haut wiederherstellt und damit ein frisches Aussehen zu jeder Zeit möglich macht.

Verpackung. Ziel der Verpackungsentwicklung ist es, für die seidig, pudrige Creme eine Verpackung zu entwerfen, die man wie eine Puderdose einfach mitnehmen kann, sodass das Produkt bei Bedarf überall angewendet werden kann. Die Herausforderung ist es, die Handhabung für die Konsumentin so einfach wie möglich zu gestalten und gleichzeitig den Schutz des Produktes zu garantieren. Und das alles in einem „Haben-Wollen"-Design.

Sobald die Verpackung und die Formel stehen, wird das Produkt an 200 Konsumentinnen ausgesandt, die es dann vier Wochen testen und beurteilen. Originalaussage einer Testperson: *„Einfach genial. Man kann es mitnehmen, ist gut zum Handhaben und hinterlässt ein totales Frischegefühl."*

4. **Realisierung: Phase 4 (Produktion & Launch)**

Nach der Fertigstellung des Prototypen des Produktes und allgemeinen Tests, wie zum Beispiel Stabilitäts- oder Transporttests, erfolgt die Herstellung und Abfüllung des fertigen Produktes.

Die Konzepte zur Markteinführung und Kommunikation werden parallel mit einer Kommunikationsagentur entwickelt. Hierzu erfolgt ein detailliiertes Briefing zum Konzept und der Zielgruppe. Die Agentur entwickelt eine visuelle Umsetzung der Hauptaussagen. In unserem Fallbeispiel wurde On-the-Move Cream zunächst, in Anlehnung an die Revolution der 68er mit Graffiti-Schrift umgesetzt. Im Mittelpunkt stand das Lebensgefühl der Frau 50plus. Durch den Input der Länder, die das Produkt einer breiteren Zielgruppe zugänglich machen wollten, entstand dann die finale Idee.

Die Handtasche – ein wichtiges Accessoire für jede Frau, die in Bewegung ist. Die Aussage: Frische, neue Haut. Wann immer, wo immer so oft sie mögen, kommuniziert immer noch genau den Effekt, den die Konsumentin im Alter 50plus in der Hautpflege sucht, insbesondere, wenn sie mal wieder viel müder aussieht als sie sich innerlich fühlt.

Kosmetik und Beauty

Abbildung 9.3:   Kampagnenbild: On-the-Move Cream

Quelle: Juvena of Switzerland

Die Autorin

Inge-Maren Risop war bis Mai 2011 International Brand Director bei Juvena of Switzerland. Sie bringt langjährige Erfahrung im strategischen Marketing mit und hat die Traditionsmarke Juvena gefühlvoll neu positioniert. Den Grundstein für den Schritt in die Kosmetikwelt legte Inge-Maren Risop mit einer Ausbildung als Kosmetikerin. Begeistert von der japanischen Ästhetik hängte sie ein Studium der Japanologie in Berlin an. Parallel dazu studierte sie Betriebswirtschaftslehre. Nach dem Abschluss als Diplomkauffrau und dem Magister in Japanologie arbeitete sie zwölf Jahre in verschiedenen Marketingpositionen bei Unilever in Hamburg, London und in New York – unter anderem für die Marke Dove. Während dieser Zeit war sie maßgeblich für die Entwicklung und Positionierung von Dove Face (Gesichtspflege) zuständig. Sie entwickelte unter anderem das Konzept von Dove Spa in England. Die La Prairie Group gehört zum Beiersdorf Konzern. Das Unternehmen verkauft Produkte in über 70 Märkten weltweit.

www.laprairiegroup.ch

Selbstbewusst, erfolgreich, unabhängig – aber unzufrieden mit dem Äußeren?

Karla Mazzon, LSC-Cosmetic Bad Homburg/Frankfurt

Ich habe mich sehr gefreut, einen Beitrag zum Thema 50plus schreiben zu dürfen. Warum? Weil es eine interessante, aufgeschlossene und selbstbewusste Zielgruppe ist, mit der es Freude macht, zu arbeiten. Sie blickt – ob familiär oder beruflich – oft auf ein erfolgreiches Leben zurück, ist anspruchsvoll und weiß, dass ein gutes Körpergefühl und Schönheit keine Privilegien der Jugend sind. Es finden keine „Verkaufsgespräche" statt, sondern offene Kommunikation über Wünsche und Möglichkeiten.

Selbstbestimmt und doppelbelastet

In unserem Fall ist das Marktsegment weiblich. Sehr weiblich. Und auch sehr eigenständig und selbstbestimmt. Unsere Kundinnen sind in eine besondere Generation hineingeboren: Diskutieren wird schon in der Schule geübt. These, Antithese, Synthese. Es ist wichtig, Stellung zu beziehen und sich in allen Belangen zu emanzipieren. Nicht nur für Studenten gehörten Demos als Zeichen der Meinungsfreiheit wie selbstverständlich zur Definition des eigenen Ich. Der damalige Gegensatz von „Ordnung" und „Rebellion" wirkt heute fast kindlich.

Die Jugend begehrt auf mit Petticoat und Pferdeschwanz, Elvis rockt und die Beatles mit ihren heute eher brav wirkenden Pilzköpfen singen von Liebe und Frieden. Die Wirtschaft brummt. Immer mehr Frauen strömten in die Hochschulen. Allein, es dominiert das klassische Familienbild. Biografisch emanzipiert und dennoch oft doppelt belastet verlangt diese Generation jetzt nach einer exklusiveren Form von Freiheit und Eigenverantwortlichkeit.

Erfolgreich, informiert und an Lebensqualität orientiert

Die heutige Generation der über 50-Jährigen ist die erste, die über ein gutes Einkommen verfügt, gleichzeitig aber Entbehrung und Sparsamkeit noch aus den Erzählungen der Eltern kennt, und so eine erhebliche Portion Selbstbeschränkung vorgelebt bekommt. Haben sich ihre Eltern zuvor noch „endlich etwas leisten können", ist diese Generation im Wohlstand groß geworden. Die Wirtschaftswunderjahre sind die ersten von ihr bewusst erlebten Jahre.

Joschka Fischer, der zur Vereidigung zum Landesminister noch kategorisch in Tennisschuhen erschien, entscheidet sich später als Außenminister bewusst für einen gut sitzenden Anzug und auf Hochglanz polierte Herrenschuhe. Und so haben sich auch die Frauen dieser Generation im Laufe der Jahre verändert und sind sogar noch attraktiver geworden. Sie tragen nicht mehr nur was modern ist, sondern auch das, was sie wirklich attraktiver macht. Hat sich Frau in früheren Jahren unnatürlich aussehenden grünen oder blauen Lidschatten aufgetragen und einen dicken Lidstrich gezogen, haben sich die Anforderungen an ein gutes Make-up heute grundlegend geändert.

Nachhaltige Beratung und adäquate, fachliche Anwendungen

Unsere Produktlinien sind genau auf diese Zielgruppe ausgerichtet. Im Mittelpunkt unseres Angebotes steht das klare und vitale Hautbild. Unsere Kundinnen sind nicht naiv. Sie wissen erstens: Die Haut ist *das* Repräsentationsorgan. Sie prägt das Erscheinungsbild eines Menschen und ist für den ersten Eindruck entscheidend. Zweitens durchschauen sie die falschen Versprechungen der Mainstream-Kosmetik. Gesunde und schöne Haut wird als äußeres Zeichen für Wohlbefinden, Balance und Vitalität verstanden. Erweiterte Äderchen und Unebenheiten müssen abgedeckt werden. Eine geschickt betonte Braue, die dem Gesicht einen Rahmen gibt, wirkt oft wie ein kleines Lifting, das das Auge verjüngt. Rouge an der richtigen Stelle sorgt für die Frische im Gesicht. Der Lippenstift zu Hause wird so zum flexiblen Instrument. Zwangen die Schönheitsideale jener Generation diese zu Jugendzeiten noch zu einer deutlich sichtbaren und oft unnatürlichen Maskerade, dient Make-up heute einer subtilen Korrektur.

Nicht ein fremder Typ soll kreiert werden, sondern die eigenen, unterschiedlichen Seiten sollen je nach Lust und Laune betont werden. Unsere Visagisten sehen ihre Aufgabe vor allem darin, unseren Kundinnen aufzuzeigen, wie durch kleine Veränderungen enorme Wirkungen erzielt werden können.

Während jüngere Kundinnen oft unsicher sind, lässt sich die Generation 50plus gerne beraten und freut sich, wenn sie optisch eine neue Seite an sich entdeckt. Das verunsichert sie nicht. Im Gegenteil. Es bestätigt ihre Vielseitigkeit. Eine ohnehin äußerst attraktive Mittfünfzigerin bekam von unserem Visagisten den Tipp, sich Katzenaugen zu schminken. Eine kleine Veränderung, die ihren Berichten zufolge eine enorme Wirkung hatte.

Ein neues Bewusstsein – keine überflüssigen Kompromisse

Schlaffe Haut und ein unschön geformter Körper werden nicht mehr akzeptiert. Diese Generation hat den Bikini erfunden und möchte auch heute noch das Gefühl haben, ihn tragen zu können, wann immer sie will. Unsere Kundinnen 50plus können sich das mindestens so oft erlauben, wie die heutige Jugend. Wer in den 70ern in die Disko gegangen ist, kannte Hüftspeck und Cellulite nur als Warnung in den Zeitschriften – Grüße an die heutige „Generation Hüfthosen".

Die Frauen 50plus sind es gewohnt, dass alles immer besser wird. Selbst Umstände wie eine Trennung vom Partner sind für sie kein Grund zu kapitulieren, sondern der Startschuss in einen neuen Lebensabschnitt. Die Generation 50plus will mehr als zufrieden mit ihrem Äußeren sein.

Meine Erfahrung: Kommunikation und Gefühl müssen übereinstimmen

Beratung und Erstgespräch sind der Schlüssel zur Kundin. Diese und auch die erste Behandlung führe ich als Geschäftsführerin meist selbst durch. Adäquat, da ich alters- und erfahrungsgemäß gleichgestellt bin. Trotzdem gilt es darauf zu achten, dass auch die Mitarbeiterinnen nicht zu jung sind.

Das gute Gefühl wird über gute und vor allem emotionale Kommunikation vermittelt. Da ich selbst in jüngeren Jahren in den Chefetagen großer Firmen tätig war, kann ich mit meinen Kundinnen auch im nichtfachlichen Bereich Gespräche auf Augenhöhe führen. Obwohl meine Mitarbeiterinnen die Behandlungen durchführen und ich nicht immer anwesend bin, gilt es, „den Draht zur Kundin" nicht zu verlieren. Fortschrittskontrolle ist neben der (selbstverständlich guten) Behandlung ein wichtiger Bestandteil der Kundenbindung. Von uns angebotene Behandlungen und Produkte sind nur der Anfang des Informationsbedürfnisses dieser Generation. Über den Tellerrand hinausschauen und den gesamten Markt inklusive invasiven Methoden, wie zum Beispiel Operationen, werden erwartet. Die Kundinnen suchen immer wieder meine Nähe. Und bekommen diese auch.

Das Fazit meiner Arbeit mit der Generation 50plus

Als Geschäftsfrau kann ich Kundinnen die Identifikationsmöglichkeit bieten, die sie suchen. Repräsentation der Produkte meines Unternehmens (gepflegte Haut, gutes Make-up, körperlich in Form, aber nicht irgendeinem Schönheitsideal entsprechen) lädt die Kundin ein. Die Kundin 50plus lässt sich nicht von einer übergewichtigen Frau zum Thema Figuroptimierung beraten. Trotzdem verbal und nonverbal die Botschaft:

Wir müssen nicht perfekt sein.

Zwar gibt es Frauen wie Sophia Loren und Cher, die das Altern ganz ablehnen. Das Gros dieser Generation ist jedoch realistisch. Nicht „auf Teufel komm raus" jung, sondern jugendlich, aktiv und attraktiv bleiben, ist das Ziel. Das ist eine Frage des biologischen Alters, mitnichten der Jahre.

Demografisch sehen wir bislang nur die Spitze des Eisbergs. Das ist keine neue Botschaft: Unsere Gesellschaft wird immer älter und ist immer länger aktiv im Leben. Neu ist aber die Erkenntnis, dass dieses Marktsegment in den kommenden Jahren in dieser bisher der Jugend vorbehaltenen Branche nicht nur einen wachsenden Marktanteil darstellen, sondern meiner Einschätzung nach tragend wird und dadurch an unschätzbarer Wichtigkeit gewinnen wird.

Gleichzeitig entwickelt sich ein Geschäftsfeld, in dem Anstrengungen und Bemühungen sehr schnell honoriert werden. Das nicht nur im finanziellen Bereich, sondern auch in der positiven Resonanz, im zwischenmenschlichen Bereich, den wir als Behandelnde zurückbekommen. Es sind Kunden, die Aufmerksamkeit, Qualität und ehrliche Behandlung und Beratung suchen, wertschätzen und zeigen, dass sie gerne wiederkommen.

Die Autorin

Karla Mazzon, Geschäftsführerin der LSC-Cosmetic im Kur-Royal Day Spa Bad Homburg, hat nach einem „training on the job" bei einem amerikanischen Versicherungsunternehmen in der Banken- und Computerbranche gearbeitet, wo sie unter anderem an der Präsentation neuer Geräte und Programme beteiligt war. Es folgten Jahre der Mitarbeit eines familiengeführten Hotel-Restaurantbetriebes im Norden Frankfurts und die Erziehung der Söhne Dominique und Marcello. Die gebürtige Frankfurterin lebt heute mit ihrer Familie in Bad Homburg v.d.H. Ihre Hobbys sind Sport (Fitness, Jogging, Golf, Ski), Italien und Numerologie.

Es laufen Vorbereitungen, um aus dem speziellen Konzept der LSC Cosmetic eine Franchise-Kette aufzubauen.

www.lsc-cosmetic.de

Die zeitlose Schönheit der Best Ager im Fokus

Resmie Gashi, Hairdesign G2 Hanau/Neuberg

Sommer 2010: eine Reise ins tiefste Mittelalter. Das Ziel: die Burg Ronneburg, legendäre Festung mitten im Ronneburger Hügelland. Fast tausend Jahre Geschichte atmen ihre historischen Gemäuer, 20 Kundinnen waren beim ersten professionellen Beauty-Shooting überhaupt in dem geschichtsträchtigen Gebäude dabei. Großen Spaß hatten die Teilnehmerinnen daran, einmal in die Rolle eines Burgfräuleins zu schlüpfen oder sich in eine Adels-Lady zu verwandeln. Unter ihnen viele Kundinnen 50plus, die sogenannten Best Ager oder „Golden Girls". Noch heute ist dieses unvergessliche Wochenende Gesprächsthema in unseren Friseurstudios in Hanau und Neuberg. Stolz sind die Teilnehmerinnen auf die Ergebnisse des Shootings, das sie auch in Sachen Beauty-Styling und Make-up begeistert hat.

Attraktivität und Alter sind kein Gegensatz

Das Event war eine Punktlandung. Auf nahezu ideale Weise ist es gelungen, zu zeigen, dass selbst in einem jahrhundertealten Ambiente zeitlose Schönheit stattfinden kann – dass Alter und Schönheit im übertragenen Sinne also kein Gegensatz sein müssen. Genau das ist den lebenserfahrenen Menschen heute wichtig: eine zeitlose Attraktivität. Unbezahlbar für uns ist die emotionale Bindung, die sich seitdem zwischen dem hairdesign G2-Team und den Kundinnen noch einmal verstärkt hat. Fast familiär ist das Ambiente, wenn sie wieder einmal zu Besuch kommen. Sie spüren, dass da jemand ist, der versucht, die ganz persönlichen Wünsche und Bedürfnisse zu verstehen. Und genau darauf kommt es an: sich für den Menschen zu interessieren, seine Beauty-Visionen ernst zu nehmen und dies auch zu verkörpern. Gerade Kunden 50plus verlangen das. Voraussetzung ist eine ganzheitliche, ganz klar ausgelegte Philosophie und Spezialisierung.

Best Ager sind hierbei der sicherlich wichtigste Zukunftsmarkt

70 Prozent unseres Umsatzes machen wir bereits heute mit Kunden ab 50, zum großen Teil Damen. Die exklusivsten Haarfarb-Techniken werden von ihnen besonders geschätzt. Das einmal Verpasste soll nachgeholt werden. Auch das Schönheitsbewusstsein erlebt einen unverhofften Frühling, perfekte Frisuren und Haarfarben spielen dabei eine wesentliche Rolle. Gewünscht ist ein typgerechter, glaubwürdiger und modischer Haarschnitt, der das Gesicht jung erscheinen lässt, und eine Haarfarbe, die natürlich und vor allen Dingen ungefärbt aussieht – natürlich und stilvoll. Auch „Extensions", die Volumen geben, sind gefragt. Das Wichtigste aber: Stärken hervorheben und Problemzonen kaschieren ist ein Muss. Kann ein Friseur das nicht umsetzen, wird er diese Kundin verlieren, denn unharmonische Haarfarben und Strukturlosigkeit in der Frisur sind gerade für Best Ager ein absolutes „no go". Umso überraschender ist es, dass noch immer viel zu viele Friseure die Kundinnen 50plus – und damit ihre Erfolgsperspektive – vernachlässigen.

Das Ziel: der allumfassende Schönheitsberater

Möchten Friseure auch in Zukunft im riesigen Best-Ager-Markt mitmischen, sollte das Bemühen um die Schönheit der Kundin unbedingt authentisch sein. Der Friseur muss zum allumfassenden Schönheitsberater werden. Kundinnen in den besten Jahren erwarten dieses Höchstmaß an Kompetenz ganz selbstverständlich, zugleich legen sie viel Wert auf ein Miteinander auf Augenhöhe. Sie sind also anspruchsvoll, aber eben auch erfrischend unkompliziert. Gerade bei Events abseits der regulären Arbeitszeiten wird das deutlich: neben Fotoshootings feiern wir bei hairdesign G2 sogenannte „Timeless Beauty Abende". Dabei steht die individuelle Typberatung inmitten einer betont persönlichen und gemütlichen Atmosphäre im Vordergrund. Wertvolle Stylingtipps, Hintergründe zur Proportionenlehre und neueste Erkenntnisse zur Wirkung von Farben machen unsere Kundinnen zu kleinen Schönheitsspezialistinnen. Das Geheimnis: Auch abseits des Salonalltags sollen die Best Agerinnen mit ihren Haaren zurechtkommen, dabei aber stets im Hinterkopf haben, dass es eben der Profi-Friseur ist, der ihnen dabei hilft, die individuelle Schönheit Stück für Stück zu perfektionieren.

Abbildung 9.4: Wella wirbt mit Resmie Gashie

Quelle: Wella

Im Salon sollten die Arbeitsabläufe dann so perfekt und gewissenhaft sein, wie die Kundin selbst. Auch die Atmosphäre muss bis ins Detail stimmen. Modezeitschriften, eine Kaffee-Bar und leichte Musik sind Ambiente-Mindeststandards. Besonders wichtig ist es, Hektik und Anspannung vollkommen auszublenden. In Sachen Beratung und Dienstleistung sollte das Fachliche im Vordergrund stehen, denn Kundinnen 50plus interessieren sich für Zusammenhänge und erwarten Service und Souveränität. Und sie merken, wenn die angebliche Kompetenz Fassade ist. Bei hairdesign G2 hat Professionalität deswegen höchste Priorität: Regelmäßig stehen Seminare bei den weltbesten Trend-Stylisten und Coloristen wie *Frédéric Fekkai* oder *Victoria Hunter* auf der Agenda. Mit Zufriedenheit registrieren die Kunden dieses Engagement, auch das „Pro Color 10"-Programm, mit dem wir die Farbkompetenz unserer Mitarbeiter über zehn Jahre hinweg fördern.

Kundinnen 50plus sind für zukunftsorientierte Friseure also unverzichtbar. Top-Qualität und Premium-Dienstleistung dürfen deswegen keine Lippenbekenntnisse sein, sondern müssen durch kontinuierliche Weiterbildung gelebt werden. Mittelpunkt der täglichen Arbeit ist die Schönheit des Menschen und das Verständnis dafür, wie sie optimal zur Geltung kommen kann. Die Best-Ager-Kundin spürt genau, wenn hier Leidenschaft am Werk ist. Sie entlohnt es mit Treue und der Bereitschaft, für ein optimales Ergebnis auch einen etwas höheren Preis zu zahlen.

Die Autorin

Resmie Gashi ist eine ausgewiesene Expertin in Sachen Haarfarbe – die Dienstleistung, die Best Ager im Salon besonders häufig wünschen. Ihre Auszeichnungen sind Master of Color, Master of Color Gold, zudem ist sie Mitglied in der Master of Color Champions Community. Regelmäßig lässt sie sich bei den besten Coloristen und Stylisten der Welt wie Frédéric Fekkai, Victoria Hunter oder Patric Camerun weiterbilden. Auch im Bereich Haarverlängerung zählt sie zu den Profis der Branche. 2002 gründete sie die hairdesign G2-Trendstudios, deren Inhaberin sie heute ist. Die hairdesign G2-Trendstudios in Hanau und Neuberg gehören zu den führenden Friseursalons im Bereich Color und Hair-Extensions. Das Markenzeichen von Resmie Gashi und ihrem 18 Mitarbeiter starken Team sind Schnitte, Stylings und Frisuren auf Basis der weltweit aktuellsten Beauty-Trends. Einen Schwerpunkt legt hairdesign G2 auf die Zielgruppe der Best Ager. Seit vielen Jahren steigt der Anteil der Kundinnen 50plus rasant.

www.hairdesign-g2.de

Spezialisierung eines Fünf-Sterne-Friseurs auf die Best-Ager-Generation

Marian Kociolek, Haarscharf Deluxe Stuttgart

Am Anfang war das Licht – bei uns war es ein Geistesblitz, den mein Geschäftspartner und ich hatten, als wir uns über unsere Zukunft Gedanken machten. Im Zuge einer Neueröffnung unseres neuen Friseurgeschäftes im Lounge-Stil überdachten wir unsere bisherige Ausrichtung unserer Kundenstruktur. Wir wollten mit unserem neuen Friseursalon nicht mehr weiter in der Masse schwimmen und wollten Kunden, die unsere Philosophie verstehen und unser Können zu würdigen wissen. Nach mehreren Analysen und das Hören auf unseren Geistesblitz war uns klar – die Generation 50plus sollte verstärkt unsere neue Zielgruppe werden.

Der Erfolg, den wir die letzten drei Jahren erleben durften, gibt uns Recht und bestätigt die These, dass die Generation 50plus mit Fug und Recht als eine sehr zahlungskräftige und vor allem dankbare Generation bezeichnet werden kann. Aber einfach nur auf eine neue Kundenschicht zu setzen und die Preise zu erhöhen, ohne dabei etwas an sich selber und an seinem Geschäft zu ändern, kann nicht funktionieren. Leider mussten das schon viele Friseurkollegen schmerzlich erleben.

Best Ager lieben authentische Menschen

Gerade dieses Authentische spürt der Best Ager im hohen Maß, denn diese Generation hat eine große Lebenserfahrung und weiß, was sie will. Vom Konzept über Qualität und Leistung sowie über ein ansprechendes Ambiente muss alles durchgängig stimmen. In unserem Schaffen war Authentizität schon immer ein wichtiges Gebot. So legen wir auch bei der Auswahl unserer Mitarbeiter neben dem Können von vornherein einen hohen Wert auf gutes Benehmen und eine vorzügliche Ausdrucksweise. Auch jüngere motivierte Mitarbeiter können interessanterweise diesen Anforderungen genügen. Mit unserem mehrgliedrigen Weiterbildungssystem wird zudem das praktische Arbeiten und auch die Persönlichkeit unserer Mitarbeiter permanent geschult.

Um unsere Fünf-Sterne-Dienstleistungen sowie gute und teure Produkte verkaufen zu können, müssen unsere Mitarbeiter diese Welt auch in vollen Zügen erleben können. Aus diesem Grund laden wir alle Mitarbeiter mehrmals im Jahr zu mehrtägigen Wellness-Wochenenden in gute Hotels in Deutschland ein. Angenehmer Nebeneffekt: Der Teamgeist kann gar nicht besser sein. Zudem wird das Erreichen eines Diploms (zum Beispiel Visagisten-Diplom) von uns mit einer viertägigen Reise in eine Metropole Europas belohnt.

Best Ager wollen das Besondere erleben

Das macht unsere Mitarbeiter in ihrem Denken sicherlich anspruchsvoller als Mitarbeiter in anderen Friseursalons unserer Preisklasse. Gerade dieser Anspruch ist das, was uns so erfolgreich macht. Auch unsere Kunden, vor allem unsere Best-Ager-Kunden, sind anspruchsvoll und wollen das Besondere erleben. Da reicht das Waschen, Schneiden, Fönen nicht mehr aus, um sie als Stammkunden zu gewinnen. Best Ager heißt die besten Jahre – und die wollen genossen werden. Was liegt da näher, als sich von Kopf bis Fuß verwöhnen zu lassen. Mit der Unterstützung und den sensationellen Produkten und Anwendungen unseres Premium-Partners *La Biosthetique Paris* leben wir das totale Beauty-Konzept im hohen Maß. Von der Farb- und Stilberatung über die neueste Trendfrisur und die Kosmetik bis hin zu entspannenden Massagen und Anwendungen. Eine Wohlfühloase unter einem Dach.

Abbildung 9.5: Diverse Details im Salon

Hingucker im Salon: fünf Meter langer Salontisch – multifunktionell zum Dinieren, Frisieren, Kommunizieren

Aber damit nicht genug. Unser Salondesign ist so ausgerichtet, dass wir für unsere Kunden, ohne Umbau, an unserer über fünf Meter langen Tafel (160 cm breit) auch interessante Lesungen durchführen können. Für „besondere Kunden" planen wir in naher Zukunft

Mehrgänge-Menüs und einen Kaffeeklatsch mit Kaffee und Kuchen und typgerechte Styling-Tipps am Sonntagmittag.

Best-Ager-Make-up-Workshops und begeisternde Homepage

Bereits fester und erfolgreicher Bestandteil unserer Arbeit sind unsere Best-Ager-Make-up-Workshops, die sich großen Zuspruchs erfreuen. In der heutigen Zeit ist neben überragendem Können auch ein gutes Marketing für den Erfolg mit entscheidend. Eine ansprechende und informative Homepage ist dabei eines der wichtigsten Mittel. Auch Best Ager benutzen im hohen Maße das Internet als Informationsquelle.

Dabei spielt die Art und Weise der Homepage-Aufbereitung eine entscheidende Rolle. Während besonders laute und schrille Seiten eher die junge Generation ansprechen, muss eine auf die Generation 50plus angelegte Website eher emotional, charmant sowie persönlich begeisternd erscheinen. Auch die Tagesaktualität ist dabei nicht zu unterschätzen.

Zukunftsprognosen für die Beauty-Branche

Nun könnten wir uns auf unserem Erfolg ausruhen. Aber genau dies wäre der Anfang vom Ende. Daran sind schon viele namhafte Kollegen gescheitert. Leider! Für die Zukunft unserer Beauty-Branche, vor allem die der Friseurbranche, sehe ich keine guten Zeiten kommen. Drei Entwicklungen sind bereits heute klar auszumachen.

- Die erste Entwicklung sind diese sogenannten **10-Euro-Salons**. Für wenig Geld und mit billigen Produkten wird in möglichst kürzester Zeit der Kunde auf sehr uncharmante und schnelle Art abgefertigt. Zeit ist Geld – ist hier die einzige Philosophie. Motivierte und auch durchaus gute Mitarbeiter werden dabei sehr schnell verschlissen und für die Branche unbrauchbar gemacht.

- Eine zweite Entwicklung sind sogenannte **Mikrobetriebe im Mittelpreissegment**. Immer mehr Salons mit maximal einem Mitarbeiter teilen sich eine immer kleiner werdende Kundenzahl. Viele dieser Betriebe erhalten am Monatsende zusätzlich Hartz 4, um überleben zu können.

- Die dritte Entwicklung sind **wenige, aber sehr hochwertige Friseursalons,** die sich im oberen Preissegment befinden. Die Kunden dieser Salons verlangen viel, sind aber auch bereit, für gute Arbeit gutes Geld zu bezahlen.

Haarscharf Deluxe hat klar Stellung im oberen Preis- und Dienstleistungssegment bezogen. Damit wir auch weiterhin unsere Fünf-Sterne-Dienstleistungen und -Services auf höchstem Niveau anbieten und erweitern können, werden wir in den nächsten zwei Jahren Stuttgarts größten Hair & Beauty Tempel auf mindestens 300 Quadratmetern Fläche eröffnen. Geplant sind zusätzliche Flächen für kosmetische Behandlungen, Hot Stone- und Klangschalenmassagen sowie Yogakurse. Gerade die jetzige Aufbruchsgeneration 50plus soll auch in Zukunft mit uns einen engagierten Beautypartner an ihrer Seite haben.

Begeisterte Kundenstimmen (der Homepage *www.haarscharf-deluxe.de* entnommen):

- **Auszeit vom Alltag!**

Haarfarbe und Schnitt, inbegriffen waren Aromatherapie, Getränke und Kosmetikberatung. Das freundliche Team berät kompetent und führt das Abgesprochene dann genauso aus. Mein Stammfriseur, einen anderen lasse ich nicht an meine Haare! D. S., Stuttgart, 05.03.11

- **Ein Erlebnis bis in die Haarspitzen!**

Schneiden, Waschen, Legen ... Nicht hier! Ihren Termin verbringen sie in einer Wohlfühloase, in einem wunderschönen Ambiente, wo der Kunde noch König ist, verwöhnt von einem erstklassigen Coiffeur Team, das am Puls der Zeit ist und auf jeden Wunsch eingeht. Die unschlagbaren Öffnungszeiten bieten viel Flexibilität und die Preise, die für jeden Geldbeutel erschwinglich sind, runden das Gesamtpaket ab. F. W., Stuttgart, 5.03.11

- **Erlebnis pur!**

Wer kompetente, kundenfreundliche, sehr flexible und am Puls der Zeit arbeitende Coiffeure sucht, ist hier am richtigen Platz. Das wunderschön gestaltete Ambiente rundet das Gesamtbild ab und bietet dem Kunden eine angenehme Auszeit. F. W., Stuttgart 26.02.11

- **Absolut empfehlenswerter Frisör!**

Schon seit vielen Jahren kann ich den tollen Service und das Können des Teams genießen. Der Service ist einmalig. Selbst wenn ich durch Krankheit nicht kommen konnte, kommt einer vom Team zu mir nach Hause. Für mich der beste Frisör in Stuttgart. Absolut empfehlenswert! E. H., Stuttgart, 19.02.11

Der Autor

Marian Kociolek lebt seit 2003 in Filderstadt. Die Auswahl des Wohnortes hat er nie bereut, weil es die Nähe zu seiner Mutter und Schwester garantiert. Seit 1998 betreibt er zusammen mit seinem Lebenspartner Marcus Hertel erfolgreich das kontinuierlich wachsende Friseur- und Beautyunternehmen Haarscharf Deluxe.

www.haarscharf-deluxe.de

10   Tourismus und Hotellerie

Tourismus

Die meisten Tourismus-Anbieter werden von der Demografie und vom veränderten Kundenverhalten der Best Ager ganz besonders partizipieren – aber nur dann, wenn sie sich um mehr Kundennähe bemühen und Mut für neue Wege haben – wie bereits in vorherigen Kapiteln ausführlich geschildert. Die Zahl der Urlaubsreisenden über 60 dürfte in den kommenden zehn Jahren um drei Millionen steigen. Erhebliche Veränderungen sind die Folge. Besonders beliebt sind Kultur-, Natur- und Gesundheitsreisen. *TUI* zum Beispiel hat für diese Zielgruppe spezielle Angebote gestrickt. Immerhin 50 Prozent der *TUI*-Urlauber sind älter als 50 Jahre, bei Flusskreuzfahrten liegt der Anteil sogar bei über 70 Prozent. Die Ansprache der Kunden 50plus findet überwiegend in den Reisebüros statt – wenn man sich auch im Internet informiert. 90 Prozent dieser Altersgruppe bucht im Reisebüro ihren Urlaub. Auch *ALLTOURS* hat sein Programm um Gesundheitsreisen von *Mediplus* erweitert.

Das Boom-Potenzial der Branche auf einen Blick

Tourismus	■ Reiseveranstalter, die mit Themenwelten begeistern
	■ Luxusreisen mit Kreuzfahrtschiffen und Rundum-Sorglos-Paket – idealerweise mit Fitness-Personalcoach, medizinischem Arzt-Begleitservice, Pflege- und Betreuungspersonal (bei Dialyse, Diabetes, Herzproblemen etc.)
	■ Reisen für Großeltern mit Enkel
	■ Single-Reisen mit Komfortpaket
	■ Urlaub in persönlichen Themen-Hotels (woanders schöner schlafen)
	■ Erlebnis-, Kultur-, Bildungs-, Sportreisen
	■ Fitness-, Wellness-, Abenteuer-, Städte-, Deutschland-, Fern-, Sprachurlaube
	■ Verwirklichung von Lebensträumen und ausgefallenen Wünschen

Fakten:

■ 18 Milliarden Euro pro Jahr geben 50plus-Kunden in Deutschland für Reisen aus, das sind über 40 Prozent der Gesamtumsätze in der Reisebranche.

■ Für 90 Prozent der 50- bis 60-Jährigen steht Reisen an erster Stelle.

■ 65 Prozent von 50plus waren in den zurückliegenden zwölf Monaten auf Urlaubsreise.

- 55 Prozent aller Winterurlauber und 40 Prozent aller Sommerurlauber bei TUI sind 50plus-Kunden.
- Menschen 50plus buchen über 80 Prozent aller Kreuzfahrten.
- Das Durchschnittsalter von Kreuzfahrt-Reisenden liegt derzeit zwischen 56 und 58 Jahren.

Prognosen:

- Großes Potenzial für die Zukunft haben sogenannte **First-Class-Reisende 50plus**– sie werden bei 50plus stark zunehmen. Sie haben die höchsten Pro-Kopf-Ausgaben, lieben Galadinners, Nachtleben, Kulturangebote und Luxushotels.
- Die sogenannten Gruppenreisenden 50plus, die mengenmäßig größte und ebenfalls zunehmende Gruppe, die eher Gemeinschaft suchen – wird eher bei Pauschal- und Busreisen eine Rolle spielen.
- **Boom Seereisen → Kreuzfahrtanbieter bieten immer größeren Komfort, Entkrampfung des Bordlebens, intergenerative Angebote** locken auch schon 40- bis 50-Jährige und senken das Durchschnittsalter. Dennoch wird es eine Domäne der wohlhabenderen Klientel 50plus bleiben und noch stärker als bisher werden – weil differenziertere Angebote von Premium bis Discount auf den Markt kommen. Aber es wird in diesem Segment auch Verlierer und Konkurse geben.
- **Schlüsseltrend zu Erlebnis-, Kultur-, Bildungs-, Sport-, Fitness/Wellness-, Abenteuer-, Städte-, Deutschland-, Fern-Reisen und Sprachurlaube ...**
    - mit Scout oder Personalcoach vor Ort
    - bevorzugt Kurzreisen – dafür häufiger im Jahr
    - bevorzugt Angebote für Singles-, Partnersuchende, Alleinreisende
    - immer weniger beliebt sind die standardisierten 0815-Pauschalreisen
- **Boom „Überwintern in Urlaubsdestinationen"** – zu günstigen Preisen – zum Teil billiger als zu Hause, mit Nordic Walking, Chi-Gong, Yoga, Vollpension, Flug etc. – teilweise schon ab 21 Euro pro Tag ... (*Süddeutsche Zeitung, 26.3.2011, „Opa Kebap", Autor: Cornelius Pollmer*)
- **Integrierte Komfort- und Zusatz-Dienstleistungen** wie zum Beispiel Mietwagen oder Eintritt zu Sehenswürdigkeiten sind gefragt.
- **Buchungsverhalten von 50plus:** Informationen werden über das Internet eingeholt ... **aber die Buchung wird verstärkt wieder über das Reisebüro getätigt** – im persönlichen Gespräch mit dem vertrauten Reiseberater, mit persönlichen Insider-Tipps. Das Reisebüro kennt die Leidenschaften und Vorlieben des Kunden 50plus – und das mag die Zielgruppe sehr!

■ **Rückläufige Tendenz:** Durchschnittsreisende mit niedrigerem Einkommen und Pro-Kopf-Ausgaben und sogenannte „Freigeister", die Abenteuer suchen, die bei der Unterkunft sparen, aber großzügig bei Nebenausgaben sind. Hier wird die All-inclusive-Strategie der Renner bleiben.

Hotellerie und Gastronomie

Wie sieht die Welt der Hotellerie und Gastronomie aus der heutigen Sicht der anspruchsvollen Best Ager aus? Kritisch betrachtet: Der Gast ist verunsichert, hat häufig das Gefühl und die Angst er bekommt für sein Geld nicht unbedingt ehrliche Gegenleistung. Ein Beispiel aus der Gastronomie: Noch sehr häufig bekommt man von der Systemgastronomie schnell zubereitete Convenience-Food (Bio-Convenience, Gourmet-Convenience ...) oder Fertiggerichte unter dem Deckmäntelchen einer frischen Essenszubereitung serviert. Lieber als Fast-Food sagen die neuen Systemgastronomen „Fast Casual Design", was sagen soll, dass sie ein Zwischending aus Fast-Food und klassischer Gastronomie sind. Scheinbar alles frisch und alles schnell.

Die Gastronomie hat sich bis auf wenige Ausnahmen zumeist in Großstädten wie München, Berlin oder Hamburg noch nicht an die veränderten Lebensgewohnheiten und Sehnsüchte der Menschen angepasst – obwohl es Funktionäre beim deutschen Hotel- und Gaststättenverband immer wieder beteuern. Die reifere Generation will gesund, leicht und gut essen, gern mehrmals am Tag und immer dann, wann und wo sie es wollen. Wegen der vielen Skandale in der Lebensmittelindustrie sind die Menschen auf Qualität geeicht, auf weniger-ist-mehr. „Offene Küchen" – sogenanntes „Frontline-Cooking" – sind ebenso in Mode wie der Retrotrend zur regionalen Küche mit trendigem ökologischem Touch, der aber auch noch richtig gut mundet. Wir haben es heute immer mehr mit hybriden Kunden zu tun, die bei Aldi einkaufen, aber im schicken Feinkostladen *Dallmayr* essen gehen, die *Porsche Hybrid* fahren oder mit dem Flugzeug in das umweltfreundliche Bio-Hotel fliegen. Grenzen verschwimmen, Stile und Haltungen kreuzen sich – auch in der Gastronomie und in der Hotellerie. Und das Ganze besonders bei den anspruchsvolleren und vermögenden Kunden 50plus.

Trend „home-away-from-home": Hotels und gastronomische Betriebe werden immer mehr zu den neuen Wohlfühlorten für Geschäftsleute und für Best Ager. Die neuen Best-Ager-Reisebedürfnisse sind kümmern, lernen, vernetzen, inszenieren. Man sucht authentische Hotels. Nostalgiebedürfnisse sind ebenso angesagt wie Retrotrend. Die gekonnte Kombination von vermeintlichen Gegensätzen erzeugt Anziehungskraft: offener Kamin vs. WLAN, Alphorn vs. Dolby-Surround-Anlage, Motoryacht vs. urige Blockhütte im Wald mit Selbstversorgung, Kinderbetreuung vs. kulturelle Vielfalt, gepackter Picknickkorb mit Champagner und Rotwein vs. Gourmetmenü mit Backstage-Kochen – um nur einige Bedürfnisse einer anspruchsvollen Best-Ager-Generation zu nennen.

Der neue Luxus aus der Best-Ager-Sicht in Bezug auf die Hotellerie und die Gastronomie heißt: mehr Zeit haben, für mich gemacht, mehr Lebensqualität, inneres Wachstum, Wohlergehen, Mensch sein können, ankommen, angenommen werden, respektvoll behandelt, wertgeschätzt werden, erleben, Wohlfühlklima, das bringt mich weiter, heimelig, gemütlich, entspannt, ehrlich, natürlich, echt, privat, unkompliziert, lässig, reduziert, leicht, schlicht, regional, liebevoll im Detail.

Das Boom-Potenzial der Branche auf einen Blick

Hotellerie & Gastronomie	■ Themen- und Mikrozielgruppen-Hotels – zum Beispiel Tanz-Hotel, Musik-Hotel, Liebeshotel, Golferhotel, Genießerhotel, Koch-Hotel, Romantikhotels, Single-Hotels, Schwulenhotels, ... den Ideen sind keine Grenzen gesetzt
	■ Hotels und Gastronomiebetriebe zur Pflege von Beziehungen – zum Beispiel die Beziehungswirtschaft Burg Lech in Österreich
	(empfehlenswertes Beispiel: *www.burghotel-lech.com*)
	■ Restaurants mit besonderen Highlights wie zum Beispiel ein japanisches *„Prinzessinnen-Restaurant"*, das seinen weiblichen Gästen zur Begrüßung ein Diadem für diesen Abend als Zeichen der Wertschätzung auf den Kopf setzt – die Frau soll sich als Hauptperson und Prinzessin fühlen. Ein Wertschätzungs-Restaurant, das großen Run erfährt – Preis: 50 Euro pro Person alles inklusive.

Fakten:

- Best Ager sind Menschen mit langer, facettenreicher Hotel- und Gastronomie-Erfahrung.
- 70 Prozent der Best Ager gehen gerne ins Restaurant.
- 50plus-Menschen gehen gerne edel essen.
- 50plus-Menschen sind anspruchsvolle Genießer (15 Prozent von 50plus) und zudem qualitätsbewusst (28 Prozent von 50plus).
- 50plus-Menschen sind aber auch preisbewusst (43 Prozent von 50plus) – immerhin die große Masse!
- 50plus-Menschen lieben Cafés, schöne Restaurants, mediterrane Märkte, Bistros, Vinotheken, Szenekneipen etc.
- 50plus-Menschen genießen es, beim Ausgehen zu sehen und gesehen zu werden.
- 50plus-Menschen leben bewusst im Spannungsfeld zwischen Tradition und Mega-Moderne.

- 50plus-Menschen lieben Klarheit, Reinheit, Authentizität, Ursprünglichkeit – in der Hotellerie ebenso wie in der Gastronomie.

Prognosen:

- **Große Marktspaltung → Luxus- und Premiumtrend** mit einer tendenziellen „Nur vom Feinsten-Mentalität" vs. **Preiswert-und-gut-Gastronomie/Hotellerie** (43 Prozent sind Preisbewusste 50plus). Die Mitte verschwindet immer mehr – austauschbare Hotels und Gastronomiebetriebe werden sterben.

- **Schlafkomfort wichtiger als Sex:** Laut einer „Starwood-Umfrage" von 2011 sind „55 Prozent der Hotelgäste über 50 guter Schlaf wichtiger als Sex". Chance: Schlafkomfort mit qualitativ hochwertigen Matratzen und Kissenauswahl eignet sich vorzüglich als Hotel-USP (Alleinstellungsmerkmal)!

- **Nur mit einem klaren Alleinstellungsmerkmal (USP)** wie bester Service, persönliche Note, bestes Essen, gesunde Ernährung mit Pep etc. wird es gelingen, sich durchzusetzen.

- **Hotels und Restaurants werden immer mehr zur zweiten Heimat der Best-Ager-Generation** – sie reisen immer häufiger, verbringen ihren Lebensabend oft in Hotels in mediterranen Ländern, feiern in Hotels und Restaurants ...

- **Überschaubare gemütliche und trendy eingerichtete Zeitgeist-Locations mit Wohnzimmeratmosphäre** werden begehrt sein – wo nur wenige Gäste sind, aber diese begegnen sich auf Augenhöhe unter Ihresgleichen in einer Art Community und intergenerativer Kommunikationsplattform, mit VIP-Faktor, mit hohem Nutzen für das eigene Leben ...

- **Erlebnis-Restaurants und Erlebnis-Hotels sind Boom-Märkte** – mit einer Synthese zwischen Erlebniswelten, Genuss, Entschleunigung, Wohlfühlen, Ankommen, Lebensgefühl spüren, Beziehungen und Kontakte knüpfen zu Gleichgesinnten ... zum Beispiel Tanzhotels, Liebeshotels, Musikhotels, Honeymooner-Hotels ...

- **Rückbesinnung auf alte Rezepte, regionale „Hausmannskost à la Mama oder Oma"** – modern zubereitet – wecken Sehnsüchte nach Geborgenheit, Gesundheit und Wohlergehen.

- **Vitalkonzepte für Gesundheit und Wohlbefinden**, wie beispielsweise „Gute-Laune-Küche, „Brainfood" für mentale Fitness, mediterrane Bio-Produkte zur Stillung der Lust auf Luxus.

- **Boom-Markt Catering → Preiswerte Fertiggerichte mit Anlieferung in die Wohnung** gegebenenfalls mit Zusatzservices werden aufgrund der Demografie weiter explodieren – Alternativangebote zu dem üblichen „0815-Essen auf Rädern" werden bei einer gleichzeitig zunehmenden Singularisierung der Generation 50plus → 15 Millionen Menschen über 50 leben derzeit in Deutschland alleine – Trend: stark wachsend.

Was TUI für seine vielgereisten Gäste über 50 tut

Experten-Interview mit Stefanie Schulze zur Wiesch, TUI – Deutschland Hannover

Sind Kunden über 50 für TUI relevant und warum?

Die Generation der sogenannten „Best Ager" ist eine wichtige Zielgruppe für die TUI. Vor dem Hintergrund der demografischen Entwicklung wird die Bedeutung dieser Zielgruppe und die der Senioren für die Reiseindustrie weiter zunehmen. Die Umkehr der Alterspyramide in Deutschland veranlasst uns dazu, diese Zielgruppe bei der Angebotsentwicklung stärker zu fokussieren.

Die Zielgruppe der „Best Ager" hat mehrere hochinteressante Eigenschaften: Sie haben Zeit und können diese Zeit weitestgehend souverän verplanen. Außerdem geben sie einen hohen Anteil ihres Budgets für Freizeitgestaltung aus. Die wichtigsten Bedürfnisse der Zielgruppe sind neben dem primären und naheliegenden Bedürfnis nach guter Gesundheit unter anderem Wellness, Gemeinschaftserlebnis und Geselligkeit, aktiv sein: schwimmen, wandern oder spazieren gehen sowie Rad fahren, Kulturerlebnisse und Kreativität. Auffällig und hochinteressant für uns Reiseveranstalter ist die Erkenntnis, dass nämlich genau die Inhalte dieser Wunschliste auch die Urlaubsgestaltung prägen.

Gibt es in Ihrem Unternehmen ein Marketing- oder Vertriebskonzept, das sich speziell mit der Zielgruppe Best Ager beschäftigt? Falls noch nicht – warum nicht? Ist es in Planung?

Die Zielgruppe „Best Ager" ist in ihren Urlaubswünschen sehr heterogen und reicht vom Komfort liebenden, Wellness affinen Gast bis hin zum günstiger buchenden Langzeiturlauber. TUI bietet für folgende Urlaubsformen interessante Angebote für die Gruppe der Best Ager an und geht damit auf ihre unterschiedlichen Interessen ein. So zum Beispiel: Magic Life (Winter), TUI Vital (Wellness, Gesundheit), Wanderurlaub, TUI Premium (hochwertiges Hotelangebot mit Zusatzleistungen), TUI Flusskreuzfahrten, TUI Golf, Langzeiturlaub, Studienreisen (über unsere Veranstalter Dr. Tigges und Gebeco).

Seit Sommer 2010 bietet TUI ärztlich begleitete Rundreisen an. Im Sommer 2011 waren dies Reisen ans Mittelmeer (einwöchige Rundreisen durch Andalusien oder die Westtürkei), zwei Flusskreuzfahrten auf der Donau, eine große Thailand-Rundreise sowie eine achttägige Nilkreuzfahrt. Gerade bei älteren Menschen hemmen Sorgen, sich oder den Partner im Ernstfall nicht optimal versorgt zu wissen, sich im Reiseland nicht auszukennen oder nicht verständigen zu können, die Reiselust. Ein deutschsprachiger Arzt ist während der gesamten Reise 24 Stunden nur für die Gäste da. Er verfügt über die notwendigen Kenntnisse der medizinischen Strukturen im Reiseland, um die TUI Urlauber jederzeit bestmöglich zu versorgen.

Grundsätzlich stellen wir fest, dass im Winter mehr ältere Gäste verreisen als im Sommer. Die bevorzugten Urlaubsregionen für ältere TUI Urlauber sind Mallorca (immer noch führend; Gründe: nah dran, häufige Flüge und optimale, meist deutsch geprägte Infrastruktur), Kanaren, Zypern, die Türkei, Süditalien und Tunesien. Im Sommer sind die Gäste insgesamt jünger, den höchsten Anteil der 60plus-Gäste findet man auf Zypern, Madeira, in Süditalien und auf Gran Canaria. Das höchste Gesamtvolumen an Reisen mit Gästen, die älter als 60 Jahre sind, gibt es bei TUI auf den Kanaren, den Balearen und in Deutschland. Besonders beliebt sind Rund-, Studien- und Wellness-Reisen. Bei den Unterkünften sind Vier-Sterne-Hotels am meisten gefragt, die sich auf die Bedürfnisse dieser Klientel einstellen (s. Sensimar).

Komfortbewusste Paare mittleren Alters, die ohne Kinder verreisen, finden in den *Sensimar Hotels* das passende Urlaubsdomizil. Mit dem zielgruppenspezifischen Konzept werden insbesondere solche Paare angesprochen, die in ihrem Urlaub Wert auf ein angenehmes, behagliches Ambiente, persönlichen Service und kulinarische Genüsse legen. Komfort, exzellenter Service und sich verwöhnen lassen, sind die Leitmotive der aktiven Zielgruppe, die außerdem an den Menschen und an der Kultur des Reiselandes interessiert ist.

Der Name Sensimar steht für das sinnliche Erleben am Meer: „Sense y Mar". Daher befinden sich alle Hotels in erster Strandreihe und die Themen „Sinnlichkeit" und „Meer" spiegeln sich in Logo, Farbwelt, sowie in allen Bereichen der Hotels wider, zum Beispiel Food & Beverage, Aktivitäten oder Spa.

Die insgesamt zehn Häuser der Hotelmarke der TUI Deutschland befinden sich in den beliebten Urlaubsländern Türkei, Spanien, Griechenland und Ägypten. Zur Wintersaison 2011/2012 eröffnet das erste Sensimar Hotel in der Dominikanischen Republik. Die Hotels liegen im Vier- bis Fünf-Sterne-Segment, in bester Lage am Strand bzw. am Meer und verfügen über maximal 250 Zimmer. Es ist überwiegend deutschsprachiges Publikum anzutreffen. Jedes Sensimar Hotel verfügt über einen mindestens 800 Quadratmeter großen SPA-Bereich, sodass auch das Wellnessprogramm während des Urlaubs nicht zu kurz kommt. Sport- und Unterhaltungsangebote gehören ebenfalls zum Repertoire, ebenso wie ein zielgruppengerechtes Ausflugsprogramm.

Was sind die aktuellen Trends im Reiseverhalten von Best Agern? Welche Trends erwarten Sie in Zukunft?

Ein genereller Trend geht dahin, dass es „den einen" Best Ager nicht mehr gibt und wohl auch in Zukunft nicht mehr geben wird. Für uns als Reiseveranstalter bedeutet das die Herausforderung, die Urlaubsbedürfnisse, die Interessen und Einstellungen der älteren Urlauber auf den Punkt zu treffen – sowohl mit dem Produkt selbst als auch in der Kundenansprache.

Ein weiterer Trend zeigt sich darin, dass ältere Urlauber vielfach sehr reiseerfahren sind und sich mehr und mehr für exotische Ziele in der Ferne und außergewöhnliche Programme interessieren. Generell ist daher der Großteil unserer Fernreiseangebote für Best Ager geeignet. So werden zum Beispiel alle Rundreisen auf der Fernstrecke von deutschsprachigen Reiseleitern begleitet. Dank der TUI Durchführungsgarantie für Rundreisen haben ältere Urlauber zudem maximale Planungssicherheit: Die Reisen finden bereits ab zwei Personen statt, was in der deutschen Urlaubsbranche einzigartig ist.

Wo sehen Sie Nachholbedarf und „offene Baustellen" in der Zielgruppenansprache 50plus?

Die Best Ager sind oft sehr Reise erfahren, in ihren Urlaubswünschen sehr heterogen und wünschen oftmals keine spezielle Zielgruppenansprache. Sie möchten sich aus dem breitgefächerten TUI Angebot die für sie geeigneten Urlaubsformen selbst suchen, manchmal sogar, um bewusst ihren Urlaub nicht unter Gleichgesinnten zu verbringen.

Wie begeistert Ihr Unternehmen insbesondere Best Ager? Was machen Sie konkret, um Kunden 50plus als Stammkunden zu halten und gezielt zur positiven Weiterempfehlung zu nutzen, und um neue Kunden 50plus zu gewinnen?

Neben den klar umrissenen Zielgruppenkonzepten bieten wir in ausgewählten Hotels TUI Gästen ab 55 Jahren attraktive Zusatzermäßigungen. Diese Häuser sind in Infrastruktur, Lage, Gastronomie und Unterhaltungsangebot speziell auf die Bedürfnisse von älteren Urlaubern zugeschnitten. Qualitätsansprüche der Zielgruppe, die wir mit unserem Marken- und Qualitätsversprechen perfekt erfüllen.

Sind Beratung und Verkauf im Bereich der Best Ager anders zu gestalten als für jüngere Zielgruppen?

Best Ager bevorzugen das Reisebüro für ihre Beratung und Buchung. *Die persönliche Beziehung und eine vertrauensvolle Beziehung zum Reiseberater sind ihnen sehr wichtig.* Zwar informieren sich viele ältere Kunden über ihre Freunde und Verwandte und zunehmend auch über das Internet, aber die *Buchung selbst wird doch größtenteils noch im Reisebüro vorgenommen.* Die Beratung im Reisebüro selbst sieht dann nicht anders aus als bei anderen Zielgruppen: Jede Beratung ist individuell auf die jeweiligen Wünsche zugeschnitten, denn die Wünsche der Best Ager sind sehr vielfältig und heterogen.

Wird Ihr Beratungsteam für die Herausforderungen dieser anspruchsvollen Klientel 50plus sensibilisiert und trainiert?

Das Wichtigste in der Kundenberatung ist zuerst einmal eine detaillierte Aufnahme der Kundenbedürfnisse und das gilt für alle Kunden, nicht nur die Best Ager. Dann geht es jedoch darum, die passenden Produkte zu finden: Und dafür werden die Reiseberater bei ihren Trainings zielgruppenspezifisch geschult. Wenn wir also Schulungen veranstalten, weisen wir darauf hin, warum das Produkt so perfekt für Best Ager geeignet ist, die gemeinsam mit Gleichgesinnten erfüllte Tage verbringen möchten. So wissen unsere Beratungsteams genau, welche Reise sie Best Agern mit ihren jeweiligen individuellen Bedürfnissen empfehlen können.

Wie konkret wirkt sich der demografische Wandel auf die Personalentwicklung (Einstellungen, Schulungen, Altersdurchschnitt etc.) in Ihrem Unternehmen aus?

Wir sind ein Unternehmen mit einem relativ niedrigen Altersdurchschnitt. Natürlich stellen wir uns auch auf den demografischen Wandel ein. So arbeiten wir beispielsweise im Rahmen unserer Personalentwicklung mit einem „People Performance Management System", das den ständigen Dialog mit den Mitarbeitern und deren individuelle Weiterentwicklung fördert.

Interview-Partnerin

Stefanie Schulze zur Wiesch studierte an der Universität Paderborn den Studiengang Tourismus. 1995 begann für sie der touristische Werdegang bei der TUI Deutschland. Anfang 2003 wurde sie zur Assistentin der Geschäftsführung TUI Deutschland, Ressort Touristik berufen. 2005 wurde sie mit der Leitung des Produktlinienmanagements TUI Premium, Golf, Flusskreuzfahrten und Zeit zu zweit beauftragt. Achtzehn Monate später zeichnete sie als Leiterin Produktmanagement Clubprogramme ROBINSON und Magic Life verantwortlich. Seit 2009 leitet Stefanie Schulze zur Wiesch als Direktorin die Bereiche Clubprogramme, Hotelmanagement Sensimar, Hotelberatung, Qualitäts- und Umweltmanagement der TUI Deutschland. Die *TUI Deutschland GmbH* ist mit mehr als 20 Prozent Marktanteil der führende Reiseveranstalter in Deutschland. Neben der Kernmarke TUI gehören zahlreiche andere bekannte Marken wie 1-2-FLY, airtours und die Airlinemarke TUIfly sowie die Spezialisten Gebeco und L'tur zur TUI Unternehmensgruppe in Deutschland. Damit deckt TUI die gesamte Bandbreite an Reisen von Premium über individuell bis günstig ab.

www.tui.com

Vom Milieudenken und der klassischen Marktforschung zum Marktverstehen durch Lebensstil-Typologisierung

Fabian Engels, Lindner Park-Hotel Hagenbeck Hamburg

"Der Köder muss dem Fisch schmecken und nicht dem Angler."

Ein unbestreitbarer Vorteil der Milieubetrachtung ist, dass mit ihrer Hilfe verschiedene, zum Teil ganz unterschiedliche Dimensionen der Zielgruppe (Käufergruppe) in die wirtschaftlich relevanten Entscheidungsprozesse einfließen können. Neben dem sozialen Status werden auch die Wertevorstellungen und das Konsumverhalten der Menschen mit berücksichtigt. Dennoch sei auch ein sehr begrenzender Faktor der Milieubetrachtung nicht vorenthalten. Den Studien des Zukunftsinstituts Kelkheim zufolge basiert die Milieubetrachtung auf relativ starren Lebensmustern und ignoriert „soziale Mobilität". Demgegenüber sei betont, dass gegenwärtig intrabiografische Wechsel als zentrale Charakteristika des „dynamischen Wandels unserer Zeit" *(Dziemba/Wenzel, Marketing 2020, 2009)* angesehen werden müssen. Um mit seiner strategischen Geschäftseinheit und der daraus resultierenden Vorteilsposition auch wahrgenommen und als glaubhaft empfunden zu werden, bedarf es einer Kommunikationspolitik, die adäquate und aktuelle Trends zur Kenntnis nimmt.

Persönliche Lebensentwürfe sind entscheidend

Abbildung 10.1: Von der dreiphasigen zur fünfphasigen Biografie

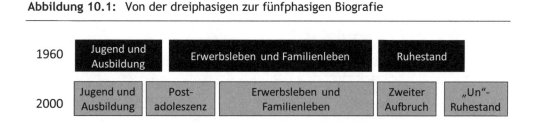

Quelle: Eigene Darstellung nach Dziemba/Wenzel, Marketing 2020 (2009)

Der persönliche Lebensentwurf der Menschen und deren individuelle Situation gewinnen zunehmend an Bedeutung für die Zielgruppenbestimmung und -ansprache. Daher wird hier eine zweite Form der Typologisierung vorgestellt, die der Studie „Lebensstile 2020" des Zukunftsinstituts Kelkheim entnommen werden kann. Dort heißt es, dass bis in die 70er Jahre hinein die meisten Menschen ihr Leben gemäß einer dreiteiligen Normal-Biografie lebten. Jugend als Ausbildungszeit, Berufstätigkeit und Familienzeit als Reproduktionsphase sowie Ruhestand folgten einem linearen Ablauf mit klar voneinander abzutrennenden Stufen. Heute jedoch wird diese biografische Linearität nicht selten durch mehr oder weniger zufällige Situationen und Ereignisse durchkreuzt. *(Dziemba/Wenzel, 2009)*

Die einzelnen Lebensphasen folgen keiner linearen Zeitachse mehr, „die Normalbiografie weicht der Multigrafie", in der „alles möglich ist" *(Dziemba/Wenzel, 2009)*. Das Zukunftsinstitut stellt elf Lebensstil-Typen vor. Dabei geht es weniger um eine vermeintlich allgemeingültige Abbildung gesellschaftlicher Teilgruppen als vielmehr um die Typisierung von Gruppen, die mit ihrem Lebensmodell „in die Zukunft weisen und an demografischer Größe und an Einfluss zunehmen werden" *(Dziemba/Wenzel, 2009)*. Auch wenn sich das Forschen über das Konsumverhalten in der Zukunft auch weiterhin an relevanten Parametern wie Alter, Geschlecht, Einkommen, Bildung orientieren wird, werden die Zusammenhänge der individuellen Lebensstil-Typen weitaus wichtiger als formale Kategorien.

Abbildung 10.2: Lebensstiltypologisierung

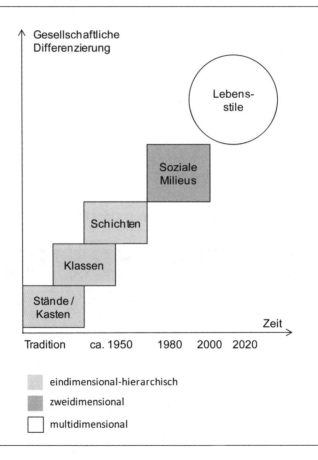

Quelle: Eigene Darstellung nach Dziemba/Wenzel (2009)

Eine Typisierung in diesem Sinne basiert auf den Erkenntnissen der Trendforschung, die sich seit den 80er Jahren in Deutschland als eine interdisziplinäre Wissenschaft etablieren konnte. In die Trendforschung fließen Elemente der empirischen Statistik sowie der Stochastik, der Sozial- sowie der Individualpsychologie und der Gesellschaftswissenschaften ein und ermöglichen auf diese Weise ein differenziertes Bild davon, wie Menschen in der Gegenwart leben und welche Zukunftsvorstellungen, -wünsche und -pläne ihr Leben prägen. So wichtig die Beachtung von Milieus auch gegenwärtig noch ist und in Zukunft bleiben wird, muss man einschränkend sagen, dass es sich bei der Milieubetrachtung um einen relativ starren Parameter handelt. Eine Ergänzung der klassischen Milieubetrachtung durch die Kenntnisnahme von Trends als dynamischer Parameter erscheint nicht nur sinnvoll, sondern geradezu geboten, um Entscheidungen im Sinne eines differenzierten Marketings treffen zu können.

Bedeutung für die Generation 50plus

Dies gilt ausnahmslos für alle denkbaren Zielgruppen, also auch für die im Mittelpunkt stehende Generation 50plus, die „Best Ager". Die typologisierenden Bezeichnungen *(social patterns)* deuten signifikant an, dass die Erkenntnisse der Trendforschung längst nicht mehr nur innerhalb der Sozialempirie wichtige Parameter darstellen, sondern sich als „harte" Wirtschaftsfaktoren auswirken können. Demzufolge kann konstatiert werden, dass es unter dem Gesichtspunkt der Nachhaltigkeit letztlich unerlässlich sein wird, dem raschen Wechsel der Lebenseinstellungen und Lebensstile insofern Rechnung zu tragen, diesen in jede strategische Entscheidung einzubeziehen. Auch wenn einschränkend festgehalten werden muss, dass diese, wie jede Typologie, nicht absolut trennscharf ist, kann sie als notwendige Bedingung zu effizienten Befriedigung von Kundenbedürfnissen verstanden werden. Auf jeden Fall kann eine Typologisierung bei der strategischen Entscheidung Hilfestellung leisten, ob ein Hotel für mehrere Segmente korrespondierende Angebote schafft, sich nur auf zuvor definierte Gästetypen konzentriert oder die Unterschiede der Gästetypen als nicht relevant beurteilt und daher unberücksichtigt lässt.

Der Autor

Fabian Engels ist Direktor und General Manager im Lindner Park-Hotel Hagenbeck Hamburg. Er arbeitete als Projektmanager in der Hauptverwaltung der Scandic Hotels in Koblenz mit Zuständigkeit für Deutschland, Österreich, England und Benelux. Durch die Übernahme der Scandic Hotels durch Hilton International gehörte insbesondere die Integration der Scandic Häuser in Hilton Hotels zu seinen Aufgaben. Mit seinem Wechsel zu der Lindner Hotels AG hatte er die Position des Manager Operational Development inne, in deren Rahmen er verantwortlich war für die Konzeption, Durchführung und Kontrolle verschiedener Projekte und Aufgaben im Bereich Hotel Development. 2008 wechselte Engels nach Hamburg, wo er das einzigartige Lindner Park-Hotel Hagenbeck als das zweite Hotel in der Hansestadt im Frühjahr 2009 eröffnete und seitdem führt.

www.lindner.de

Themenhotels als wertschaffende Strategie im Bereich Humankapital

Fabian Engels, Lindner Park-Hotel Hagenbeck Hamburg

Der demografische Wandel führt zu tiefgreifenden Veränderungen im Bereich der Erwerbsarbeit und zwingt den Arbeitgeber zur Neugestaltung der betrieblichen Strukturen und Abläufe. Einer Forschungsschrift mit dem Thema „Gewinnen mit Familie – Effekte von Familienfreundlichkeit" ist zu entnehmen, dass Unternehmen zukünftig in Konkurrenz um junge Fachkräfte treten werden. Wachstumsschwäche muss in direktem Zusammenhang mit der Demografie verstanden werden, denn die Wertschöpfungsverluste sind hoch. *(BM für Familien, Senioren, Frauen und Jugend (2010))*

Abbildung 10.3: Die Paramater der Mitarbeiterzufriedenheit

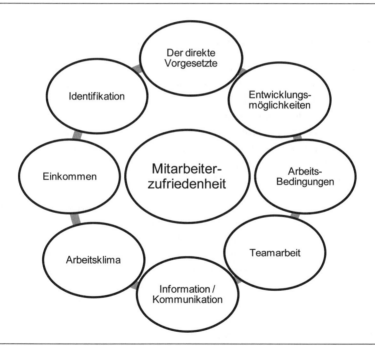

Quelle: Eigene Darstellung

Der Arbeitsmarkt wird sich weiter vom Nachfragemarkt (Arbeitgeber) weg zum Anbietermarkt (Arbeitnehmer) hin wandeln. Von daher ist es nicht verwunderlich, dass sich ein Paradigmenwechsel im Bereich der Personalarbeit vollzogen hat. Dieser grundlegende Wechsel ist nicht nur historisch seit Einführung der Personalsachbearbeitung der 50er Jahre zum heutigen modernen „Human Resources Management" belegbar, sondern wird auch deutlich in der Konzentration auf „Arbeitgeberattraktivität" und „Arbeitgeberimage". Mit dem „Employer Branding" versuchen moderne Arbeitgeber, sich von anderen potenziellen Unternehmen zu unterscheiden. Es scheint, als seien monetäre Vergütungssysteme nicht mehr die alleinigen Instrumente zur Gewinnung neuer Mitarbeiter. Nichtmonetäre Vorteile dienen einer guten Reputation bei den Arbeitnehmern und erweisen sich auf diese Weise als eine wertschaffende Strategie im Bereich der Personalwirtschaft eines Unternehmens. Die Lindner Hotels AG verfolgen diese Ziele intensiv mit der Spezialisierung auf Themenhotels.

Das Betreiben verschiedener Hotelkonzepte trägt nicht nur zur wirtschaftlichen Erfolgssicherung der Unternehmung bei, sondern erhöht auch die Reputation, die dem Unternehmen als Arbeitgeber insgesamt zukommt. Um ein Defizit an Arbeitskräften und Facharbeitern auszugleichen und den Personalbestand nachhaltig zu sichern, muss der Arbeitgeber sein Arbeitgeberimage aktiv erhöhen. Die Reputation eines Unternehmens in der Öffentlichkeit führt zu einem „Grad an Identifikation mit dem Unternehmen und der eigenen Aufgabe" *(Stotz, 2007)*, der die Leistung und das Engagement der Beschäftigten stark beeinflusst.

Kundenzufriedenheit entsteht durch eine Vielzahl von Faktoren

Neben der Lage eines Hotels, dem Ambiente, der Ausstattung, dem Erlebniswert während des Aufenthaltes, dem Dienstleistungsportfolio oder dem Produktportfolio, kann der Mitarbeitermotivation und der Mitarbeiterzufriedenheit eine nicht zu unterschätzende Bedeutung beigemessen werden. Es verwundert kaum, „dass die Ergebnisse zahlreicher empirischer Studien einen klaren Zusammenhang zwischen der Mitarbeiterzufriedenheit und der Kundenzufriedenheit belegen." *(Stotz, 2007, S. 150)* Daraus lässt sich ableiten, dass Human Resources Management zunehmend Bestandteil des strategischen Managements wird, denn es trägt direkt zum Unternehmenserfolg bei.

Die Wichtigkeit der Personalarbeit nimmt daher konstant zu und wertschaffende Arbeit in diesem Bereich ist weit mehr als das Verwalten von Personalakten: Hier kann die strategische Ausrichtung auf Themenhotels positive Wirkung erzielen und die interne und externe Personalbeschaffung vereinfachen. Gäste der Themenhotels erwarten neben der perfekten Binnen-Infrastruktur auch bestmögliche Unterhaltung und Betreuung. Dabei gewinnt die Dienstleistungsbereitschaft des Personals einen besonders hohen Stellenwert, denn die Mitarbeiter sollen den Gast umfassend wahrnehmen und verstehen, ihn begeistern und auf diese Weise seine Erwartungen im besten Fall gar übertreffen. Eine so verstandene und ausgeübte Arbeit qualifiziert die Mitarbeiter auch für andere und weiter gehende Aufgaben im Unternehmen. So kann die Fluktuation reduziert und der Grad der Identifizierung der Mitarbeiter mit ihrem Arbeitgeber erhöht werden. Dies kommt in diversifizierten Unternehmen wie der Lindner Hotels AG nicht nur den Themenhotels, sondern auch den anderen Betriebsarten des Portfolios zugute. Dies zu erkennen ist der erste Schritt, dem sodann konkrete Maßnahmen folgen müssen. Das Vorhandensein oder der Betrieb von thematisch spezialisierten Hotels reicht jedoch nicht aus: Es gilt, die richtigen Mitarbeiter zu finden, ihnen Entwicklungsmöglichkeiten zu eröffnen und damit in der Unternehmung zu halten. Wenn hier die Maßnahmen ineinander greifen und nachhaltig angewandt werden, kann man zusammenfassend sagen, dass die Spezialisierung auf Themenhotels zu einer Wertschätzung im Bereich Humankapital führt.

Zukunftsvisionen für die Hotellerie im demografischen Wandel

Klaus Kobjoll, Tagungshotel Schindlerhof Nürnberg

Ich bin ganz ehrlich: Der Titel dieses Kapitels bereitete mir ein wenig Bauchschmerzen, als ich ihn las. Warum? Ich glaube nicht daran, dass wir in der Hotellerie eine Boom-Branche mit der Generation 50plus erleben werden. Ich will Ihnen auch gleich sagen, warum ich zu dem ersten Teil meines Themas relativ wenig Positives zu sagen habe, was aus dem Rahmen fällt. Es gibt junge Alte und alte Junge, genauso wie es fähige Frauen und Männer für Führungspositionen, ebenso aber auch unfähige Männer und Frauen gibt – in- und ausländische. Die Diskussionen, die in der Presse zu den Themen demografischer Wandel, Frauenquote oder auch zu den Ausländern abgesondert werden, sind nervig und führen zu nichts – außer zur Spaltung unterschiedlicher Gesellschaftsstrukturen. Der Mix unserer Bevölkerung ist nun einmal so, wie er ist. Als da sind: Junge und Alte, Dicke und Dünne, Schlaue und weniger Schlaue, Frauen und Männer, Hübsche und weniger Hübsche, Hell- oder Dunkelhäutige, Arme und Reiche, Liebenswerte und Stinkstiefel. Sie alle zusammen bilden das Spiegelbild unserer Gesellschaft mit unterschiedlichen Generationen, Geschlechtern und Kulturen, Stärken und Schwächen. So ist es, und so wird es bleiben. Doch zurück zu meinem Thema und ein paar logischen Details, bevor ich mich emotional verliere.

- demografische Entwicklung/Arbeitsmarkt
- Entwicklung der Rentensituation/Geld im Alter
- Reise- und Konsumverhalten/Kunden und Gäste/Ausgleich von Jung und Alt
- Bevölkerungsmix als Spiegelbild der Gesellschaft

Demografische Entwicklung

Wir alle wissen seit Jahren, dass pro gebärfähiger Frau nur 1,3 Kinder geboren werden. Die Konsequenz daraus ist eine hoffnungslose Überalterung unserer Bevölkerung. Dieser Kenntnisstand also ist nicht neu. Warum bitte hat sich niemand darauf – vor allem zum Beispiel im Bereich der Schul-, Aus- und Weiterbildung – vorbereitet und warum hat man bis vor sehr kurzer Zeit noch ausschließlich dem Jugendwahn gefrönt? Die „Alten" wurden nicht nur in unserer Branche ausgemustert, sie waren der Wirtschaft einfach zu alt, zu besonnen, zu lebenserfahren – es fehlte ihnen zu Zeiten der Babyboomer in den Augen vieler die Power der Jugend. Außerdem – ein ganz wesentlicher Aspekt in der Wirtschaft: Sie waren zu teuer, und der Staat half kräftig mit, sie zu Lasten der Steuerzahler zu entsorgen. Die Jugend kam ans Ruder, ungestüm und unerfahren, aber deutlich preiswerter. In unserer Branche hat sich das dergestalt niedergeschlagen, dass viel zu junge Menschen viel zu schnell in viel zu hohe Positionen gehievt wurden. Learning by Doing ist eine feine Sache, aber vieles blieb zu dieser Zeit auf der Strecke. Eine konsequente fachliche und menschliche Fort- und Weiterbildung sowieso. Sie ging zwangsläufig im Alltag unter.

Und nun? Seit geraumer Zeit wird schwer PR für uns „Alte" gemacht – ich gehöre auch zu ihnen, fühle mich aber alles andere als … Alle zu unseren Jahrgängen erfundenen Kunstbezeichnungen klingen aufgesetzt und laufen meiner Meinung nach ins Leere. Ich jedenfalls mag mich in keine Kategorie einordnen. Doch dazu später mehr. Plötzlich werden die „Alten" wieder umschwärmt, ihre Erfahrung gelobt, Ihr Wissen geschätzt, ihre Netzwerke geneidet, die man vorher dem Müll übereignete. Warum? Weil Wirtschaft und Industrie endlich wach geworden sind und – wenn auch spät – erkannt haben, dass die „Alten" in gar nicht weiter Ferne zwangsläufig wieder in das Berufsleben und den Wirtschaftskreis integriert werden müssen. Die Gründe liegen auf der Hand. Man braucht sie dringend und zwar mehr denn je zuvor. Junges und qualifiziertes „Gemüse" muss erst wieder gesät werden, bevor es wächst, reift und geerntet werden kann. Bis dahin wird aus meiner Sicht eine Liberalisierung der Altersgrenze unabdingbar. Denn – ebenfalls meine Meinung – die schleichende Erhöhung der offiziellen Arbeitszeit auf 67 hat eine ebenso schleichende Senkung der Rentenauszahlungen zur Folge. Der Rententopf wird durch zwei Jahre längere Einzahlungen voller und entschieden langsamer leerer aufgrund entsprechend verzögerter Rentenauszahlungen. Womit ich bei meinem nächsten Punkt bin.

Entwicklung der Rentensituation

Genaue Zahlen kenne ich nicht, aber ich brauche nicht mehr als meinen gesunden Menschenverstand, um zu wissen, dass immer weniger Junge im Generationenvertrag nicht für immer mehr Alte aufkommen können. Die Besteuerung der Renten ist nur ein kleiner Teil, um den Pegel des Rententopfes geringfügig anzuheben. Die Beschäftigungsquote am Arbeitsmarkt ist jeweils ein vorübergehender Einflussfaktor. Die individuelle Rente wird zudem peu à peu entwertet, und zwar über Mittel und Wege der Finanzmärkte – allen voran über eine schleichende Inflation. Wie im Übrigen unser ganzes Kapital. Denn nur so ist der Überschuldung unseres Staates beizukommen. Das aber heißt im Klartext: Immer mehr Alte werden immer weniger Kaufkraft zur Verfügung haben. Und das Gros der Jungen hat selbst als Doppelverdiener oft genug keine ausreichenden Mittel, um bei Kind und Kegel sowie einem modernen Lebensstandard noch zusätzliche Gelder für ihr Alter zurückzulegen. Diese Klagen finden allenthalben kein Gehör. Und die astronomischen Zahlen, die von Marktforschern in den Raum geworfen werden, kann und will ich einfach nicht glauben. So viel zum Thema „Geld im Alter".

Reise- und Konsumverhalten/Kunden und Gäste

Die Konsequenz zum Reise- und Konsumverhalten ergibt sich zwangsläufig aus Punkt 1 und 2. Wer lange und sehr lange arbeitet, hat weniger Freizeit und wird daher auch weniger reisen und konsumieren. Von den dramatisch steigenden Gesundheitskosten will ich gar nicht reden. Logischerweise gäbe es deshalb auch keinen Boom. Da die „Alten" jedoch frei und unabhängig von Kindern (oft aber nicht von kranken Verwandten, ihren immer älter werdenden Eltern) sein werden, können sie möglicherweise ihre Urlaubszeiten leichter planen, vorzugsweise zu Zeiten außerhalb der Ferien von Eltern mit Kindern. Es könnte also im besten Fall so sein, dass das Reiseverhalten eher über das ganze Jahr verteilt wird. Fraglos ein Vorteil für die Ferienhotellerie bzw. den Tourismus schlechthin, die ja heute schon über die wenig entzerrten Schulferien in den Bundesländern klagen. Ja, und die, die nicht länger arbeiten wollen oder können, haben mit Sicherheit nicht mehr Geld als heute – eher weniger. Der Konsum – von was auch immer – wird meiner unmaßgeblichen Meinung nach keineswegs steigen, eher fallen. Die produzierende Wirtschaft und die Dienstleistungsunternehmen – wie beispielsweise die Hotellerie – können froh sein, wenn sie den Konsum der zahlenmäßig erheblich reduzierten „Jungen" mit dem der wachsenden „Alten" kompensieren können. Einen Boom kann ich nicht erkennen.

Bevölkerungsmix als Spiegelbild unserer Gesellschaft in der Hotellerie und Gastronomie

Selbst auf die Gefahr hin, dass ich mich wiederhole: Einen bunten Bevölkerungsmix gab es schon immer, und es wird ihn immer geben. Wahrscheinlich wird er durch die globalen Verknüpfungen in allen politischen und wirtschaftlichen Bereichen noch bunter. Das ist eine Tatsache, die unser Leben vielleicht nicht immer leichter, auf jeden Fall aber interessanter macht. Das Gastgewerbe profitiert von dieser Entwicklung, denn es muss keine Toleranz mehr üben, unsere Branche praktiziert sie schon seit langem. Sie ist lokal, regional, national und international, immer aber schon durchflochten von allen Altersstufen, Geschlechtern und unendlich vielen Kulturen.

Wir machen in unserem Unternehmen der Tagungs- und Geschäftsreisehotellerie keinen Unterschied zwischen Jung und Alt, Männlein und Weiblein oder gar In- und Ausländern. Wir sind in jeder Kategorie reichlich vertreten – sowohl im Mitarbeiter- als auch im Gästekreis. Der berühmte Mix eben, der sich immer genauso ergibt, wie wir es zulassen. Denn er bestimmt den Reiz des Ganzen. Wo also ist das Problem? Ich sehe keines. Jeder wird auf seine Weise integriert, Abgrenzungen werden nicht zugelassen. Denn nichts ist schlimmer, als aufgrund einer Abweichung von der vermeintlichen Norm ausgegrenzt zu werden – ein simples Stichwort: Seniorenteller. Der blanke Horror für jeden nicht mehr ganz jungen Menschen, der gerne seinen Restaurantbesuch genießen möchte.

Zurück zu den „Alten". Sie hassen nichts mehr, als zum alten Eisen gezählt zu werden. Sie wollen keine Sonderbehandlung, sondern ihr ganz normales Leben weiterleben, ohne Wenn und Aber. Kategorisierung, oktroyierte Verhaltensmuster oder gar Vorgaben zum Konsum- oder Gästeverhalten – das kann es ja wohl nicht sein. Zumal die sogenannten „Alten" ja heute keineswegs so alt sind wie noch vor ein paar Jahrzehnten. Normalität also ist angesagt – Ausnahmen bestimmen lediglich ab und an diese Regel.

Natürlich kann ich nicht für die Ferien- oder Familienhotellerie sprechen, dort mögen andere Gesetze gelten. Für uns in der Tagungshotellerie ist das alles überhaupt kein Thema. Denn wer zu uns kommt – von den wenigen privaten Hotelgästen einmal abgesehen – ist in der Regel berufstätig und steht in Saft und Kraft. Ob sie am Anfang, mittendrin oder am Ende ihrer Karriere stehen, schlägt sich weder in ihrem eigenen noch in unserem Verhalten nieder. Für uns ist es unbedeutend, ob unsere Gäste sich jung oder alt fühlen, das mag in ihrer Persönlichkeit liegen. Wir als Dienstleister mit einem modernen Produkt haben nur ein einziges Anliegen: Ihr Wohlbefinden. Ihnen mit unseren Leistungen ein unvergessliches Erlebnis zu bescheren, von dem sie auch in ihrem Arbeitsalltag noch zehren können. Unsere Herzlichkeit wird nicht dosiert oder differenziert nach Alter. Sie ist für alle da und für alle gleich liebenswert. Wir schätzen und mögen unsere Gäste. Und das spüren sie – zu jeder Zeit ihres Aufenthalts in unserem Hotel.

Abbildung 10.4: Fotocollage vom Nürnberger Tagungshotel Schindlerhof

Kundenbeziehung als Steuerungsinstrument

Unabhängig also von dem Alter eines Gastes folgen wir einem einfachen Prinzip in unserer Kundenbeziehung:

Produktqualität + Mitarbeiterorientierung x Kundenzufriedenheit = Erfolg.

Das ist die Formel, die in unserem Nürnberger Tagungshotel konsequent umgesetzt wird. Dem Zufall geben wir in unserem Beziehungsgeflecht mit dem Gast keine Chance. Denn: Ohne Mitarbeitermotivation keine Kundenorientierung, ohne Qualitätssystem keine Kundenbindung und ohne stetig verbesserte Prozesse keine Zunahme der Kundenzufriedenheit. Das heißt, wir tun alles dafür, dass unsere Gäste bei jedem ihrer Besuche zufrieden, oft sogar begeistert unser Haus verlassen und immer wiederkehren – damit für Reklamationspotenzial so wenig Raum wie möglich bleibt. Schließlich sind zufriedene Kunden und Gäste die beste Mund-zu-Ohr-Propaganda und damit als Werbeträger unbezahlbar gut für jedes Unternehmen.

Unser Stammgastanteil liegt bei 80 Prozent – eine hohe Zahl, die nur mit einem ganz stringenten Kundenbindungssystem zu halten und auszubauen ist. Dabei setzen wir in allererster Linie auf die natürliche Herzlichkeit unserer Mitarbeiter, auf die wir bereits bei ihrer Auswahl den allergrößten Wert legen. Denn unser Credo lautet: „Begeisterung ist übertragbar". Im Klartext heißt das, dass sich die Identifikation unserer Mitarbeiter mit unserem Produkt und ihrer Aufgabe als Begeisterung auf unsere Gäste überträgt. Diese Philosophie zieht sich wie ein roter Faden durch unser Tagesgeschehen und trägt in hohem Maße zu der Zufriedenheit unserer Gäste bei. Dennoch gibt es natürlich immer wieder Anlass zur Unzufriedenheit, die mit liebenswertem Entgegenkommen zwar häufig, aber nicht immer aufgefangen werden kann. Ein durchstrukturiertes Beschwerde- und Innovationsmanagement organisiert und bestimmt daher das Verhalten im Schindlerhof, um vorübergehend verärgerte Gäste in wieder zufriedene zu verwandeln. Darüber hinaus sind mehrere Prozesse auf der Basis kontinuierlicher schriftlicher und mündlicher Kommunikation implementiert.

Begeisterung ist übertragbar – gelebte Herzlichkeit

Das stärkste Kontrollinstrument bei der Erfassung von Kundenwünschen ist unser ausgefeiltes Lob- und Beurteilungssystem. Über eine sehr breite Streuung im Gastkontakt erfolgt die tägliche Bearbeitung der rückläufigen Karten. Sie ist Bestandteil der Hauptaufgaben der Unternehmensführung. Gleichzeitig nutzen viele der Gäste im Schindlerhof die Beurteilungskärtchen auch für Anregungen und Verbesserungsvorschläge und geben somit zahlreichen Innovationen Raum.

Kundenzufriedenheits- und Stammkundengespräche dienen der Ergänzung dieses Systems. Dabei gilt es, in den persönlichen Kontakt mit dem Gast zu treten, entsprechenden Input von den Gästen zu erhalten und die Wertigkeit der strategischen Erfolgspositionen zu hinterfragen. Ziel ist es immer, die Kommunikation mit dem Stamm- und Gelegenheitsgast zu pflegen und zu fördern, um den Zufriedenheitsgrad der Gäste zu erhalten bzw. kontinuierlich zu steigern.

Ein weiteres wichtiges Kriterium, das die Beziehung zu unseren Gäste auf eindrucksvolle Weise demonstriert, ist unsere hohe Auslastung in allen Bereichen – im Hotel, dem Tagungsbereich und in den Restaurants – insbesondere auch in schwierigeren Zeiten, wie es sie 2009 im Rahmen der weltweiten Finanzkrise gab. Denn dann kommt uns unsere langfristig ausgelegte Stammgastbindung zugute.

Und nicht zuletzt sehen wir natürlich die Zufriedenheit unserer Gäste auch in den zahlreichen Auszeichnungen begründet, die wir als Unternehmer bzw. der Schindlerhof in den vergangenen Jahrzehnten nach Hause getragen haben. Um aber einen Zusammenhang zwischen den Auszeichnungen und der Zufriedenheit unserer Gäste herzustellen, sei darauf hingewiesen, dass unser Unternehmensmodell vor allem deshalb eine starke Vorbildfunktion erfüllt, weil wir konsequent alle Vorgaben unserer Kernprozesse erfüllen, insbesondere auch das betriebswirtschaftliche Konzept des Schindlerhofs sehr ausgefeilt ist und deutlich bessere Zahlen als ein großer Teil der Branche ausweist.

Der Autor

Klaus Kobjoll ist einer der erfolgreichsten Privathoteliers Deutschlands, bekannter Referent und Buchautor. Er ist Inhaber und Geschäftsführender Gesellschafter der Schindlerhof Klaus Kobjoll GmbH sowie der Glow & Tingle Unternehmensberatung GmbH, beide mit Sitz in Nürnberg. Er hat mit seinem Hotel in den letzten 20 Jahren immer wieder zahlreiche Preise und Auszeichnungen nach Hause getragen: unter anderen „Hotelier des Jahres" der Verlagsgruppe Deutscher Fachverlag (1990), Ludwig Erhard Preis der Deutschen Gesellschaft für Qualität (1998). Ebenfalls 1998 wurde Kobjoll für sein Hotel als erstes und bisher einziges Privathotel der European Quality Award verliehen. Und 2009 erhielt er als kleinstes Unternehmen, mit Glow & Tingle, den Ludwig-Erhard-Preis und wurde im gleichen Jahr von der German Speakers' Association in die Hall of Fame der besten deutschen Referenten aufgenommen. Kobjoll ist nicht nur ein Vollblutreferent, sondern zugleich auch ein Vollblutunternehmer, der mit seinem eigenen Hotel vorbildlich aufzeigt, was Unternehmertum bewirken kann.

www.schindlerhof.de

11 Mode und Lifestyle

Obwohl unsere Sozialstruktur dauernd älter wird und dies seit Jahrzehnten bekannt ist, wird das Thema Mode für Best Ager von zahlreichen Modeschaffenden und Produzenten noch immer stiefmütterlich behandelt. Nur wenige Firmen entwerfen spezielle Mode für ältere Menschen, die deren besonderen Ansprüchen genügt – weg von der „Generation beige, schwarz, grau", die im Modemarkt einkauft. Vorbei sind die Zeiten von gedeckten Farben, von einfarbigen Röcken, Strickjacken, Kittelschürzen, Cordhosen, austauschbarem Mode-Allerlei. Auch Menschen über 50, 60, 70 sehnen sich nach modischer, bequemer, kombinierbarer Mode, die mehr als nur einen Sommer hält. Die Details spielen auch hier eine große Rolle: das Problem mit den winzigen und schlecht gängigen Reißverschlüssen, Schuhe die man nicht mehr so gut binden kann oder die zwar bequem, aber nicht ansprechend im Design sind – oder umgekehrt.

Mode für die Generation 50plus muss anderen Ansprüchen genügen als Mode für jüngere Leute. So gehen manche ältere Menschen leicht gebückt – und eine normal geschnittene Jacke oder ein normal geschnittenes Hemd ist dadurch hinten oft zu kurz, was nicht nur schlecht aussieht, sondern auch ein Nierenleiden nach sich ziehen kann. In den USA gibt es bereits ganz besondere Mode für die Generation 50plus – ein riesiger Markt, den man in Europa noch nicht erkannt hat. Außer mit einer Übergrößen-Strategie à la *Hirmer* oder *Emilia Lay* weiß man noch nicht so recht damit umzugehen und hofft, dass diese Zielgruppe eben auch dort einkaufen geht, wo es die Jüngeren tun. Nur einige Mode- und Versandhäuser bieten eine eigene Modelinie mit passender Kleidung für Best Ager an – und dann meistens schon sehr seniorenlastig, was wiederum dem nicht gewollten Seniorenteller sehr nahe kommt.

Man weiß, dass Best-Ager-Frauen beispielsweise für Modethemen, Modenschauen extrem affin und insgesamt experimentierfreudiger sind, als allgemein angenommen wird. Und Best-Ager-Männer lieben Mode, schöne Schuhe und schickes Outfit – nicht nur fürs Business, sondern generell.

Das Boom-Potenzial der Branche auf einen Blick

Mode & Lifestyle ⬆	■ Mode (Dessous, Schmuck, Sport- und Fitness, Schuhe …)
	■ Wohnen und Einrichtung Indoor/Outdoor (Schlafzimmer als Entschleunigungs-Oase, Bäder als Wellness-Traumwelt, Küchen als Kommunikationszentrum …)
	■ Büromöbel für gesundes, komfortables Sitzen und Stehen – auch für Bandscheiben geschädigte Menschen 50plus
	■ Lifestyle-Produkte rund ums gute Aussehen (Outfit)

Woran denken wir, wenn wir das Wort Mode hören? Meist wohl an extrem dünne, blutjunge Mannequins, an mafiöse Produktionsstrukturen in China und Kampanien, an extrovertierte Designer in Mailand, New York, Paris. Nicht so bei *Ann Dörr*. Die erfahrene Modeschöpferin entwirft Kleider für die Generation 50plus, produziert wird in Deutschland, ihre Modemetropole ist München:

Best Practice: „Mode mit Weitblick" für die Generation 40plus und 50plus

Die Firma *Kandis & KandisMann* aus München wurde von der Designerin *Ann Dörr* gegründet, die exklusive Mode mit unverwechselbarem Charakter speziell für die Generation 50plus erfolgreich entwirft und verkauft. Ann Dörr war über 40, als sie sich als Modedesignerin selbstständig machte. 1989 eröffnete sie ihren ersten Laden in München. Seitdem entwirft die heute 66-Jährige Mode für die Generation 50plus. Sie ist sich immer treu geblieben.

Ihr Slogan:

- „Wenn Stil einen Namen hat – außergewöhnlich, anspruchsvoll, aufgeschlossen.
- Kandis ist nicht nur Mode, es ist ein Komplettprogramm für Individualisten, die typgerechtes Image lieben.
- Es ist Mode mit sportlicher Noblesse, dezent, lässig, edel, reduziert auf Ästhetik und pure Form – eben ganz einfach."

Die Kandis-Philosophie:

- „Unverwechselbarkeit im modischen Wandel durch einen individuellen puristischen Stil und auf der Grundlage jahrelanger Erfahrungen der erfolgreich etablierten Designerin *Ann Dörr*.
- Ästhetische Auswahl von Farben, Strukturen und hochwertig verarbeiteten Materialien kombiniert mit einfacher reduzierter Schnittführung.
- Nachhaltigkeit des Designs, lockere, tragbare Eleganz.
- Wertbeständigkeit zum Anschauen und Fühlen.
- Stilvoller Komfort, den die Kunden lieben und dem sie die Treue halten."

(www.kandis-kandismann.de)

Fakten:

- Best Ager wollen gut aussehen, attraktiv sein, legen großen Wert auf Stil und Eleganz, aber auch auf Komfort, Design, Gesundheit, schönes Wohnen, Wohlfühlcharakter, auf zeitgemäße Mode und Lifestyle-Produkte – privat und im Geschäftsleben (Büro, Businessmode, Business-Accessoires …).
- Best Ager haben eine weit höhere Kaufkraft als jüngere Zielgruppen, sind Meinungsbeeinflusser und Entscheider für vier Generationen: sich selbst, ihre Kinder, Enkel und Eltern.

■ Modeanbieter werden sich mehr auf die Best Ager konzentrieren müssen – weg von der ganz jungen Mode, weg von der Seniorenmode, hin zu einer „Mode mit Weitblick und mit Stil".

■ Von Kauflust 50plus profitieren Möbelhersteller und -vertrieb besonders:

- 13 Milliarden Euro pro Jahr (40 Prozent ihres Einkommens) geben Menschen 50plus in Deutschland fürs Wohnen aus.
- 11 Millionen Best Ager sind bereit, viel Geld für Badezimmer und Wohnung auszugeben.
- 2,4 Millionen Best Ager planen Kauf von Badezimmermöbeln/-zubehör.
- Designermarken ignorieren häufig die Sonderwünsche von Kunden 50plus.
- Billig-Möbelanbieter können 50plus Kunden nicht qualitativ und im Detail befriedigen.

Prognosen:

■ Key-Trend: sportlich-elegante Best-Ager-Mode für jeden Anlass – ästhetisch, nachhaltig, wertbeständig, lässig, außergewöhnlich, optional trag- und kombinierbar, viel unverwechselbare Mode zum akzeptablen Preis

■ Trend zu Möbeln in funktionalem Universal-Top-Design: Küchen mit entsprechenden Arbeitshöhen, verständlicher Technik, leicht bedienbaren Armaturen und Knöpfen, attraktivem Aussehen etc. werden zukünftig noch mehr als bislang nachgefragt

■ Trend zu Möbeln als Lifestyle-Produkt – als Ausdruck der Persönlichkeit und als Unikat

■ Trend zu Möbeln als Wellness-Produkt mit gesundheitlichem Zusatznutzen

■ Trend zu Möbeln mit modularen Mehrfachfunktionen

■ Trend zu speziell angefertigten Möbeln „only-made-for-me"

Von der Wohlstandsgesellschaft zur Wohlfühlgesellschaft

Der Rückzug in die eigenen vier Wände und deren Ausgestaltung zur kommunikativen Wohlfühloase gilt als einer der Zukunftstrends – dem sogenannten „Homing" als Lebensart, bei der das eigene Zuhause zum sozialen Lebensmittelpunkt wird. Nicht nur Menschen im besten Alter sehnen sich immer mehr nach Gemütlichkeit und Geborgenheit. Das eigene Zuhause wird immer mehr zum Lebensmittelpunkt. Lifestyle- und Wohnzeitschriften sind bei Best Agern extrem beliebt. Laut „Communication Network 10.0" bezieht jeder dritte Best Ager (31,7 Prozent) durch Beiträge oder Werbung in diesen Zeitschriften oder in Tageszeitungen seine Informationen zum Thema Einrichten und letztlich auch für seine Produktentscheidung.

Insbesondere für die Wohneinrichtung, für Wohn-Accessoires, Tischkultur etc. gibt die Generation sehr gerne Geld aus – man legt dabei überdurchschnittlich großen Wert auf hohe Qualität, Komfort, zeitloses Design. Man vergleicht die Angebote sorgfältig und tendiert immer mehr weg von kurzlebigen Billigprodukten hin zur bezahlbaren Premiumqualität. Denn Best Ager wollen ihr Leben genießen, sich Hochwertiges gönnen und Lebensfreude in der Wohnung (innen und außen, auf der Terrasse, im Garten) genießen, mit ihren Freunden und der größer werdenden Familie teilen und dabei auch noch auf der Höhe der Zeit sein.

Die Küche wird zum Kommunikationszentrum, das Badezimmer wird zum Lifestyle-Ort und zur Kultstätte für Entspannung, wo jeder Tag beginnt und endet. Das Bad dient zur Selbstverwöhnung und Pflege der persönlichen Eitelkeiten, zum Ausdruck neuer Genusskultur, zur Findung der inneren Balance. Es wird mehr und mehr ein Erlebnisraum für alle Sinne mit einem „Mini-Spa-Charakter" wie in einem gehobenen Wellness-Hotel. Das Bad wird zum Inbegriff von Wohlbefinden und Intimsphäre. Komfort und neues Design sind bei Best Agern gefragter denn je. Die Variabilität in der Ausstattung, hoher Sicherheitsstandard, unbedenkliche Materialien, ökologische Aspekte und die Nachhaltigkeit erneuerbarer Energien gewinnen an Bedeutung. Alterstauglichkeit und Barrierefreiheit ist zwar kein Muss – aber man denkt idealerweise schon in diesem Lebensabschnitt latent daran. Ageless Design ist auch hier angesagt – man will keine Seniorenwohnung, kein behindertengerechtes Bad, kein Seniorenmobiliar – es sei denn, man ist krank oder behindert.

Laut einer Studie der *Bauer-Media KG* „bevorzugt nahezu jeder vierte Best Ager einen modern-bürgerlichen Stil, überdurchschnittlich beliebt sind in dieser Altersklasse auch der elegant-repräsentative und der Landhaus-Stil. Der avantgardistische Wohnstil und die moderne Wohnlandschaft können deutliche Zuwächse erzielen".

Möbel werden immer häufiger im Internet gekauft

„Das Internet wird auch beim Möbeleinkauf immer beliebter. Laut einer aktuellen Umfrage der *Aris Marktforschung* in Hamburg kaufen etwa acht Millionen Deutsche ihre Möbel und Einrichtungsgegenstände online. Die Einkaufstour im Netz beschränkt sich dabei nicht allein auf junge Erwachsene. Am häufigsten greifen die 30- bis 49-Jährigen zu. Jeder Fünfte in dieser Altersgruppe hat bereits online Möbel bestellt. Bei den über 50-Jährigen war es jeder Siebte – ca. 14 Prozent ..." (*Süddeutsche Zeitung, 7.5.2011*)

Ein weiterer und häufig unterschätzter, bislang vernachlässigter Boom-Markt 50plus liegt bei sogenannten **„Accessoire-Produkten" rund ums Verschenken und Sich-selbst-Schenken**. Insbesondere die Zielgruppe Männer 50plus wird hier meines Erachtens sträflich vernachlässigt. Sie sind häufig vergeblich auf der Suche nach kreativen, bezahlbaren und dennoch ausgefallenen Geschenkideen für ihre Partnerin – und finden keine wirklich empfehlenswerten Geschäfte und Produkte.

Vor diesem Hintergrund sollten sich Unternehmen mehr Gedanken machen, was sich die heterogene Generation 50plus wünscht, welche Sehnsüchte sie sich und ihren Liebsten erfüllen möchte, wohin sich der Zeitgeist und Lebensstil dieser Menschen im besten Alter bewegt und in welchem Lebenskontext sich der einzelne Kunde gerade befindet. Hier gilt es ihn abzuholen, Produkte zu entwickeln und diese adäquat zu bewerben. Für Menschen, die das Altwerden gerade neu für sich definieren – und sich auch in ihren Wohn- und Lebenswelten nochmals verändern und wiederfinden wollen.

Gabor – Schuhe für Frauen mitten im Leben

Alexander Escher, Serviceplan München in Kooperation mit Gabor

Die Schuhmarke Gabor ist seit vielen Jahren Marktführer im Segment der Damen-Straßenschuhe. Sie wird seit der Gründung im Jahr 1949 sehr erfolgreich von der Inhaberfamilie Gabor geleitet. Seit Anfang der 90er Jahre begleitete die Agenturgruppe Serviceplan Gabor in allen Fragen der Markenführung und Kommunikation. In diesen fast zwei Jahrzehnten zeigte sich sehr deutlich, wie sich eine Kommunikation für die Zielgruppe Best Ager weiter entwickelt hat, ohne dass die übergreifende Positionierung der Marke verändert wurde.

Grundsätzlich steht Gabor seit jeher für die drei Kernattribute Mode, Qualität und Passform. Mode ist dabei eher im Sinne von „immer gut und passend angezogen" und nicht als kurzlebiges High-Fashion-Angebot zu verstehen. Die anderen beiden Aspekte unterstreichen die Werthaltigkeit der Marke und bieten dem Käufer die Sicherheit, sich nicht nur auf der emotionalen Seite für ein sehr attraktives, sondern auch rational für das richtige Produkt entschieden zu haben – ein sehr wichtiger Faktor in der Kommunikation gegenüber den Best Agern. Wo und wie die drei Punkte gespielt werden, ist in einer Kommunikationshierarchie festgelegt: In der breit streuenden Werbung ist es in erster Linie die Mode, die Qualität wird in der Literatur und am Point of Sale vermittelt, die Passform erlebt man am Point of Sale und am Produkt.

Gabor spricht Frauen in allen Altersgruppen an, wobei die Kernzielgruppe ab 45 Jahren aufwärts liegt. Ziel ist es immer gewesen, sowohl die älteren Stammkäuferinnen zu bedienen als auch neue jüngere Käuferinnen zu gewinnen.

Um dies zu erreichen, wurde in früheren Jahren eine zweigeteilte Marken- und Produktstrategie gefahren: Gabor fashion für das jüngere Segment, Gabor Lady für die reiferen Frauen. Fashion war dem Namen entsprechend eher auf einen modischen Anspruch ausgerichtet, Lady stellte Passform und Bequemlichkeit in den Vordergrund. Dieser Aufteilung folgte auch die Kommunikation, die mit zwei unterschiedlichen Kampagnenausprägungen für die beiden Teilzielgruppen arbeitete. Sie war übergreifend klar als Gabor Kampagne erkennbar, bediente sich aber unterschiedlicher Aussagen und vor allem unterschiedlich alter Protagonistinnen. Vor einigen Jahren bedeutete Best-Ager-Kommunikation für Gabor also noch, dass auch die Abbildung von Best Agern als Identifikationsmerkmal notwendig war. Diese Strategie war viele Jahre sehr erfolgreich.

Mode und Lifestyle

Abbildung 11.1: Im Jahr 2001 kommunizierte Gabor noch mit differenzierten Motiven und Claims für ältere und jüngere Zielgruppen

Quelle: Gabor

Nach der Jahrtausendwende folgte dann zuerst die Kollektion dem Ruf der Kundinnen: Das auf die älteren Zielgruppen und tendenziell in Richtung Bequemlichkeit orientierte Segment Gabor Lady wurde zunehmend modischer und zog mit der Zeit mit dem jüngeren modeorientierten Segment Fashion gleich. Ganz klar ließen sich auch reifere Semester nicht mehr nur auf einen bequemen „Funktionsschuh" reduzieren. Das Selbstbewusstsein und das Selbstverständnis waren zunehmend mehr von Modebewusstsein, Lebensfreude und einer Konsumhaltung geprägt, die jüngeren Zielgruppen in nichts nachstand.

In der Konsequenz wurde die Markenführung umgestellt und aus der Zielgruppensegmentierung Gabor Lady/Gabor Fashion wurde eine Segmentierung nach Produkteigenschaften Gabor Comfort/Gabor Fashion. Hiermit wurden nun parallel zwei Schwerpunkte bedient, die altersübergreifend relevant sind: Mode und Passform.

In der Konsequenz hieß dies dann auch: nicht mehr zwei Teil-Kampagnen, sondern eine übergreifende Markenkampagne. Diese hat immer noch die 50plus-Generation als die Kernkäufer im Visier, braucht aber keine „reifen" Modells als Identifikation stiftendes Stilmittel. Aber sie ist inhaltlich auf die Best Ager ausgerichtet und setzt andere Schwerpunkte als Modekampagnen für 20- bis 30-Jährige.

Gabor arbeitet nicht mit typischen Fashion-Models, sondern zeigt Frauen, die mitten im Leben stehen ...

... die selbstbewusst und offen, aber nicht arrogant und unnahbar sind. Sie bewegen sich in natürlichen Umfeldern und zeigen eine erstrebenswerte, aber erreichbare Lebenswelt.

In diesen Lebenswelten ist Mode nicht abgrenzender Faktor, sondern sozialisierendes Element – „ich bin genau richtig angezogen und fühle mich wohl im Kreis meiner Freunde und Familie". In diesem Sinne werden mit den Motiven gezielt Trageanlässe adressiert, die den Kundinnen Inspiration und Sicherheit geben, welcher Schuh zu welcher Gelegenheit passt.

Die Bildsprache ist kein Posing, sondern eher eine Momentaufnahme. Trotzdem steht durch die Perspektive und die Reduzierung der Bildinhalte das Produkt klar im Fokus. Es ist eine modisch orientierte markentypische Welt, die Image vermittelt, aber auch klar sagt, was die Betrachterin bekommt.

Aber es ist nicht nur die Grundkonzeption, die auf die 50plus Generation abzielt. Im Sinne der Informationsvermittlung begnügt sich Gabor nicht mit einseitigen Anzeigenmotiven, sondern schaltet Beihefter in verschiedenen Zeitschriften. Damit kann nicht nur die Marke, sondern auch ein relevanter Ausschnitt aus der Kollektion gezeigt werden. In ausgewählten Medien kommt zusätzlich mit der Gabor News eine Broschüre mit Magazincharakter zum Einsatz, die Schuhtrends und die dazu passenden Trageanlässe vertieft, aber auch auf die Ausstattung der Gabor Schuhe eingeht.

Selbstverständlich wird die Kampagne am PoS – in den eigenen Gabor Shops und in Schuhgeschäften – umfangreich weiter geführt und dort durch spezielle Hinweise ergänzt, die einzelne Qualitäts- und Passformmerkmale herausstellen und den Kundinnen zusätzliche Orientierung geben.

Mode und Lifestyle

Abbildung 11.2: 2010 arbeitet die Kommunikation mit einer Bilderwelt für alle Zielgruppen stellt moderne Lebenswelten in den Fokus

Quelle: Gabor

Der Autor

Alexander Escher studierte von 1985 bis 1991 Betriebswirtschaft in München und war parallel als freiberuflicher Fotojournalist tätig. 1992 stieg er als Berater bei Serviceplan ein. Von 1997 bis 1999 leitete er die Öffentlichkeitsarbeit aller großen europäischen Drachen- und Gleitschirmhersteller und wurde gleichzeitig Chefredakteur des auflagenstärksten Magazins in diesem Bereich. 1999 wurde Alexander Escher von Serviceplan zurückgeholt, wo er ein gutes Jahr später die Geschäftsführung einer der Werbeagenturen übernahm.

Die Serviceplan Gruppe ist die größte inhabergeführte Agentur Deutschlands. An den Standorten München, Hamburg und Berlin arbeiten ca. 1.000 Mitarbeiter für renommierte Kunden wie Gabor, HiPP, Miele, Rolf Benz, AOK, Sony Ericsson, die Molkerei Alois Müller oder BMW.

www.gabor.de

www.serviceplan.com

Best-Ager-Positionierung des Mode- und Lifestyle-Unternehmens März

Tatjana Madzarevic, März München

Die Marke und die Unternehmensgeschichte von März

Die Marke März ist historisch gewachsen und findet ihren Ursprung vor 90 Jahren bei dem Gründerehepaar Wolfgang und Thea März. Die einst sehr bekannte Münchener Strickmarke stand in den frühen 60er Jahren für Qualität, Prestige, Sportlichkeit, Freiheit und Mode. Das Unternehmen war als Strickspezialist etabliert und genoss ein hohes Ansehen in der Textilbranche (überwiegend im Herrenbereich). Heute dagegen kennen die Marke meist nur die Kunden aus dieser Zeit. In den frühen 90er Jahren hat sich das Unternehmen auf die Kernkompetenz „Klassischer Pullover" fokussiert und die Marke produktionsgesteuert geführt. Die Firma März setzte damals den Schwerpunkt auf die Kommunikation von rationalen Faktoren. Im Fokus des stark traditionell geprägten Unternehmens standen dabei Eigenschaften wie konservativ, sorgsam, zuverlässig, gründlich, deutsch (Herkunft München). Der einzige Mehrwert der Marke März lag dabei im Qualitätsversprechen.

Die Marke beschränkte sich auf die reinen Produktvorteile und emotionale Markenwerte wurden gänzlich vernachlässigt. Diese sachorientierte Positionierung entsprach weder der gesättigten Marktsituation noch den ausgereiften Wettbewerbsprodukten der Textilbranche. Zusätzlich hat März durch den geringen Modegrad sowohl im Handel als auch bei den Endverbrauchern den Status einer „Modemarke" verloren und wurde als „altmodisch und spießig" wahrgenommen. Fehlende Marktorientierung und die schlechte Branchensituation führten zu kontinuierlichen Umsatzrückgängen. Im Rahmen der Insolvenz wurden diverse Restrukturierungsmaßnahmen erfolgreich durchgeführt und Investitionen in die Marktforschung, als Basis für die Entwicklung der Produkt- und Kommunikationsstrategie, getätigt.

Zielgruppen und Markenpositionierung

In den 70er Jahren entwickelte man ein Zielgruppensystem in enger Zusammenarbeit mit Modeexperten. Die modischen Einstellungen wurden dabei mit dem Qualitätsanspruch in drei Ausprägungen kombiniert.

Die Definition der März Zielgruppen erfolgt nach dem Zielgruppenwürfel:

Kernzielgruppe März:	Moderne Klassiker/Moderne Klassikerin
	Männer und Frauen im Alter 50plus
Modegrad:	modern-klassisch
Anspruchsniveau:	höheres Genre, qualitätsorientiert
Einkommensrahmen:	überdurchschnittliches HHNE
Haushaltsgröße:	überwiegend Zwei-Personen-Haushalt

Familienstand:	verheiratet/zusammenlebend
Erwerbstätigkeit:	voll berufstätig, klein/mittel Selbstständige, qualifizierte bis leitende Angestellte, höhere Beamte
Bildung:	mittlere bis höhere Bildung, Hochschulabschluss
Qualität und Preis:	sind beim Kauf von Kleidung gleich wichtig

Eine Zielgruppendefinition wurde bei März nicht (nur) nach soziodemografischen Merkmalen, sondern schwerpunktmäßig nach psychologischen Merkmalen vorgenommen. Das heißt, nicht das Alter oder die Höhe des monatlichen Nettoeinkommens ist entscheidend, sondern vielmehr die Bedürfnisse der Zielgruppen und darauf basierend die Werte, welche die Marke vermitteln möchte.

Psychologische Beschreibung der Kernzielgruppe von März (Consumer Insights)

Männer und Frauen, die mit beiden Beinen im Leben stehen. Geordnetes Familienleben ist ihnen wichtig, sie sind stolz auf sich und das was sie geschaffen haben. Sie legen Wert darauf, qualitativ gut angezogen zu sein und bevorzugen einen klassisch-modernen Kleidungsstil. Sie achten auf die richtige Garderobe zu jedem Anlass, aber nicht als Etikett. Convenience-Aspekte wie Tragekomfort und Bequemlichkeit sind bei Bekleidung wichtig. Auch in der Freizeit möchten sie die Sicherheit haben, gut angezogen zu sein. Sie haben ein kritisches Verbraucherbewusstsein und wählen nur Marken aus, die zu ihrem Typ passen. Sie nehmen aktiv am Leben teil, sind kulturell interessiert, gehen wandern und radeln, spielen Tennis oder Golf, im Winter gehen sie gerne zum Skifahren. In ihrer Freizeit leben sie gerne bewusst, sind Genießer, reisen sehr gerne und sind gesellig.

Das sind die 68er heute! Konservative Leitbilder lehnen sie nach wie vor ab und haben ein permanentes Abgrenzungsbedürfnis, „anders" sein zu wollen und nie wie die Eltern. Diese Menschen hatten die Vorreiterrolle darin, Freiheit zu fordern und möglichst auch zu leben. Heute sind sie Vorreiter für neue Altersbilder. Sie tragen Marken wie Ed Hardy und G-Star, lässige Jeans, Shirts und Lederjacken gehören zum Freizeitoutfit dieser Zielgruppe.

Zielgruppenuntersuchungen haben ergeben, dass die Marke März zwar bekannt, aber nicht ausreichend im Relevant Set der Zielgruppe verankert ist. Das Potenzial der Marke war zu 90 Prozent nicht ausgeschöpft. Das vorhandene Profil war nicht genügend emotionalisiert, das heißt diejenigen, die März kennen, wissen auch um die hohe Qualität. Aber sie haben ein stark rationales Bild und „fühlen" damit ein gering ausgeprägtes emotionales Bild (Wert) der Marke und damit eine geringe Begehrlichkeit. Für März bedeutet dies, dass zwar die Kernzielgruppe nach soziodemografischen Merkmalen definiert wurde, die Image-Optimierung sich jedoch stärker an dem Werteverhalten orientieren muss. Damit wird die Marke auch für andere Altersgruppen mit gleichen Strukturen interessant (Öffnung der Zielgruppensegmente an den Rändern). Dabei wurde erkannt, dass die emotionalen Werte der Marke zu stärken sind, um eine größere Kundenbindung zu erreichen.

Die *neue* März Positionierung

„März ist eine begehrenswerte Modemarke für Männer und Frauen, die das Gefühl haben wollen, immer in der perfekten Kombination aus bester Qualität und klassisch-modernem Design gekleidet zu sein, genau wie es ihrem authentischen Lebensstil entspricht."

- **Tonalität (Wie bin ich?):** Hier muss folgende Frage beantwortet werden: In welcher Art und Weise soll März die Zielgruppe ansprechen und welchen Eindruck soll diese von der Marke haben? Der Gestaltung einer Botschaft kommt ebenso große Bedeutung für die Kommunikationswirkung zu wie dem Inhalt. Bei der Tonalität werden der Marke März folgende Persönlichkeitsmerkmale zugeschrieben: authentisch, ehrlich, modern, witzig, leidenschaftlich, lebensfroh, sympathisch, positiv und mutig.

- **Ziele für die Kommunikation:** Kommunikativ hat sich März in den letzten Jahren konsequent verjüngt. Jetzt ist die Zeit reif, eine ganz eigene Inszenierung für März zu definieren. Eine Welt, die der Marke mehr Emotionalität und Einzigartigkeit verleiht. Doch wie sieht diese Welt aus? Eine Marke lebt von ihrem emotionalen Mehrwert, denn Emotion ist der wichtigste Markentreiber. Für starke Marken gilt „Loyality beyond Reason". Das Produkt ist natürlich auch wichtig, aber zweitrangig. Die Marke März ist gut für die Vernunft, denn die setzt Kosten in Relation zum Nutzen und dabei kommt März mit seiner unschlagbaren Qualität gut weg. Das Produkt März dagegen ist gut für Vernunft und Gefühl. Marken sind träge Systeme, da braucht es kommunikative Hartnäckigkeit und Konsequenz. Das Ziel für die Kommunikation heißt daher: Marke machen!

- **März muss weiter an der Verjüngung und Emotionalisierung der Marke arbeiten:** Dabei muss sich die Marke selbst treu bleiben, darf ihre gewachsenen Werte nur zur Disposition stellen: „Alte Qualität – Neue Mode"! März muss natürlich auch in Zukunft die Qualitätsführerschaft betonen, wohl wissend, dass Qualität ein konservativer Wert ist. Aber diese Qualität muss emotional aufgeladen werden. Gleichzeitig muss die Marke mehr Mode-Mut beweisen, denn nur modische Faszination und Inspiration können die März Premium-Preise rechtfertigen. Für die Kommunikation ist das Thema Inspiration wesentlich schwieriger als für die Kollektion. Denn die Kommunikation ist Gralshüter der Markeninspiration. In diesem Fall allerdings eher Quartiermacher für eine neue Markeninspiration. Trotzdem gilt auch hier: Mut tut gut! Tradition macht alt, erlebte Tradition macht jedoch groß.

- **Die neue März Imagekampagne „Traditionell unkonventionell":** Die neue Imagekampagne spannt mit einer Portion Ironie den Bogen über Generationen und stellt gewohnte Stilregeln auf den Kopf. Es findet sozusagen ein Rollenspiel zwischen der jungen und älteren Generation statt, welches mit Augenzwinkern in Szene gesetzt wurde. Die einzelnen Motive sprechen eine witzige und gleichzeitig für März ganz neue provokante Sprache. Die Kampagne spricht besonders die Generation an, die im Herzen jung geblieben ist und aktiv zusammen mit der jungen Generation am Leben teilnimmt. Demzufolge handelt es sich inhaltlich nicht um eine einmalige Story, sondern um eine kontinuierliche Geschichte, die in jeder Saison neu interpretiert wird und unterschiedlichste Facetten des Lebens beleuchtet. März beweist mit dieser Kampagne, auch als traditionelle Marke am Puls der Zeit zu sein. Im Zuge der neuen Kampagne wurde auch der Markenclaim überarbeitet und der neuen Ausrichtung angepasst. März verwendet nun den neuen Claim „Traditionell Unkonventionell" in der gesamten Kommunikation.

Abbildung 11.3: Beispiele aus der neuen Imagekampagne von März

Quelle: März Gmbh & Co. KG

Diese neue Positionierung wurde in allen Bereichen des Marketing-Mix im Sinne einer integrierten, wahrnehmbaren und eigenständigen Kommunikation zum Aufbau des Markenimages umgesetzt.

März Strategien im Hinblick auf mögliche Zielgruppen 50plus

- Permanenter Austausch mit der Zielgruppe. Alle Unternehmensaktivitäten (Marketing- und Kollektionskonzepte) sind auf die Zielgruppen ausgerichtet.
- Zielgerichtete Bedarfsdeckung und Lustgenerierung in der Zielgruppe.
- Wir verkaufen nicht nur einen Pullover, sondern vermitteln ein Lebensgefühl.
- März ist eine begehrenswerte Lifestylemarke.

Wie bereitet sich März auf den Generationswechsel vor?

Best Ager suchen nach Sicherheit und einer soliden Basis, die März ihnen bieten kann. Die Stilgruppe „Moderne Klassiker" wird auch die heute 30- bis 40-Jährigen auffangen – denn nicht das Alter ist entscheidend, sondern das *psychologische Werteverhalten*. Der Trend zu klassischen, grundsoliden Werten steigt bereits heute stetig. Die Marke März bietet den neuen „Jungen Alten" verstärkt einen *emotional erlebbaren Mehrwert*, der auf die Werte dieser Zielgruppe aufbaut. Das ist „Traditionell Unkonventionell".

(Quelle, Abbildungen und Fotos: März München GmbH & Co. KG, München)

Die Autorin

Tatjana Madzarevic, Jahrgang 1980, ist gelernte Industriekauffrau mit Studium der Betriebswirtschaftslehre an der Fachhochschule für Ökonomie & Management in München. Bei dem traditionsreichen Modenunternehmen März München GmbH & Co. KG konnte sie theoretische Kenntnisse fachspezifisch anwenden und sich auf den Marketingbereich spezialisieren. Die Diplomarbeit fertigte sie im Bereich Marketing an, unter dem Titel „Darlegung einer Strategie zur Positionierung der Marke und Optimierung der Imagewerte am Beispiel der Modemarke März". Im Anschluss an ihr erfolgreiches Studium übernimmt sie bei der Firma März die leitende Funktion im Bereich Marketing. Tatjana Madzarevic hat im Bereich Markenführung, Markensteuerung, Kundenbeziehungsmanagement, Kommunikation und zielgruppengerichtetes Modemarketing theoretische und praktische Erfahrungen gesammelt, die sie stets bei neuen Herausforderungen der Modemarke März unter Beweis stellt.

www.maerz.de

12 Innovative Dienstleistungen

Im letzten Kapitel möchte ich Ihnen vier höchst unterschiedliche Boom-Branchen vorstellen, die drei gemeinsame Schnittmengen haben: Sie sind von innovativen Vordenkerinnen und Vordenkern geschrieben, haben derart viel Zukunftspotenzial und machen Lust auf mehr. Die Handwerker-Branche kann der große Gewinner dieses Jahrhunderts und des demografischen Wandels werden, wenn sie sich auf alte Stärken, auf die wirklichen Bedürfnisse ihrer Kunden, auf ihre Kernkompetenz kreatives *Hand-Werk*, angereichert mit einem Schuss Emotionalisierung und Kundennähe besinnt und Best Ager dort abholt, wo sie sich befinden.

Insbesondere die vorletzte Lebensphase, der Übergang zwischen dem Arbeitsleben und dem sogenannten (Un-)Ruhestand, Pensions- oder Rentenalter kann heutzutage ein extrem langer Lebens- und Leidensabschnitt werden. Der Medizin und der hohen Lebenserwartung sei Dank – oder Fluch, je nachdem, welche Sichtweise man einnimmt. Neben dem lebenslangen Lernen und ehrenamtlichen Engagements in Organisationen (wie schon früher im Rentendasein üblich) scheint der Aspekt „Ausleben und Nachholen verpasster Freiheiten, Gelegenheiten, Entwicklungsmöglichkeiten für Körper, Geist, Ego und Seele" Beachtung zu verdienen.

Da ein heute 50-Jähriger noch rund 15 bis 20 Jahre Berufsleben vor sich haben kann, beleuchten wir im vorletzten Kapitel das hoch brisante und sensible Thema „Personal- und Karriereberatung 50plus". Ich kenne viele Menschen und ehemalige Führungskräfte, die Mitte 50 arbeitslos wurden, schon mit 40 als zu alt abgestempelt und gebrandmarkt sind. Viele davon verlieren den Mut, fühlen sich gekränkt, ausgemustert, werden von der Gesellschaft geächtet und haben oft kaum noch Chancen, den Weg ins Arbeitsleben oder in die Selbstständigkeit zu wagen und den Schritt auch durchzuziehen.

Ich weiß, wovon ich rede: Mit 47 Jahren habe ich mich ohne einen einzigen Kunden von Punkt Null an selbstständig gemacht, nachdem ich in meinem Arbeitsleben viel Erfolg und Anerkennung bekommen und einiges bewegt habe. Doch ich hatte mich selbst verloren – manche nennen es Burnout. Und in solchen kritischen Lebensphasen und persönlichen Krisensituationen ist es wichtig, einen vertrauenswürdigen Menschen, einen Personalcoach zu haben, der einen begleitet, Stärken und Schwächen erkennt und weiß, wo ein Alleinstellungsmerkmal und Leidenschaften liegen. Und deshalb werden meines Erachtens Persönlichkeitsentwicklung, Bewerbungs-Coaching, Karriereberatung, Existenzgründung etc. gerade für Best Ager zentrale Zukunftsthemen, die sich die Wirtschaft zu eigen machen sollte.

Das Boom-Potenzial auf einen Blick

Handwerker-Dienstleistungen rund um Haus und Sicherheit ⇧	■ Handwerker-Dienstleistungen zur Entpflichtung, Lebensverschönerung, Renovierung, Sicherheit, Ökologie und Nachhaltigkeit ... ■ Profiteure → Maler, Elektriker, Innenausstatter, Garten- und Landschaftsbauer, Schreiner, Tischler, Sanitäranbieter rund ums Bad ...
Übergang vom Berufsleben in (Un-)Ruhestand ⇧	■ Moderne Zeitarbeit für Menschen 50plus – als Übergang vom Arbeitsleben in den Un-Ruhestand (modulare Arbeitszeitmodelle) ■ Fortbildung und Seminare ■ Studium zum Beispiel an Universität, Volkshochschulen oder Ähnliches ■ Ehrenamt zum Beispiel in Organisationen, Senior-Experten-Service (SES), Freiwilligen-Agenturen etc. ■ Nachholen von verpassten Freiheiten im jüngeren Alter (zum Beispiel Au-pair 50plus)
Beratung & Coaching ⇧	■ Personalberatung und Headhunting 50plus ■ Therapieangebote (Selbstfindung, Persönlichkeitsentwicklung ...) ■ Sprachkurse ■ Erben-Beratung ■ Fundraising (Erben und Vererben) ■ Solo-UnternehmerInnen und Einzelkämpfer 50plus (Existenzgründer ...) ■ Zukunftsforschung

Fakten:

- Wachsendes Marktsegment der Älteren: Kaufkraft, Treue, Weiterempfehlungspotenzial.
- Da Erwartungen dieser Kundengruppe an Qualität, Zuverlässigkeit und Service sehr hoch sind, können höhere Gewinnmargen und Wiederholungsaufträge erzielt werden.
- Hoher Renovierungsbedarf der Wohnung verbunden mit Beratung.
- **Bedarf an Heimwerker-Arbeiten: Zehn Millionen Menschen 50plus** planen in nächsten zwei Jahren Heimwerkerarbeiten wie tapezieren, streichen, Teppichböden verlegen, Tischlerarbeiten, Gartenarbeiten etc. ... *(TdW, Best Ager Branchenreport 2007)*

Prognosen:

- Normale und innovative Dienstleistungen können zu den großen Gewinnern des demografischen Wandels zählen, sofern sie sich wirklich auf den Kern ihres Auftrags besinnen – die Schaffung von spürbarem Kundennutzen, täglich gelebte Kundennähe, unnachahmlicher Spitzenservice im Detail, echte Kundenbegeisterung in allen Prozessen vor und nach der Auftragsabwicklung.
- Die Motive und Sehnsüchte von Best Agern – wie vorher ausführlich beschrieben – bieten den idealen Nährboden zum Gedeihen und Wachsen eines traumhaften Megamarktes. Voraussetzung: Die Dienstleister müssen frühzeitig die Saat ausbringen, die Pflänzchen (Kunden 50plus) hegen und pflegen, jeden Tag neu gießen – dann werden sie eine gute Ernte einfahren und die Pflänzchen werden sich vermehren – sprich für Weiterempfehlung sorgen. Was kann ihnen Besseres passieren!

„Durch die tiefgreifenden gesellschaftlichen Veränderungen unserer Zeit entsteht eine Vielzahl neuer Marktpotenziale: Der demografische Wandel in Deutschland mit mehr älteren Kunden etwa, ein steigendes Umweltbewusstsein oder die immer größere Bedeutung neuer Informations- und Kommunikationstechnologien sind hier zu nennen. Dies alles geschieht vor dem Hintergrund einer zunehmenden Dienstleistungsorientierung in der Bevölkerung. So stellt sich für die Unternehmen des Handwerksbereiches mehr denn je die Frage, wie dadurch entstehende Marktpotenziale genutzt werden können. In einer Arbeit des *Ludwig-Fröhler-Instituts* werden dafür konkrete Maßnahmen aufgezeigt. Natürlich können aufgrund der heterogenen Leistungsstruktur des Handwerks nicht sämtliche Marktpotenziale für alle Gewerke analysiert werden. Die Befunde dieser Studie besitzen jedoch in vielen Fällen Gültigkeit für eine ganze Reihe von Handwerksbranchen.

Der demografische Wandel betrifft dabei in erster Linie das immerzu wachsende Kundensegment der Senioren. Hiervon sind vor allem Wirtschaftszweige betroffen, die für das Wohlbefinden und die Gesundheit der Kunden – in diesem Falle der Senioren – sorgen können. Dies gilt beispielsweise für Hörgeräteakustiker, Augenoptiker und Orthopädietechniker. Gleichzeitig werden auch die Mitarbeiter im Durchschnitt älter und können die tägliche Arbeit aufgrund etwa körperlicher Belastungen nicht mehr so verrichten wie jüngere. Diese scheinbare innerbetriebliche Schwäche kann hier als Stärke gegenüber älteren Kunden genutzt werden, denn es ist anzunehmen, dass ältere Mitarbeiter am besten geeignet sind, ältere Kunden zu betreuen und diese als Kundensegment zu erschließen. Das steigende Umweltbewusstsein in der Gesellschaft eröffnet einerseits dem Lebensmittelgewerbe eine Reihe neuer Markpotenziale, andererseits aber auch Handwerksbranchen wie den Kraftfahrzeugtechnikern. Die Automobilhersteller sind aktuell damit beschäftigt, immer sparsamere und abgasärmere Autos zu entwickeln. Vor allem Hybridmotoren sind auf dem Vormarsch. Das Konzept ist einfach: Ein Verbrennungsmotor wird bei Bedarf durch einen Elektromotor unterstützt. Beim Bremsen wird die Batterie des Elektromotors dann wieder aufgeladen. Für die Werkstätten ist es nun entsprechend wichtig, sich auf diese Entwicklungen einzustellen und den Mitarbeitern das nötige Wissen zu vermitteln, die der Umgang mit modernen Technologien wie zum Beispiel dem Hybridmotor verlangt. Ins Bewusstsein der Betriebe muss treten, dass nur so langfristig die Wettbewerbsfähigkeit gewährt bleibt."

Diese Studie finden Sie unter: *www.lfi-muenchen.de/publikationen*

(Ludwig-Fröhler-Institut, München 2011)

Kundenbegeisterung im Handwerk leicht gemacht

Werner Deck, malerdeck Karlsruhe

„Bei den älteren Kunden fällt unser Angebot auf den fruchtbarsten Boden. Diese Menschen haben im Verlauf ihres Lebens genügend einschlägige Erfahrungen mit Handwerkern gemacht. Nicht immer die besten. Und weil wir diesem zum Teil negativen Bild überhaupt nicht entsprechen, genießen wir bei dieser Klientel allerhöchste Aufmerksamkeit", so Werner Deck, Inhaber von malerdeck in Eggenstein-Leopoldshafen bei Karlsruhe. Aber noch ein anderer Grund sei wichtig. Bei älteren Menschen gelten noch ganz andere Werte und Verhaltensweisen. Diese Klientel würde niemals einen Handwerker beauftragen, ohne nicht schon vorher das Geld bereit gestellt zu haben. Rechnungen werden innerhalb weniger Tage bezahlt. Außenstände kennt Deck nicht. 92 Prozent der Kunden von Werner Deck sind über 50 Jahre alt. Und über 82 Prozent sind über 60 Jahre alt. Eine sehr beachtliche Quote.

Abbildung 12.1: Kundenstruktur malerdeck

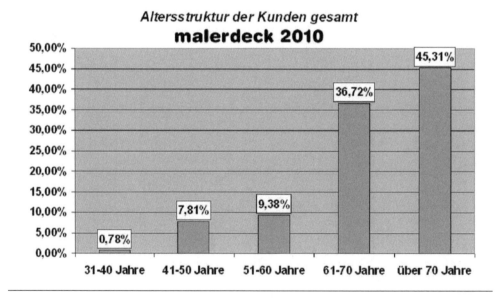

Abbildung 12.2: Werner Deck versteckt Bärchen (Clemens) in den Wohnungen seiner Kunden

Clemens ist ein kleines Bärchen, das die von den Kunden entgegengebrachte Wertschätzung auf sympathische Art und Weise verstärkt. Das kleine Plüschbärchen wird nach beendeter Arbeit von Deck´s Mitarbeitern beim Kunden irgendwo versteckt. Hinter einer Blumenvase, im Badezimmerschrank, hinter der Gardine. So wird Clemens erst gefunden, wenn die Mitarbeiter das Haus bereits verlassen haben. Dadurch erzielt malerdeck noch einmal einen überraschenden Aha-Effekt. Clemens hat einen kleinen Aufkleber auf seinem Rücken, womit er sich für die gute Zusammenarbeit bedankt. Gleichzeitig fordert Clemens zur Weiterempfehlung von malerdeck auf. Das Bärchen kommt bei Decks Kunden außerordentlich gut an und beschert immer zusätzliche Mundpropaganda.

malerdeck bezahlt die Restaurantbesuche seiner Kunden

Die Überlegung von Werner Deck war ein Angebot zu kreieren, das durch seine Ungewöhnlichkeit permanent für Aufmerksamkeit und Mundpropaganda sorgt. So kam er vor mehr als zehn Jahren auf die Idee, seine Kunden täglich zum Mittagessen einzuladen, solange in den Innenräumen renoviert wird. Durch die Essenseinladungen wurde und wird eine gigantische Mundpropaganda entfacht. Außerdem hat malerdeck dadurch eine echte Alleinstellung.

Abbildung 12.3: Post-it-Zettel verstärken die Mundpropaganda

> Hallo Nachbar,
> hier im Haus verschönern wir
> gerade eine Wohnung. Dürfen
> wir für Sie auch etwas tun?
> Rufen Sie uns doch einfach
> mal an!
> Ihr **malerdeck**
> Tel.:(0721) 7 01 91

Arbeitet *malerdeck* in einem Mehrfamilienhaus, ist es die erste Aufgabe der Mitarbeiter, an alle Wohnungseingangstüren einen kleinen Zettel zu kleben. Dieser Zettel ist sehr aufmerksamkeitserregend. Die Absicht ist es, mit diesem kleinen Aufkleber den Spies herumzudrehen und es nicht dem Zufall zu überlassen, ob der Hausbewohner *malerdeck* nach fertig gestellter Arbeit im Haus weiterempfiehlt. Denn jetzt wissen durch den Post-It Zettel alle Hausbewohner, dass *malerdeck* im Haus ist. Die Praxis zeigt, Nachbarn sind neugierig. Deshalb wird der Kunde von *Werner Deck* schon während und natürlich nach Abschluss der Arbeiten von fast allen Nachbarn befragt, wie es war und ob er mit *malerdeck* zufrieden ist. Und die Kunden geben selbstverständlich bereitwillig Auskunft.

Gereimte Geburtstagsbriefe

Eine weitere Besonderheit sind die gereimten Geburtstagsbriefe von *Werner Deck*. Seit über zehn Jahren werden täglich die Adressen der Geburtstagskinder aus der Tageszeitung und den Orts- und Stadtteilzeitungen erfasst. Die Veröffentlichungen beginnen meistens beim 70. Geburtstag. Deck hat derzeit ca. 11.000 Geburtstagsadressen in seiner Datenbank. In diesen über zehn Jahren hat *malerdeck* aus diesem Geburtstagskreis weit über 500 Kunden gewonnen. Das ist sehr beachtlich. Täglich verlassen ca. 30 bis 50 Geburtstagsbriefe das Haus. Die Schreiben sind personalisiert, der Briefbogen ist vorgedruckt und mit Decks Unterschrift und seinem Lachgesicht versehen. Da hinein wird der individuelle Text gedruckt. Die Reimtexte und Glückwunschsymbole wechseln jedes Jahr.

Werner Deck macht es großen Spaß, anderen Menschen eine Freude zu bereiten. Zusätzlich löst Deck mit diesen Reimbriefen eine gigantische Mundpropaganda aus. Die Reaktionen sind alle sehr herzlich und anrührend. Viele Geburtstagskinder schreiben oder rufen an, um sich überschwänglich zu bedanken.

Werner Deck hat kein Erfolgsgeheimnis, sagt er: „Mein Erfolgsgeheimnis, obwohl es überhaupt kein Geheimnis ist, lautet, dass es für mich vollkommen normal ist, freundlich, kompetent, zuverlässig, sauber, ehrlich und pünktlich zu sein. Hinzu kommt meine wertschätzende Einstellung gegenüber allen Menschen, mit denen ich zu tun habe." – Anmerkung: So einfach geht Marketing!

Der Autor

Werner Deck, Jahrgang 1948, hat den Beruf des Malermeisters von der Pike auf gelernt und führt seinen Familienbetrieb malerdeck heute in vierter Generation. Er hat im Handwerk mit der Zielgruppe 60plus mit die größte Erfahrung. Über 82 Prozent seiner Kunden sind über 60 Jahre alt! Außerdem betreibt Werner Deck seit 1984 das erfolgreichste Franchise-System (Opti-Maler-Partner) für Malerunternehmen im deutschsprachigen Raum. Seine erfolgreiche Strategie erweitert der sympathische Baden-Württemberger mit dem markanten Bart nun seit einiger Zeit um die Kommunikation auf sozialen Netzwerken wie Facebook, Twitter und XING. Das Motto des dynamischen Unternehmers lautet: „Außerordentlich angenehm auffallend anders als alle anderen!" Werner Deck wurde 2010 das Bundesverdienstkreuz verliehen. Er hat als innovativer Unternehmer und als Mensch im bürgerlichen Einsatz viel bewegt und ist mit Mut neue Wege gegangen. Er hat in 25 Jahren fast eine halbe Million Euro Spenden gesammelt und für gemeinnützige Projekte insbesondere für Kinder, Jugendliche und Behinderte gespendet. Decks Ziel ist es, mit seinem Einsatz andere Menschen dafür zu gewinnen, Ähnliches zu tun.

www.malerdeck.de

Jetzt oder nie: Auslands-Abenteuer auf Zeit für die Generation 50plus

Michaela Hansen, Granny Aupair Hamburg

Ob als Aupair in Gastfamilien oder als freiwillige Helferin in einem sozialen Projekt – längere Auslandsaufenthalte sind nicht nur bei jungen Leuten beliebt. Allerdings hatten die wenigsten Frauen der Generation 50plus in jungen Jahren die Möglichkeit dazu. Aber jetzt haben diese Frauen Zeit und können noch einmal durchstarten. Mit der Anfang 2010 ins Leben gerufenen Initiative Granny Aupair öffnet sich jung gebliebenen „Omas" nun die ganze Welt.

Granny Aupair ist eine perfekte Initiative für unternehmungslustige, vitale, unabhängige Frauen. Denn Fernweh ist eine Zivilisationskrankheit, die sich auch im Alter leicht und kostengünstig heilen lässt. Man mag zwar nicht mehr so wagemutig sein wie mit 20, aber man kann auch mit über 50 als Aupair die Welt entdecken und nachholen, was man in der Jugend versäumt hat.

Sinnvolles tun - Lebensträume verwirklichen

Als Sahnehäubchen obendrauf gibt es auch noch etwas Sinnvolles zu tun! Denn die Frauen wollen nicht nur einen langen Urlaub machen, sondern den Auslandsaufenthalt aktiv nutzen. Granny Aupair hilft, diesen Lebenstraum zu verwirklichen und bietet älteren Frauen die Möglichkeit, noch einmal für eine längere Zeit ins Ausland zu gehen. Vielleicht um dort Sprachkenntnisse zu erlangen oder zu intensivieren, auf jeden Fall aber das Land über einen normalen Urlaub hinaus zu erleben und dabei gleichzeitig in einer Gastfamilie oder bei einem sozialen Projekt Anschluss zu finden. Jede der Frauen hat ihre ganz persönliche Vorstellung und Motivation. Doch es geht nicht nur darum, Lebensträume der älteren Generation zu verwirklichen, sondern um eine globale Teilhabe an menschlichen und kulturellen Begegnungen, die bisher nur jüngeren Menschen vorbehalten waren.

„Granny Aupair" ist eine Wortschöpfung, die sich bewusst an den bekannten Aupair-Gedanken anlehnt. Denn auch die Initiative für die Generation 50plus basiert auf Gegenseitigkeit. Die „Grannies" gliedern sich wie eine gute Freundin in die Familie ein, teilen den Alltag und erleben ein fremdes Land aus der Innenansicht. Gastfamilie und Granny erleben den kulturellen Austausch, beide Seiten genießen das Anderssein und überbrücken Grenzen von Mensch zu Mensch – Länder-, Kultur- und Alters-Grenzen. Denn hinterm Horizont geht`s weiter ... In dem Spannungsfeld Alt-Jung schneiden die „Grannies" übrigens besser ab als junge Frauen! Sie sind – im Gegensatz zu jungen Mädels – nicht so sehr an Mode und Männer, Party und Popkultur interessiert. Frauen zwischen 50 und 75 wollen zwar auch etwas erleben, aber sie wollen sich nicht mehr exzessiv austoben. Den Gastfamilien ist eine erfahrene Frau deshalb oft lieber als eine Abiturientin.

Jung geblieben, abenteuerlustig, heiß begehrt!

Frauen über 50 sind sozial kompetent, tatkräftig, souverän, verantwortungsbewusst und lebenserfahren, aber auch spontan und neugierig. Sie gehören keinesfalls in die „Alte-Oma-Schublade", denn die „Hippie-Generation" aus den wilden 60ern hat heute mehr drauf als ihre Eltern. Die Alten von heute sind jung! Das sollten sich auch Marketing-Menschen hinter die Ohren schreiben: Das Zielgruppendenken in Altersgrenzen ist tatsächlich Unsinn. Was die Jungen wollen – konsumieren, soziale Kontakte knüpfen, Spaß haben und Erfahrungen im Ausland sammeln –, wollen die „jungen" Alten auch. Und wer die Alten heute abschreibt, verpasst die Zielgruppe von morgen.

Die Babyboomer-Generation steht bereits in den Startlöchern, sie müssen mit den richtigen Angeboten nur noch abgeholt werden. So wie bei der Initiative Granny Aupair: „Als ich die Annonce in den Händen hielt, kam es mir vor, als hätte ich so etwas schon längst im Unterbewusstsein geplant", erzählt Annelie W., die für ein halbes Jahr zu einer Familie in Rom gegangen ist. Diese aufgeweckte Zielgruppe der Best Ager hat nämlich Geld und auch endlich die Zeit, es auszugeben. Die Engagierten unter ihnen stellen sich oft auch die Sinnfrage und bringen gern freiwillig ihre soziale Kompetenz in Projekte ein. Dort sind sie willkommen, denn viele soziale Einrichtungen werden in Zukunft ohne Freiwillige nicht mehr finanzierbar sein. Und gerade ihre Lebenserfahrung macht sie zu überaus attraktiven Helfern.

International und mehr als Babysitter-Vermittlung

Mittlerweile nehmen Familien und auch soziale Projekte aus aller Herren Länder über die Agentur *Granny Aupair* lebenserfahrene Frauen der Generation 50plus auf. Von Beginn an war die einzigartige Initiative ein voller Erfolg, und das ohne jede kommerzielle Werbung. Die Medienresonanz ist nicht nur in Deutschland überwältigend. Fernsehsender in Deutschland, aber auch in Österreich oder den USA haben starkes Interesse, andere zahlreiche Zeitungen und Hörfunksender in Kanada und Australien haben bereits über Granny Aupair berichtet. Das zeigt, wie die Initiative auch international den Nagel auf den Kopf getroffen hat. In Deutschland reicht eine überaus positive Medienresonanz von der Süddeutschen Zeitung bis zur TAZ, vom Deutschlandfunk bis zu Talkshows wie „Menschen der Woche" (SWR-Fernsehen) und „Menschen und Schlagzeilen" (NDR). Von Frauenzeitschriften wie Brigitte und Vital wird Granny Aupair begeistert aufgenommen. Denn die Initiative hat Menschen zusammengebracht, die sonst nie zusammengekommen wären: den Farmer in Namibia und die Rentnerin aus Berlin, die alleinerziehende Mutter in Kanada und die unternehmungslustige Arztfrau aus dem Ruhrgebiet.

Neben dem interkulturellen Austausch spielen auch soziale Aspekte bei der Vermittlung zwischen Granny und Gastfamilie eine große Rolle. Die Geschichte einer Granny, die auf Mallorca einer alleinstehenden älteren Dame Gesellschaft geleistet hat, ist dafür ein Beispiel. Ihr Besuch war für die Dame auf Mallorca wie der Besuch einer hilfsbereiten Freundin. Beide sind zusammen in Palma einkaufen gegangen, haben gemeinsam gekocht und Museen besucht. Auch im Fall eines wohlhabenden Ehepaares in Marbella wird die Bedeutung einer Granny deutlich. Die Dame in Spanien wollte ihren an den Rollstuhl gefesselten

Mann auch nicht für kurze Zeit allein lassen und war aus diesem Grund über Jahre hinweg extrem unbeweglich und ans Haus gebunden. Schon nach der Ankunft der Granny fühlte sie sich wieder freier und konnte ohne Sorgen kleine Erledigungen machen.

Wenn nicht jetzt, wann dann?

Das hat sich auch Lucie F. aus Bayern gefragt. Sie hat immer Verantwortung getragen, ihre Mutter bis zum Tod gepflegt, ihre zwei Kinder allein großgezogen und selbst einen Herzinfarkt überstanden. Plötzlich war ihr klar: „Ich habe nur noch wenig Zeit, um etwas für mich zu tun." Mit 60 Jahren ist sie dann das erste Mal in ihrem Leben in Indien gewesen. Ihren erwachsenen Kindern hatte sie den Plan zunächst verschwiegen – aus Angst, sie würden ihr diesen Traum zerreden und kaputt machen. Dann kam der Tag der Abreise und sie saß im Flugzeug Richtung Delhi. Nach sechs Monaten sagte sie: „Ich habe in dem halben Jahr in Indien mehr erlebt, als in der Hälfte meines vorherigen Lebens. Mit Granny Aupair hat sie sich mehr als einen Lebenstraum erfüllt: Sie hat den Dalai Lama getroffen, für Kinder in den Slums Wolldecken und Windeln gekauft und in der Gastfamilie Kasten-Grenzen aufgehoben.

Die Autorin

Michaela Hansen wurde mit ihrer Idee, Frauen über 50 als Aupairs ins Ausland zu vermitteln, zum First-Mover in *der* Boom-Branche mit Zukunft: Die Generation 50plus erobert den Markt. Mit 19 geheiratet, mit 20 das erste und mit 21 Jahren das zweite Kind. Der Traum, in jungen Jahren als Aupair ins Ausland zu gehen, zerplatzte. Heute mit 50 Jahren erfüllt die Diplom-Sozialwirtin und Diplom-Kriminologin mit ihrer Initiative Granny Aupair anderen Frauen, denen es vielleicht ähnlich ergangen ist, diesen Lebenstraum. Anfang 2010 hat Michaela Hansen, die gemeinsam mit ihrem Mann die Hamburger PR-Agentur teamhansen leitet, die Initiative ergriffen und Granny Aupair gegründet. Sie vermittelt als einzige Agentur Frauen über 50 weltweit als Aupair an Familien oder als freiwillige Helferinnen an soziale Projekte. Vor Kurzem wurde das innovative Projekt in der SWR-Fernsehsendung „Menschen der Woche" bei Frank Elstner vorgestellt.

www.granny-aupair.com

Personalberatung 50plus – Potenziale der Best Ager für den Arbeitsmarkt

Jeannine Hertel, Mercuri Urval Germany Wiesbaden

Lange Zeit galt der demografische Wandel in Unternehmenskreisen als rein theoretisches Thema für Konferenzen von Personalexperten. Einen Zusammenhang mit dem Mangel an qualifizierten Mitarbeitern entdeckte man für sich nicht. In der Alltagspraxis, so war man sich einig, haben Menschen über 50 eben bald den Höhepunkt ihrer Leistungsfähigkeit überschritten. Veränderungen sind ihnen schwer nahezubringen und traditionelle Pfade verlassen sie nicht gerne. Dazu drohen möglicherweise noch altersbedingte gesundheitliche Probleme, die Ausfälle und zusätzliche Kosten verursachen könnten. Demgegenüber galt für junge Mitarbeiter stets die Annahme, sie seien „billiger und williger". Dieser oberflächlichen Betrachtung treten seit wenigen Jahren mit zunehmender Vehemenz die Fakten tiefgreifender gesellschaftlicher Veränderungsprozesse entgegen.

Abbildung 12.4: Szenario 2020 für Deutschland

Problem 1: Genereller Bedarf an Kernerwerbstätigen + 5,3%

Problem 2: Verlagerung der Beschäftigung
in den tertiären Sektor

Bedarf an Personen ...

- ohne Berufsabschluss — - 30%
- mit Berufsabschluss — - 7%
- mit Meister / Techniker / Fachschulabschluss — + 24%
- mit Fachhochschulabschluss — + 45%
- Mit Universitätsabschluss — + 21%

Quelle: Institut zur Zukunft der Arbeit, 2010

Der demografische Wandel ist dabei ein Effekt, der zusammen mit anderen Entwicklungen betrachtet werden muss. So etwa der Wandel in den Lebensumständen und Lebensgewohnheiten, die gesellschaftliche Differenzierung und die Vielfalt von Lebensentwürfen und Wertezusammenhängen. Und so gelten für die Best Ager von heute und noch mehr für die „Silver Specialists" von morgen eben nicht alle Annahmen, die bei den „Alten von früher" möglicherweise noch zutrafen.

Potenziale der Best Ager

Bei näherer Betrachtung spricht für Best Ager eine ganze Menge. Nicht nur, dass man die großen Irrungen und Wirrungen des Lebens meist hinter sich hat und auch mit der ein oder anderen Krisensituation umzugehen weiß. Auch die Erfahrung mit den unterschiedlichsten Arbeitssituationen und kollegialen Umfeldern schätzen immer mehr Arbeitgeber. Ältere Mitarbeiter werden von Jüngeren durchaus gerne als Mentoren akzeptiert und können wertvolles Wissen weitergeben. Gerade mittelständische Unternehmen, die sich verstärkt international aufstellen wollen, können die fachlichen wie persönlichen Erfahrungswerte gut gebrauchen. Immer wieder erkennen auch Unternehmen in Schwellenländern, die vom Know-how der Industrieländer profitieren wollen die Potenziale erfahrener Fach- und Führungskräfte aus Deutschland. Und eher traditionell geprägte Kulturkreise neigen ohnehin dazu, dem Alter generell eine höhere Wertschätzung beizumessen. Auch in bestimmten Geschäftsfeldern ist ein gewisses Maß an Seniorität äußerst förderlich, wenn nicht sogar notwendig. Wo es um hohe Summen und großangelegte Projekte geht, beispielsweise im Vertrieb von Investitionsgütern, untermauert persönliche Reife die Verlässlichkeit des Beurteilungsvermögens und die Glaubwürdigkeit des Verhandlungspartners.

Hat man sich als Personalverantwortlicher erst einmal auf die Generation 50plus eingelassen, lernt man schnell auch weitere Vorteile kennen und schätzen. Denn mit bestimmten Unwägbarkeiten muss man hier kaum noch rechnen. So paradox es klingen mag – Best Ager können tatsächlich auch die nachhaltigste Lösung für die zukünftige Geschäftsentwicklung sein. Wer mit 55 einen neuen Job antritt, will dies nicht mehr für zwei oder drei Jahre tun. Viele suchen noch einmal „die letzte Herausforderung", bei der sie ihr Wissen und ihre Erfahrung zur Geltung bringen können. Sie bringen Geduld, Loyalität und Augenmaß mit ein. Demgegenüber stellen sich die jungen Talente häufig als ungeduldig heraus, verlangen nach kurzfristigen Erfolgen und kennen darüber hinaus aus der fast täglichen Studie einschlägiger Internetseiten ihren Marktwert ganz genau. Im schlimmsten Fall erliegen sie bei nächster Gelegenheit den Versprechungen eines Wettbewerbers und der Verlockung des Geldes und wechseln die Pferde.

Unternehmen müssen sich verändern

Weil aber alles im Leben seinen Preis hat, müssen auch Unternehmen sich verändern, wenn sie von den Vorteilen profitieren wollen, die Best Ager ihnen bieten. Die Arbeitswelt ist immer noch unzureichend auf familienfreundliche Beschäftigung eingestellt, mit den Anforderungen von Menschen über 50 im Arbeitsleben befassen sich gedanklich noch viel weniger Unternehmen. Ob Arbeitsabläufe oder Organisationsmodelle, Motivationsstrukturen oder Kommunikationsverhalten, vieles muss auf den Prüfstand. Die HR-Beratung wird von diesen Veränderungen profitieren. Neue Stellenprofile und Kompetenzmodelle müssen geschaffen werden, Lern- und Entwicklungsbedarf muss ermittelt werden, denn auch über 50 ist noch Entwicklung möglich.

Innovative Dienstleistungen

Abbildung 12.5: Zielgruppenorientiertes Personalmanagement zur Förderung der Beschäftigungsfähigkeit

Neuer Coaching-Bedarf

Neuer Coaching-Bedarf entsteht – für die Best Ager und auch für diejenigen, die mit ihnen umzugehen haben. Mit dem Abliefern einer Hand voll Lebensläufe ist es also für den Headhunter nicht getan. Vielmehr geht es darum, für die Unternehmen in einem sorgfältigen Auswahlprozess denjenigen Kandidaten zu ermitteln, der nicht nur unter fachlichen Gesichtspunkten am besten geeignet ist, sondern dessen Persönlichkeitsstruktur mit Aufgabe und Umfeld harmoniert. Eine individuelle Betrachtungsweise, die sich übrigens auch unabhängig von der Frage 50plus dringend empfiehlt. Davon profitieren auch die Kandidaten selbst. Denn wer sich Anfang 50 auf zu neuen Ufern macht, möchte nicht unbedingt eine Odyssee antreten.

Langfristig führt an einer verstärkten Beschäftigung der Generation 50plus und damit einhergehenden Veränderungen der Arbeitswelt kein Weg vorbei. Unterschiedliche Einschätzungen, wofür man die Best Ager gut oder weniger gut gebrauchen kann, sind am Ende immer auch noch eine Frage des persönlichen Blickwinkels. Wie unterschiedlich die Betrachtungsweisen sein können, war beispielhaft an der Diskussion anlässlich der letzten Bundespräsidentenwahl abzulesen. Der Best Ager und jetzige Bundespräsident Christian Wulff galt manchem Kommentator mit 51 als „zu jung".

Die Autorin

Dr. Jeannine Hertel, Management Consultant, studierte Politikwissenschaft sowie Soziologie an der Johannes Gutenberg-Universität in Mainz und promovierte in der Politikwissenschaft im Bereich der Internationalen Beziehungen. Nach Stationen im Bereich der Kommunikations- sowie der strategischen HR-Beratung ist sie seit 2008 bei Mercuri Urval Deutschland am Standort Wiesbaden tätig. Dort befasst sie sich mit der Rekrutierung von Fach- und Führungskräften und bewahrt hierbei stets einen Blick auf die häufig zugleich auftretenden personellen sowie organisatorischen Entwicklungs- und Veränderungsprozesse. Eines ihrer Steckenpferde ist der Bereich Diversity Management und der Umgang mit Vielfalt als eine der zentralen Herausforderungen für das Personalmanagement der Zukunft.

Mercuri Urval, gegründet 1967 in Schweden, hat sich durch organisches Wachstum zu einem führenden Beratungsunternehmen mit heute rund 1.000 Mitarbeitern in 25 Ländern entwickelt. Zum Leistungsspektrum von Mercuri Urval gehören neben der Suche und Auswahl von Personal die Potenzialermittlung und Entwicklung von Führungskräften, die Begleitung von M&A-Prozessen, Talent Management sowie Coaching und Executive Recruitment. In Deutschland beschäftigt Mercuri Urval rund 100 Mitarbeiterinnen und Mitarbeiter an sechs regionalen Standorten. Sitz der Deutschland-Zentrale ist Wiesbaden.

www.mercuriurval.com

„Ageing in Place" – Healthstyle als neuer Lifestyle

Peter Wippermann, Trendbüro Hamburg

Der Megatrend des demografischen Wandels wird in Zukunft Gewinner und Verlierer hervorbringen. Waren es in der Vergangenheit die generalisierten Prognosen, die für Diskussionen sorgten – etwa, dass im Jahr 2050 mehr als zwei Milliarden Menschen weltweit über 60 Jahre alt sein werden – lohnt es sich in Zukunft genauer hinzuschauen. Denn das Altersbeben verändert nicht alle Regionen im gleichen Maße. Wachstum und Schrumpfung liegen nahe beieinander. Anbieter von altenspezifischen Produkten finden nicht überall identische Rahmenbedingungen vor. Und Gleichaltrige sind noch lange nicht Alte gleichen Alters. Ein Trend jedoch erweist sich als übergreifend: Je älter wir werden, desto jünger möchten wir sein. Und unabhängig von den Randbedingungen – ein langes Leben in Selbstbestimmtheit, nach Möglichkeit in den eigenen, angestammten Räumen, ist der größte Wunsch fast aller Älterer.

Marktgewinner: Medizin, Gesundheit, Pharmazie, Betreuungs- und Wohnangebote

Für die medizin- und gesundheitsassoziierten Branchen ergeben sich daraus vielfältige neue Marktchancen. Die Hersteller von iHealth-Produkten, innovativer Pharmazie sowie die Anbieter von individualisierten Betreuungs- und Wohnangeboten werden sich in den nächsten Jahren über steigende Umsätze freuen können.

Eine objektiv alternde Gesellschaft ist in Wahrheit eine subjektiv sich verjüngende. Weil die Omnipräsenz des Alten die Sehnsucht nach individueller Jugendlichkeit schürt. Und weil die Grundprinzipien von Selbstverwirklichung und Eigen-Optimierung künftig auch nach dem 60., 70. oder 80. Geburtstag noch Bestand haben werden.

Wegbereiter dieser Entwicklung ist die Generation der Babyboomer, jener geburtenstarker Nachkriegsjahrgänge, die die Ideen von Freiheit und Individualität als Erste für sich entdeckten.

Sie waren es, die ihr Lebensglück gestern eng an ihr körperliches, geistiges und seelisches Wohlbefinden banden; sie sind es, die heute nicht aufhören wollen, ein Leben nach ihren persönlichen Vorstellungen zu führen. Und sie werden es sein, die morgen den Weg für ein selbstbestimmtes Altern und Sterben definieren. Doch dabei brauchen sie Hilfestellung. Die Rahmenbedingungen in einem Land, in dem die Alten die Mehrzahl und Jugendlichkeit die Ausnahme bildet, müssen sich verändern.

In einem alten Land gibt es doppelt so viele Pflegebedürftige

Das beginnt bei der finanziellen Ausgestaltung: Während es heute noch drei Erwerbstätige sind, die für einen Rentner aufkommen müssen, wird dieses Verhältnis in 40 Jahren bei eins zu eins liegen. Dank einer besseren medizinischen Versorgung und bedingt durch den vielzitierten Einbruch der Geburtenrate wird die Einwohnerzahl in Deutschland bis zum

Jahr 2050 auf 69 Millionen sinken, die Zahl der Menschen im Alter von 65 Jahren und darüber von 17 auf 23 Millionen steigen. Die Kosten für die Behandlung altersbedingter Krankheiten wie Schlaganfälle oder Demenz werden in die Höhe schnellen. Die Zahl der Pflegebedürftigen wird sich von heute 2 Millionen bis 2050 auf geschätzte 4,5 Millionen mehr als verdoppeln. Zusammen mit den Ausgaben für den medizinischen Fortschritt könnten diese Kosten den Beitragssatz für die gesetzliche Krankenversicherung, geht man von zwei Prozent Ausgabenwachstum jährlich aus, auf 43 Prozent steigern *(Zahlen: „Pflegereport 2010" der Barmer Ersatzkasse sowie „Institut für Gesundheits-System-Forschung", April 2010).*

Abbildung 12.6: Das Altersbeben und seine Folgen

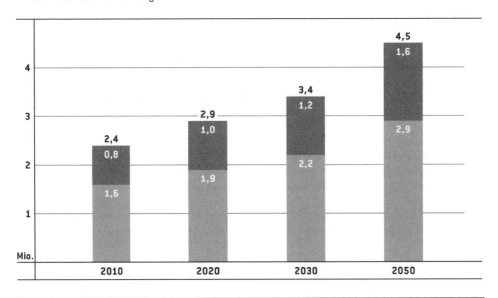

Quelle: Statistische Ämter des Bundes und der Länder, 2010

Megatrend Healthstyle ist der neue Lifestyle

Klar, dass eine solche Kostenbelastung für den Einzelnen nicht tragbar ist. Doch während die Politik noch über die notwendigen Maßnahmen zur Kostensenkung und Beitragsumverteilung streitet, blühen abseits der großen Märkte schon die ersten Pflanzen eines neuen selbstbestimmten Alterns auf. Und egal, ob es sich um Diabetes-Vorsorge mithilfe eines Smart Phones, um ein Mehrgenerationen-Dorf in der Stadt oder eine neuartige, automatisierte Medikamentenabgabe in einem hohlen Zahn handelt: Das Bedürfnis, das hinter all diesen Maßnahmen steckt, lässt sich mit dem Stichwort des „Ageing in Place" zusammenfassen. „Ageing in Place", das steht für ein lebenslanges, eigenverantwortliches Wohnen. Es meint größtmögliche Verantwortung für das eigene Leben. Für ein Leben im eigenen Zuhause. In diesem Sinne wird die allgegenwärtige Sehnsucht nach Gesundheit, Wohlgefühl und Selbstverantwortlichkeit, der Wandel weg von einem Lifestyle und hin zu einem Healthstyle, zur größten Herausforderung unserer alternden Gesellschaft.

Megatrend Healthstyle sorgt für steigende Umsätze

Der Megatrend Healthstyle wird künftig zum größten Marktmotor: Das Altersbeben befeuert ein neues Gesundheitsverständnis. Auf wenig können sich die Menschen so gut einigen wie auf die hohe Bedeutung des Wertes Gesundheit. Gesundheit, das ist eben doch die Abwesenheit von Krankheit. Die Möglichkeit, ein schmerzfreies, selbstbestimmtes und energiegeladenes Leben zu führen. Aber nicht nur das. Im 21. Jahrhundert ist Gesundheit zu einem Synonym für das persönliche Wohlgefühl und damit Glück geworden. Wer von sich als einem gesunden Menschen spricht, meint damit auch die Fähigkeit, sich selbst zu verwirklichen.

Ein Leben im Vollbesitz seiner körperlichen, geistigen und seelischen Kräfte zu führen. In den eigenen vier Wänden alt zu werden. Oder anders gesagt: sich einfach wohlzufühlen – selbst dann, wenn man eigentlich an einer Krankheit leidet. In diesem Sinne meint Gesundheit eine befriedigende Art zu leben und dieses auch nach außen zu tragen. Waren es früher Besitztümer und Gegenstände, mit denen die Menschen ihre Persönlichkeit auszudrücken versuchten, so ist es heute der Körper selbst. Seine Gestaltung entspricht unserer Geisteshaltung, sein Funktionieren wird zum Symbol des persönlichen Glücks. Selbstverständlich, dass diese Entwicklung nicht folgenlos bleibt.

Die Sehnsucht nach dem „Ageing in Place" entspricht einer neuen Eigenverantwortung

Die Menschen sorgen mit ihrem Bedürfnis nach einem neuen Healthstyle für stabile Nachfragezuwächse – ob nun als Patient oder als Kundenpatient, als Gesunder oder als Kranker. Wer sich gesund und gut fühlen möchte, muss sein Schicksal selbst in die Hand nehmen. Selfdesign ebnet den Weg zum eigenen Healthstyle und mündet im „Ageing in Place" – und das schließt klassische Gesundheitsvorsorge ebenso mit ein wie zeitgemäßes Medical Wellness. In unserer gesundheitsorientierten Zeit kann sich jeder Mensch aus einem breit gefächerten Angebot das für ihn Passende aussuchen. Denn egal, ob es sich um Freizeitangebote, die Ernährung oder Kosmetik, ja sogar technische Gadgets (technische Spielereien, Schnickschnack, kleiner raffinierter technischer Gegenstand wie zum Beispiel Smartphone, Tablet-PCs, Zauberwürfel) oder das eigene Zuhause handelt: Alles kann heute gesund machen, nichts darf der Gesundheit schaden. Die Umsätze in diesen gesundheitsassoziierten Branchen sind gigantisch und werden auch in den nächsten Jahren weiter ansteigen.

Neue Applikationen machen aus iPhone die Super-Fernbedienung des eigenen Zuhauses

Auch Apps für das *iPhone* von *Apple* werden längst in den Dienst des Healthstyles und damit der „Ageing in Place"-Idee gestellt. So bekommen zum Beispiel Diabetiker einfache Hilfestellung bei der Messung ihres Blutzuckerspiegels und Einhalten ihrer Diät durch eine Vielzahl dieser neuen Applikationen. Und die neuen Handy-Zusatzprogramme können noch viel mehr.

Die deutsche Firma *eQ-3* hat ein Programm geschrieben, das Fenster, Heizkörper, Lichtschalter und Dutzende weiterer Dinge im Haushalt per Fingerzeig kontrolliert und dabei auch die Energiebilanz immer im Blick hat. Die neuen *Gira Interface-Apps* bieten die ebenso einfache wie elegante Möglichkeit, die gesamte Gebäudetechnik mobil von unterwegs oder von einem beliebigen Raum innerhalb eines Gebäudes zu bedienen – über iPhone, iPod Touch oder das neue iPad.

Und das US-Start-up *Control4* bietet ein Heimmanagementsystem an, das beim Filme schauen automatisch das Licht dimmt und PC und Fernseher sperrt, solange die Kinder Hausaufgaben machen – auch dieses Programm lässt sich seit Kurzem über iPhone und iPod Touch steuern. Weitere Anwendungen für den Alten von morgen, der sich Unterstützung in seinem Alltag zu Hause wünscht, werden folgen. Es scheint, als würde dem iPhone gelingen, was zahlreiche technische Gadgets zuvor nicht geschafft haben: die akzeptierte Schlüssel-Remote Control für vielfältige Netzwerkanwendungen im Bereich des „Intelligenten Wohnens" zu werden.

Von Ost nach West, von Nord nach Süd, vom Land in die Stadt

Doch das Altersbeben schlägt nicht überall mit der gleichen Wucht zu. Setzt sich die Entwicklung der vergangenen Jahre fort, so werden wir es in Deutschland mit einem stark heterogenen demografischen Wandel zu tun haben. Zwar verlängert sich die Lebenswartung aller Deutschen im Schnitt um sechs Stunden am Tag, was sich über die Jahre auf ein Plus von rund 2,5 Jahren pro Jahrzehnt subsummiert *(Max-Planck-Institut für Demographische Forschung, März 2010)*, doch weder die Fertilität noch die Abwanderung sind in allen Gebieten der Republik gleich verteilt. Vielmehr haben wir es laut Erkenntnissen der Bevölkerungsforscher mit einer neuen Wanderungsbewegung zu tun, die sich in drei Strömungen niederschlägt: Von Ost nach West, von Nord nach Süd, vom Land in die Stadt. So wird es bis zum Jahr 2020 etwa im Süden Deutschlands eine ganze Reihe an Regionen geben, deren Bewohnerzahl um zehn oder mehr Prozent anwachsen wird. Vor allem für weite Teile des Ostens aber wird ein Sinken der Einwohnerzahl um mehr als zehn Prozent vorhergesagt. Jeder fünfte wird seine Heimat dann verlassen haben, vor allem junge und weibliche Bewohner. Im Westen werden vor allem Gebiete in Schleswig-Holstein, Niedersachsen und dem Saarland von diesem Schrumpfungsprozess betroffen sein.

Die Singularisierung verstärkt sich mit den Jahren

Diese Landflucht wird dazu führen, dass der Anteil der Bewohner über 65 Jahren etwa in Chemnitz im Jahr 2030 bei knapp 40 Prozent liegen wird, wie die Statistiker bei „Eurostat" ausgerechnet haben. Das Durchschnittsalter betrüge dort dann 57 Jahre, EU-weit wird mit einem Wert von 45,5 Jahren gerechnet. Wenig überraschend, dass damit auch die Zahlen der Singlehaushalte aber auch der unteren Einkommen ansteigen werden. Denn auch wenn wir es im Moment noch mit der finanzkräftigsten Rentnergeneration aller Zeiten zu tun haben, wird sich diese Situation in den nächsten Jahren nachhaltig ändern. Wenn nämlich die Menschen aus Gebieten mit einer Arbeitslosenquote von annähernd 20 Prozent in den Ruhestand treten, werden wir es mit einer Altenkohorte zu tun haben, deren finanzieller Spielraum begrenzt ist. Diese werden häufig in einem kleinen Ein-Personen-Haushalt leben.

„Ageing in Place" ist mehr als „Betreutes Wohnen"

Nichtsdestotrotz gilt auch für diese Menschen das Mantra des „Ageing in Place". Und die ersten Anbieter wie die *Marseille-Kliniken* haben bereits erkannt, dass es gerade im Osten Deutschlands nicht an exklusiven Wohnstiften, sondern an preiswerten Einrichtungen für „Betreutes Wohnen" mangelt. Noch gravierender angesichts des wachsenden Bedürfnisses nach einem selbstbestimmten Altern in den eigenen Räumen scheint aber der Mangel an seniorengerechten Wohnungen. Das „Kuratorium Deutsche Altershilfe" schätzt im Mai 2010, dass es schon heute einen Bedarf an 2,5 Millionen solcher Wohnungen in Deutschland gibt. Derzeit umgebaut sind aber erst rund 550.000.

Gigantische Marktpotenziale für Bauindustrie und Handwerk

Für die Bauindustrie und das Handwerk ergeben sich aus dieser Situation große Marktpotenziale. Das Gleiche gilt zudem für die Anbieter neuer Zuwendungsdienste, die Hersteller von smarter Medizintechnik sowie nicht zuletzt für die Pharmaanbieter. Sie alle können dafür sorgen, dass die Idee des „Ageing in Place" zu einem deutschen Erfolgsmodell und Exportschlager gleichermaßen wird. Produkte und Dienstleistungen für jeden Geldbeutel, die es den Menschen ermöglichen, im eigenen Umfeld zu altern, sind die Blockbuster der Zukunft.

Das Altersbeben verändert ganze Landschaften

Abbildung 12.7: Der Altersquotient steigt weiter

Der Anteil der über 65-Jährigen steigt auf rund 2/3 im Osten im Jahr 2060 an
Altenquotient: Anteil der über 65-Jährigen an der Erwerbsbevölkerung

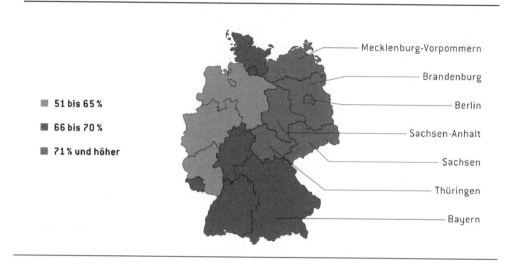

- 51 bis 65 %
- 66 bis 70 %
- 71 % und höher

Quelle: Destatis, 2010

Fazit: die neuen Alten als Hauptzielgruppe des „Intelligenten Wohnens"

Die Case Studies unserer Untersuchung „Ageing in Place" *(Trendbüro und New Business Verlag 2011)* zeigen, dass die Bedürfnisse der Menschen in einem Deutschland, in dem die Alten die Mehrheit stellen und Jugendlichkeit zur Ausnahme wird, mehr und mehr erkannt werden. Stadtplaner und Architekten, Spezialisten der Zuwendungsindustrie und Medizin-Technik-Fachleute aber auch Verantwortliche in Pharmaunternehmen erkennen das Potenzial und die Notwendigkeit des „Ageing in Place". „Wir haben die Jugend erfunden, jetzt erfinden wir das Alter", beschreibt das Sprachrohr der Babyboomer, *Rainer Langhans*, den Wertewandel seiner Generation. Sie werden es sein, die mit ihrem Selbstgestaltungswillen und Selbstbewusstsein einer Vielzahl an Branchen in den nächsten Jahren Impulse geben. Denn egal, ob es sich um vernetzte Haus-Steuerungs-Geräte, ein smartes medizinisches Überwachungssystem oder eine denkende Tablette handelt: Es scheint, als würde die Vision vom „Intelligenten Wohnen" mithilfe der „Ageing in Place"-Idee und dem neuen Healthstyle in den nächsten Jahren doch noch Wirklichkeit werden. Weil die Technik endlich nutzerfreundlich wird und sich den Bedürfnissen der Menschen – und vor allem des alternden Patienten – anpasst. Wer sein Leben lang in den eigenen vier Wänden wohnen bleiben möchte, wird künftig effektiv von medizintechnischer, pharmakologischer und städtebaulicher Seite unterstützt. Je einfacher und preiswerter solche Systeme dann zu installieren sind, umso größer sind ihre Erfolgschancen.

Der Autor

Prof. Peter Wippermann, Jahrgang 1949, Gründer des Trendbüro – Beratungsunternehmen für gesellschaftlichen Wandel GmbH, Professor für Kommunikationsdesign an der Folkwang Universität der Künste Essen, Beiratsmitglied hamburg und design, design report, Nestlé, Zukunftsforum sowie Markenartikel Magazin (Markenverband). Peter Wippermann arbeitete zunächst als Art Director beim Rowohlt-Verlag und beim Zeitmagazin.1988 gründete er gemeinsam mit Jürgen Kaffer die EditorialnDesign Agentur Büro Hamburg.1990 konzipierte er für Philip Morris die Zukunftsevents „Talk with Tomorrow" und war verantwortlicher Herausgeber des Zukunftsmagazins „Übermorgen". 1992 gründete er das Trendbüro-Beratungsunternehmen für gesellschaftlichen Wandel. 1993 wurde er von der Universität Essen zum Professor für Kommunikationsdesign berufen. 2002 Mitgründer der LeadAcademy für Mediendesign und Medienmarketing. 2010 Beiratsmitglied im Nestlé Zukunftsforum. Peter Wippermann wohnt in Hamburg, ist verheiratet und hat eine Tochter.

www.trendbuero.com

13 Fazit

Die Erkenntnisse in diesem Buch beruhen bewusst nicht auf Marktforschungsergebnissen, sondern auf Fakten, Erfahrungen, Einschätzungen, Intuition. Sie erheben keinerlei Anspruch auf Wissenschaftlichkeit und Vollständigkeit. Die zahlreichen Antworten von erfahrenen Persönlichkeiten, die mitten im Leben stehen und nah an den Kunden sind, untermauern diese Prognosen und Trends, werfen aber auch neue Fragen auf. Alles ist subjektiv. Und das ist genau so gewollt. Ich möchte, dass Sie sich selbst, liebe Leserin und lieber Leser, nach der Buchlektüre Ihre eigenen Gedanken machen, wohin der Weg in Ihrer Branche, in Ihrem Unternehmen, für Sie selbst gehen könnte.

Gesellschaftstrends werden künftig unser Leben und die Märkte der Zukunft bestimmen – alle haben ihre Berechtigung: die Luxus- und Statusmärkte mit der Empfehlung zur Spezialisierung, die Erlebnis- und Sinnmärkte mit einer Themen- und Inhaltsorientierung, die Dienstleistungs- und Convenience-Märkte mit klarer Serviceorientierung und nicht zuletzt die Discount- und Trash-Märkte mit ihrer Preisstrategie.

Aber der demografische Gesellschaftsprozess wird sich diese Märkte selbst bahnen, wenn sich die Wirtschaft, die Politik, die Medien und die Unternehmen quer durch alle relevanten Branchen nicht rechtzeitig darauf einstellen, nämlich jetzt. Die Babyboomer revolutionierten die Welt. Sie werden den grassierenden Jugendkult selbst beenden oder sogar vielleicht noch neu entfachen. Das 21. Jahrhundert ist das Zeitalter der Best-Ager-Generation – der Menschen in den besten Jahren, die für sich ein neues Lebensgefühl definieren und mit großer Leidenschaft leben.

Ich stelle mir vor ...

Eine Flut neuer innovativer Produkte und Dienstleistungen – die nicht nur für Best Ager, aber für die besonders durchdacht, sondern auch für jüngere Kunden sinnvoll sind und die Sinne wecken.

Die Einsicht bei jeder Art von Unternehmen – branchenübergreifend –, dass Best Ager und ältere Menschen – gleich welchen Alters – keine Nische und keine Trendzielgruppe sind, sondern ein gewaltiger Geldschrank, eine Chance, sich neu zu erfinden, eine Herausforderung zur Generierung der Wertschöpfungskette im Sinne der Kunden.

Das demografische Schicksal wird zu einer goldenen Zeit – für die Menschen, die Gesellschaft, die Wirtschaft, die Politik, für Europa und die Welt.

Die Erkenntnis bei Unternehmern und Marketingverantwortlichen – analog einem guten Wein oder Champagner: „Je älter, desto besser".

Alter hat Zukunft! Die höhere Lebenserfahrung macht es möglich, alle Lebensphasen entspannt zu gestalten und lebenslang zu lernen. Und das Gleiche erwarte ich auch von lernenden Branchen und Unternehmen.

Fazit

Der demografische Wandel eröffnet Chancen und Wachstumspotenziale – die Tür dazu öffnen muss jeder selbst.

Wir müssen unsere Branchen und Unternehmen neu ausrichten – auf eine Bevölkerung, die „alt werden" neu erfindet, auf veränderte Kundenwünsche, auf eine neue Marktmacht 50plus, die mit dem Geld ausgeben noch gar nicht so richtig angefangen hat. Fest steht: Nur wer heute seine Konzepte in Größe, Erreichbarkeit, Sortiment, Best-Ager-Maßanfertigung und Komfort vernünftig ausrichtet, hat auch morgen Zukunftschancen. Alle anderen werden abgehängt.

Best Ager als Kunden sind Edelsteine – und einer der wenigen Wachstumsmärkte unserer Erde. Es wird nicht darauf ankommen, die Zukunft vorherzusagen, sondern auf diese Zukunft richtig vorbereitet zu sein, wie es Perikles so treffend formulierte. Die Zukunft hat begonnen.

> *Es kommt nicht darauf an, die Zukunft vorauszusagen, sondern auf die Zukunft vorbereitet zu sein."*
>
> *Perikles*

Danke

Herzlichen Dank an alle Mitgestalter, Co-Autoren und Interview-Partner dieses Buches, deren Namen und Kontaktdaten Sie im nachfolgenden Autorenverzeichnis finden.

Herzlichen Dank den vielen Entscheidern aus der Wirtschaft für den wertvollen Input zu den Boom-Branchen 50plus. Es sind dies insbesondere: Prof. Dr. Horst Opaschowski, Prof. Dr. Hermann Rauhe, Stefan Tilk, Heinz-Walter Kohlmeier, Brigitte Pfeiffer, Dr. Heio Bless, Uta Kilian, Michaele Dickmeis-Hoven, Vjeko Pitinac, Carola Maria Birr, Stephan Grünewald, Jürgen Höller, Oberbürgermeister Ralf Broß und Prof. Dr. Fredmund Malik.

Herzlichen Dank all denen, die mit ihrem Einverständnis zur Veröffentlichung von Beispielen aus ihrem Unternehmen beigetragen haben.

Herzlichen Dank meiner Familie Karin und Raphael Pompe für die großartige Unterstützung und den Rückhalt, ohne den ein solches Buchprojekt nicht möglich gewesen wäre.

Herzlichen Dank an Sie liebe Leserin, lieber Leser, für den Kauf dieses Buches, das nun *Ihr* Buch ist. Ich wünsche Ihnen, dass Sie dieses Buch nicht nur inspiriert hat, sondern Sie weiterbringt – privat, in Ihrem Unternehmen, in Ihrem Denken, vor allem in Ihrem Handeln. Für eine bessere Welt, in der sich die Generationen verstehen, ergänzen und voneinander profitieren können.

> *„Laufe nicht der Vergangenheit nach und verliere dich nicht in der Zukunft.*
> *Die Vergangenheit ist nicht mehr. Die Zukunft ist noch nicht gekommen.*
> *Das Leben ist hier und jetzt."*
>
> *Buddha*

Quellenverzeichnis

absatzwirtschaft, 4-2011, Autoren: Thorsten Garber, Anne-Kathrin Keller
Baumeister Verlag, aktiv im leben, Ausgabe 02/2011
Bauer Media Akademie, Best Age Award 2010
Bauer Media, Das Lebensgefühl der Best Ager 2007
Berliner Zeitung, 14.2.2011
Bertelsmann Stiftung, 2011
BM für Familien, Senioren, Frauen und Jugend (2010): Gewinnen mit Familie – Effekte von Familienfreundlichkeit, Ausgabe 21, Berlin 2010.
City Post Zeitschriftenverlags GmbH, www.cpz.de , www.bestager.ratgeber.de (2011)
BITKOM/Aris/Forsa, 2010
BITKOM- Präsident Prof. Dr. August-Wilhelm Scheer 2010
Der Spiegel, 11.4.2011, Auszüge aus dem Buch „Vaters Zeit" von Katja Timm.
Deutsche Diabetes-Stiftung, 2011
Dr. Patrick Broome, Münchener Yogalehrer, www.jivamuktiyoga.de
Dziemba, Oliver/Wenzel, Eike (2009): Marketing 2020, Frankfurt am Main/New York 2009.
Fuchsbrief, www.fuchsbriefe.de, 24.8.09
FÜR SIE, 03/2009
GfK 2010
Jauschowetz, Dieter (1989): Marketing-Forschung im Handel: Instrumente, Praxisfälle, Trends 1989.
Kurier Österreich, www.kurier.at, 3.5.2011
LBS-Report, 2009
LBS (2006): Die Generationen über 50: Wohnsituation, Potenziale und Perspektiven, Empirica Studie, Berlin 2006.
London Metropolitan University, Barry Harper, 2011
Ludwig-Fröhler-Institut, München 2011
Marktmacht 50plus, Gabler Verlag/Springer Fachmedien 2011, Hans-Georg Pompe
MDR-Werbung, www.mdr-werbung.de, 2011
(N)OnlinerAtlas 2010, Initiative D21
Presseerklärung der Deutschen Diabetes-Stiftung (DDS), 9.9.2004
Pressemitteilung der deutschen Bundesregierung vom 3.11.2010
Prof. Hendrik Speck, Professor für digitale Medien an der Fachhochschule Kaiserslautern
Raufeld/Waszelewski, Car-Universität Duisburg-Essen, Zeitraum 01-07 2010
Schauder, Peter/Ollenschläger (Hrsg.): Ernährungsmedizin, München 2006.
Schweizer Bank, August 2008, Artikel von Elisabeth Rizzi
Schweizer Bank, Elisabeth Rizzi 2008
Statistisches Bundesamt, 2006
Statistisches Bundesamt, 2011
Stotz, Waldemar (2007): Employee Relationship Managment, München 2007.
Süddeutsche Zeitung, 8.1.2011 „Die Zukunft der Arbeit", Klaus F. Zimmermann

Süddeutsche Zeitung, Steffen Seibel, 2.3.2011

Süddeutsche Zeitung, 19.2.2011, „Ein Bild von einem Mann", Claudia Fromme und Tanja Rest

Süddeutsche Zeitung, 7.1.2011, Monica Hillemacher, dpa

Süddeutsche Zeitung, 8.1.2011, „Die Zukunft der Arbeit", Thesen von Klaus F. Zimmermann

Süddeutsche Zeitung, 7.5.2011 (in Bezug auf Aris Marktforschung Hamburg)

Süddeutsche Zeitung, 26.3.2011, „Opa Kebap", Cornelius Pollmer

Süddeutsche Zeitung, 6.5.2011

TdW, Best Ager Branchenreport 2007

Trendletter, 10-2010

Verbraucheranalyse 2006-2010

Welt am Sonntag, 19. Februar 2009.

Wiktionary, 2011

wikipedia.de

Wohlfühlen – Beilage der Süddeutschen Zeitung, 2- 2011, Michael Zirnstein

w&v – werben und verkaufen, 22.9.2010

ZDF-Mediathek, 10.2.2011

ZDF – Prof. Reimer Gronemeyer, 2011

Die Autoren

Autor/in	Unternehmen	Kontakt/Homepage
Prof. Dr. med. Werner Mang	Bodenseeklinik Lindau/Bodensee Mang Medical One GmbH	info@bodenseeklinik.de www.bodenseeklinik.de
Prof. Peter Wippermann	Trendbüro Hamburg	p.wippermann@trendbuero.com www.trendbuero.com
Clarissa Moughrabi	Bauer Media Group Hamburg	clarissa.moughrabi@bauermedia.com www.bauermedia.com
Julia Gundelach	w&v Media Group München	julia.gundelach@wuv.de www.wuv.de
Frank Dopheide	Deutsche Markenarbeit GmbH Düsseldorf	dopheide@dmarken.de www.deutschemarkenarbeit.de
Alexander Boppel, Novartis, und Elke Schmailzl, Saatchi & Saatchi	Novartis – c/o Saatchi & Saatchi Frankfurt – The Lovemarks Company	elke.schmailzl@saatchi.de www.saatchi.de alexander.boppel@novartis.com www.novartis-consumerhealth.de
Inge-Maren Risop	Juvena of Switzerland (La Prairie Group Zürich/Beiersdorf)	inge-maren.risop@arcor.de www.juvena.com
Dr. Josef L. Kastenberger	JK Wohnbau AG München	info@JKWohnbau.de www.JKWohnbau.de
Hans-Joachim Reinhard	Reinhard Bau Zuzenhausen (Baumeister Haus)	info@reinhard-bau.de www.reinhard-bau.de
Dr. Jeannine Hertel	Mercuri Urval GmbH Germany, Wiesbaden	jeannine.hertel@mercuriurval.com www.mercuriurval.com

Jörg Elfmann	DocMorris – c/o Grey Worldwide, Düsseldorf	joerg.elfmann@grey.de www.grey.de www.docmorris.de
Margot Haberer	A-plus Service, Apotheken	margot.haberer@apothekeplus.de www.apothekeplus.de
Alexander Escher	Gabor – c/o Serviceplan München	a.escher@serviceplan.com www.serviceplan.com www.gabor.de
Helge von der Geest	Berenberg Bank Hamburg	helge.geest@berenberg.de www.berenberg.de
Bernhard Firnkes	Sparkasse Kraichgau	info@sparkasse-kraichgau.de www.sparkasse-kraichgau.de
Stefanie Schulze zur Wiesch	TUI Unternehmensgruppe, Hannover	info@tui-deutschland.de www.tui-deutschland.de
Fabian Engels	Lindner Park-Hotel Hagenbeck Hamburg	Fabian.Engels@LINDNER.de www.lindner.de
Klaus Kobjoll	Schindlerhof Nürnberg	Klaus.Kobjoll@kobjoll.de www.schindlerhof.de
Martina Berg	Image 50plus, München	martina.berg@image50plus.de www.image50plus.de
Erwin Drexelius	tri-dent GmbH Berlin	erwin.drexelius@tri-dent.de www.tri-dent.de
Tatjana Madzarevic	März GmbH & Co. KG, München	T.Madzarevic@maerz.de www.maerz.de
Michaela Hansen	Granny Aupair, Hamburg	michaela.hansen@granny-aupair.com www.granny-aupair.com
Marcus Kutrzeba	AV-Seminare, Köln/Wien	marcus.kutrzeba@avseminare.at www.avseminare.at www.pompe-marketing.com

Die Autoren

Karla Mazzon	LSC Cosmetic im Kur-Royal – Day Spa, Bad Homburg/Frankfurt a.M.	mazzon@lsc-cosmetic.de www.LSC-Cosmetic.de
Yvonne Trübger	Pianohaus Trübger, Hamburg	info@pianohaus-truebger.de www.pianohaus-truebger.de
Madeleine Leitner	Karriere-Management Leitner, München	ML@Karriere-Management.de www.madeleine-leitner.de
Adele Landauer	Manage Acting, Berlin	mail@adele-landauer.de www.ManageActing.de www.AdeleLandauer.com
Prof. Dr. Lars Binckebanck	Prof. Dr. Lars Binckebanck, Nordakademie Elmshorn – private Fachhochschule	Lars.Binckebanck@Nordakademie.de www.nordakademie.de www.pompe-marketing.com
Nicola Siegel	SMB Siegel-Models, Berlin	siegel@siegelmodelsberlin.de www.siegelmodelsberlin.de
Werner Deck	Maler Deck GmbH Karlsruhe	firma@malerdeck.de www.malerdeck.de
Markus Kruse	Software 4 G, St. Leon-Rot	markus.kruse@software4G.com www.software4G.com
Marian Kociolek	Haarscharf Deluxe – der 5-Sterne-Friseur Stuttgart	info@haarscharf-deluxe.de www.haarscharf-deluxe.de
Resmie Gashi	hairdesign G2 Hanau/Neuberg	neuberg@hairdesign-g2.de www.hairdesign-g2.de
Dr. Stefan Arend	KWA – Kuratorium Wohnen im Alter, München	arend-stefan@kwa.de www.kwa.de
Detlef Friedrich	Contec GmbH Bochum/Berlin	friedrich@contec.de www.contec.de

Monika Wehn	Freizeitclub Karlsruhe	monika.wehn@karlsruhe-entdecken.de www.freizeitclub-karlsruhe.de
Boris Neumann	Hust Immobilien Service OHG Karlsruhe	b.neumann@hust-immobilienservice.de www.hust-immobilien.de

Der Herausgeber

Hans-Georg Pompe, Jahrgang 1957, Studium der Betriebswirtschaft mit Schwerunkt Marketing, war über 18 Jahre in leitenden Funktionen im Management, Marketing/PR und Vertrieb renommierter Dienstleistungsunternehmen tätig – unter anderem als geschäftsführender Direktor, Marketingleiter und Managementberater.

Seit 2004 ist er Inhaber und Geschäftsführer der Unternehmensberatung **Pompe Marketing** mit Spezialisierung auf Marketing-Beratungsleistungen rund um die Zielgruppe 50plus und Lean-Consulting. Er ist ausgewiesener Experte für Kundenbeziehungs-, Dienstleistungs- und Best-Ager-Marketing. Mit seiner Beratungsfirma agiert er branchenübergreifend als Unternehmensberater und Umsetzungsbegleiter von mittelständischen Unternehmen in Deutschland, Österreich, der Schweiz, Russland und den Niederlanden. Bei Symposien und Kongressen ist er europaweit gefragter Redner. Als Trainer und Coach schult er unter anderem Manager aus Russland und der Ukraine im Rahmen des deutsch-russischen Präsidentenprogramms der Bundesregierung sowie Führungs- und Vertriebsteams aus Unternehmen unterschiedlicher Branchen.

Hans-Georg Pompe hat zu Marketing-, Management- und Lifestyle-Themen in zahlreichen Medien, Publikums- und Fachzeitschriften als freier Journalist und Autor publiziert. Er ist Co-Autor zahlreicher Bücher, wie zum Beispiel „Handbuch Kundenbindungsmanagement", „Wettlauf um die Alten", „Verkaufen nach der Krise". Darüber hinaus hat sich Hans-Georg Pompe als Buchautor von „Marktmacht 50plus" (2. erweiterte und aktualisierte Auflage 2011) einen Namen als Experte rund um die Generation 50plus, die Best-Ager-Märkte der Zukunft sowie für Dienstleistungs- und Beziehungsmarketing gemacht.

Kontakt:

Hans-Georg Pompe

Pompe Marketing

Unternehmensberatung mit Expertise 50plus

Huttenstraße 49

D-76646 Bruchsal (Germany)

+49 (0)7251 – 3036350

hans-georg-pompe@pompe-marketing.com

www.pompe-marketing.com